LOUIS XIV ET STRASBOURG

DROITS DE PROPRIÉTÉ ET DE TRADUCTION RÉSERVÉS

LOUIS XIV

ET

STRASBOURG

D'APRÈS DES DOCUMENTS OFFICIELS ET INÉDITS

PAR

A. LEGRELLE

GAND
LIBRAIRIE DE SNOECK-DUCAJU ET FILS, RUE DES CHAMPS, 10

Gand, impr. F.-L. Dullé-Plus, rue Haut-Port, 27

1878

COMMENT
STRASBOURG
EST DEVENU FRANÇAIS.

La prise de possession de Strasbourg par Louis XIV en 1681 figure depuis près de deux siècles au premier rang des griefs historiques que l'Allemagne s'est créés et entretient systématiquement contre la France. A en croire les publicistes d'outre-Rhin (1), c'est à peine si les annales de l'humanité offriraient une page aussi désolante pour le moraliste, un forfait aussi inexpiable pour tout un grand peuple, un sujet de douleur aussi inépuisable, sinon pour la victime, qui ne s'en était pas mal trouvée, du moins pour les parents et les voisins de cette victime. Les mots de « vol », de « brigandage », d' « infamie, » suffisent à peine aux Allemands pour bien exprimer à cette occasion leur ressentiment contre la France, et il n'est guère de noms plus dignes à leur sens des malédictions de leur race entière que ceux de Louvois et de Montclar, les deux principaux auteurs de cette rapide et pacifique annexion.

---

(1) Je renvoie, pour n'en citer qu'un seul, à M. Adolf Schmidt, professeur d'histoire à l'Université d'Iéna et à sa brochure intitulée *Elsass und Lothringen*. Leipzig, Veit et Cie, 1870, 3e édition. La 1re avait été publiée en 1859.

Les admirateurs du passé et des vieilles institutions féodales y voient une brèche fatale ouverte par la main d'un monarque français dans le rempart du saint empire et un coup d'éclat qui acheva de consacrer la suprématie d'un simple royaume sur leur vaste et ambitieuse patrie. Pour les libéraux, la prise de Strasbourg, c'est en outre, c'est avant tout peut-être, la suppression d'une de ces petites Républiques autonomes qui, d'après eux, auraient pu assurer le triomphe de l'idée républicaine sur le principe monarchique, si on leur eût permis de vivre : un crime double, par conséquent. De là ces amoncellements et ces débordements d'une impuissante colère qui, bien des années avant la guerre de 1870, allait parfois jusqu'à arracher aux Prussiens et aux Bavarois d'un tempérament sentimental des doléances mélancoliques dégénérant bientôt en attendrissement larmoyant. De leur côté quelques uns de nos propres historiens, il faut le dire, n'avaient pas été sans ouvrir la carrière, sans la laisser libre du moins, à ces récriminations vindicatives d'étrangers, beaucoup trop dominés par l'orgueil national pour se rendre compte de la noblesse et de la hauteur du point de vue où nous aimions à nous placer en France pour parler de nos rapports avec nos rivaux et en juger le mérite ou le démérite comme si nous n'y eussions point été directement intéressés. La plupart, j'en suis persuadé, n'avaient que le tort d'aimer passionnément la justice idéale, d'autant plus chère à l'historien qu'elle semble moins de son domaine et que ses études habituelles lui rendent moins fréquente la joie d'assister à son triomphe. Mais quelques autres peut-être aussi parmi eux n'échapperaient point au reproche, si c'en est un, de n'avoir pas aimé la maison royale autant que la justice idéale et de ne s'être pas assez refusé, comme eût dû le leur conseiller leur instinct patriotique, le malin plaisir de prendre le grand roi en flagrant délit de violence et d'arbitraire. Il y eût eu, à notre avis, de meilleures occasions à saisir pour montrer la supériorité de la France contemporaine sur celle du XVIIe siècle en matière de droit public et de générosité cosmopolite. L'inconvénient le moins contestable, mais non pas le moins grave, de cette sévérité, plus d'une fois vraiment excessive, était de fournir un point d'appui à la polémique des patriotes d'au-delà du Rhin et un aliment naturel à l'amertume d'esprit de bonnes gens que surexcitaient déjà suffisamment contre nous leurs propres concitoyens.

Encore bien que Strasbourg, à l'heure qu'il est, n'ait plus le droit, de par la foi des traités, d'éveiller de ce côté-ci des Vosges qu'une immense et incurable douleur, nous ne croyons pas inutile, il s'en faut, de rechercher ce qu'il peut y avoir d'inadmissible ou de légitime dans les récriminations rétrospectives qui, à la longue, ont amené les troupes prussiennes devant notre ancienne conquête de 1681 et donné raison par la force en 1871 aux injurieuses revendications de la science germanique. Mieux eût valu sans doute rectifier ses erreurs perfides, ou naïves, avant que le résultat visé par elle eût été obtenu. Il n'en reste pas moins fort intéressant aujourd'hui pour l'honneur français de se disculper, en grande partie au moins, des accusations et des calomnies si opiniâtrement propagées contre notre pays, sans qu'il prît le soin de s'en défendre, souvent même hélas! sans qu'il daignât s'en douter. L'incendie des archives de Strasbourg, où bien des vérités se cachaient encore (1), retire malheureusement à l'écrivain curieux par dessus tout d'impartialité et d'exactitude plus d'un document qui eût avec avantage pris place dans son dossier et éclairé fort à propos tel ou tel point de détail demeuré obscur jusqu'ici. Les improvisateurs et historiographes de langue et d'origine germaniques qui sont en train de refaire l'histoire universelle au profit exclusif de leur nationalité n'ont que trop beau jeu dans leurs entreprises contre une ville sans archives. Cependant il reste encore assez d'anciens textes pour qu'il

---

(1) V. Kentzinger, *Documents historiques tirés des archives de Strasbourg*. Levrault, Strasbourg, 1818, 1er volume, p. 18-19.

nous soit possible de vérifier, dans une large mesure, les assertions ultrà-patriotiques de l'Allemagne et de poursuivre devant l'Europe la révision de ce grand et néfaste procès. Les archives de notre ministère des affaires étrangères, celles aussi du dépôt de la guerre, ont été assez heureuses pour échapper aux obus prussiens ainsi qu'aux fureurs non moins incendiaires de l'insurrection parisienne. Nous essayerons donc de retracer ici les principales péripéties du débat diplomatique et militaire qui précéda ou accompagna la reddition de Strasbourg, afin de mettre l'opinion publique à même de décider si cet acte vigoureux de Louis XIV devait justement nous mériter tant de haine de la part de tant de générations et, si tard, nous coûter si cher. Le lecteur français en tout cas, nous aimons du moins à le supposer, ne manquera pas de goûter une satisfaction patriotique devenue bien rare en reportant sa pensée vers une époque où notre diplomatie avait l'habitude, peut-être le privilége, d'un langage dont la modération virile et la fermeté toujours raisonnable ajoutaient à notre prépondérance militaire l'enviable ascendant de la grandeur morale.

I

La ville de Strasbourg, ou, pour lui rendre son premier nom, *Argentoratum*, fut à l'origine une colonie romaine érigée sur le sol gaulois (1). Les Séquaniens, nous dit Strabon, touchaient au Rhin du côté de l'orient, et, de l'autre,

---

(1) V. sur l'origine celtique des noms de lieux en Alsace la brochure d'August Stœber et surtout le chapitre intitulé *Verzeichniss celtischer Wœrter in Ortsnamen* dans la *Urgeschichte des badischen Landes* par M. Moné, directeur des archives du grand duché de Bade, 2 volumes, Karlsruhe, 1845. — Au XIIe siècle l'évêque Otto de Freisingen, neveu de l'empereur Henri V, écrivait dans son *De Gestis Frederici I*, c. 10 et 12 : *in civitate Galliæ Mogontiâ... in Galliæ civitatem Spiram*, et cette phrase encore non moins concluante : *De Alemanniâ in Galliam transmisso Rheno.*

à la Saône (1). Il est donc permis de supposer que Strasbourg se trouvait primitivement dans la province romaine appelée Séquanaise. Il est plus probable encore que la cité dut sa fondation à l'ordre donné par Drusus d'ériger quarante redoutes sur la rive gauche du Rhin (2). Toutefois ce n'est qu'au commencement du second siècle après l'ère chrétienne que nous voyons son nom apparaître dans Ptolémée : la huitième légion y résidait. Plus tard nous y trouvons un *comes* chargé de la défense locale et une fabrique d'armes (3). D'après Ammien Marcellin (4), l'empereur Julien y défit les Allemands, ce qui démontre suffisamment que Strasbourg n'était alors qu'un rempart contre les invasions germaniques. C'est dans Grégoire de Tours que se présente pour la première fois le nom nouveau de *Stratiburgum*, composé des mots *burgum* et *strata via* qui, dans le latin féodal, signifiaient forteresse et grand'route. Il y avait là une allusion directe et toute naturelle au croisement de routes qui se faisait précisément à l'endroit où la colonie gallo-romaine avait été créée et dont elle demeurait, en quelque sorte, la clef au point de vue stratégique. On peut traiter de fable la légende, admise pourtant par certains érudits allemands, qui ferait remonter jusqu'à Clovis la première construction d'une cathédrale à Strasbourg. Il n'en reste pas moins remarquable que la statue de ce prince ainsi que celle de Dagobert aient figuré fort longtemps au-dessus de son portail. Mais ce qu'il importe le plus de noter, c'est qu'au célèbre partage de 843 le *ducatum Helisatiæ* échut à Lothaire et non à Louis le Germanique. Ce dernier en effet ne reçut exceptionnellement sur la rive gauche du Rhin que trois villes, Mayence, Worms et Spire. Strasbourg était donc destiné

---

(1) *Sequani versùs orientem Rheno, diversâ parte Arari confines, 4.*
(2) Florus, III, 12.
(3) *Notitiæ dignitatum Imp. occ.*, c. 29.
(4) XVI, 12.

à faire partie de ce royaume intermédiaire et mixte qui, sous le nom de Lotharingie, occupa tout l'espace compris entre le Rhin et la Meuse. Malheureusement, dès 858 les invasions des Germains commençaient en France, quinze ans après la première séparation des deux peuples ou du moins des deux dominations. Le jeune Lothaire s'était déjà vu enlever Strasbourg par son oncle Louis le Germanique, vers 855. En 870, son frère, qui lui avait succédé, fut obligé d'abandonner à ce même oncle toute la rive gauche du Rhin. Il ne devait servir de rien que, plus tard, en 1299, l'empereur Albert 1er, traitant avec Philippe le Bel, reconnût lui-même que le royaume de France semblait fait pour s'étendre naturellement jusqu'au Rhin (1) : l'antique forteresse des troupes romaines avait passé pour huit siècles aux mains de l'ennemi.

Il n'entre pas dans le cadre de notre étude de suivre les destinées de Strasbourg à travers l'histoire du saint-empire germanique. Notons seulement que Louis d'Outremer reprit un instant à l'empereur Othon 1er toute l'Alsace, voire même Brisach. L'évêque de Strasbourg, Ruthard, vint lui faire sa soumission (2). Peu nous importe toute cette période de germanisation ou de germanisme de notre ville, ainsi que l'attachement singulier qu'au dire de quelques chroniqueurs elle aurait encore manifesté pour la France en frappant au XIIIe siècle ses monnaies d'une fleur de lys (3). Représentons nous tout de suite au contraire Strasbourg comme un petit État parfaitement libre, sur les confins du saint-empire, et n'acceptant avec lui de vie commune que de son plein gré et à ses heures. Vainement Rodolphe

---

(1) V. la *Chronique* de Girard de Frachet, dans le recueil de dom Bouquet, XXI, p. 670, et Guillaume de Nangis sur l'année 1299.

(2) V. Laguille, *Histoire de la province d'Alsace*, I. p. 137.

(3) " Dans le procès qu'ils soutinrent en 1262 contre leur évêque Walther, les Strasbourgeois déclarèrent que le lys dont ils se servaient (sur leurs monnaies) était un témoignage de l'ancienne sympathie des rois de France pour leur ville. „ Schoepflin, *Histoire d'Alsace*, édition de 1852, Mulhouse, Perrin, t. V. p. 104.

de Habsbourg avait-il pris le titre de landgrave d'Alsace qui avant lui appartenait à la maison d'Egisheim. Vainement, pour y fortifier son autorité, avait-il institué un *Landvogt* ou *advocatus* (1) dont les fonctions devaient plus tard constituer une préfecture impériale. La cité de Strasbourg formait un corps à part, une sorte d'enclave indépendante, absolument maîtresse d'elle-même et de ses alliances, au milieu d'une province autrichienne. C'était, en un mot, une ville libre, et non pas simplement une ville impériale (2). Elle battait monnaie tout comme les Électeurs et ne prêtait aucun serment aux Empereurs. Dans un traité d'alliance conclu par elle avec Colmar en 1261, il n'était fait aucune mention de l'Empire : tout se passait entre deux communautés que personne n'entravait ou n'autorisait, *universi cives Columbarienses cum civibus Argentinensibus* (3). En 1392, les troupes impériales l'avaient inutilement assaillie pour faire fléchir sa fierté. Malgré toute sa puissance, Frédéric III lui-même apprit à connaître la force de Strasbourg, d'abord en 1458, lorsqu'il chercha à en obtenir un tribut annuel, puis en 1473, quand il prétendit abuser de la brillante réception que lui avaient préparée les habitants pour les amener à lui prêter obéissance. La *Chronique* de Schilter constate qu'il se heurta à un refus formel. Avant la fin du même siècle, la modeste République eut encore occasion de maintenir son autonomie vis-à-vis des autorités impériales qui menaçaient d'une saisie les revenus du grand prévôt de sa cathédrale. Sa prétention, comme sa tradition, était de ne relever que d'elle-seule et de ne s'appuyer qu'à sa convenance sur ce vaste empire sans bornes et sans homogénéité, qui, dans cette région surtout, s'effondrait et s'émiettait depuis plusieurs siècles déjà en municipalités épiscopales ou démocratiques.

---

(1) En français *avoyer*.
(2) V. sur la distinction Kentzinger, t. I. p. 7.
(3) V. le texte complet dans Laguille, *Preuves*, etc., p. 44.

Dès le X⁰ siècle, le 8 des ides de janvier 982, Othon II avait consenti une délégation en bonne et due forme de la puissance impériale au profit de l'évêque de Strasbourg. Cette situation fut confirmée par Frédéric II en 1214. Il ne restait donc plus en réalité dans Strasbourg, au milieu du gâchis féodal, qu'un petit peuple soumis à son évêque ou du moins n'ayant guère à compter qu'avec lui. Les Habsbourg avaient, il est vrai, l'habileté de faire toujours choisir cet évêque parmi les membres oisifs de leur famille, mais le prestige que la haute naissance du prélat pouvait ajouter à son titre ecclésiastique n'empêchait pas que, sous l'influence du voisinage et du progrès des mœurs, l'autorité publique ne glissât de plus en plus aux mains des magistrats municipaux (1).

Il en était depuis fort longtemps de même dans les diverses et infimes Républiques qui naissaient le long du Rhin et même fort au-delà, car la Suisse presque entière, y compris Genève, accomplissait aussi sous cette forme et d'après cette loi son développement historique. Toutes tendaient à rompre avec l'Empire et soutenaient courageusement sur les champs de bataille leurs velléités d'indépen-

---

(1) Voici d'abord comment Schœpflin *(Alsatia Illustrata*, t. II, p. 332) résume l'histoire ou l'organisation historique et intérieure de la ville, ce qu'il appelle *regimen urbis*. — " *Regimen Argentinæ aut forma ejus interior sub Francis et sub Germanis ad Ottones usque eadem fuit. Missus regius vel cœsareus jura fisci, ut in aliis urbibus, exercuit; qui antiquiore ævo Comes, vice-Comes, dein Advocatus, Scultetus, Burggravius, quandòque Major appellatus; monetam, telonia, judicia quædam, merum mixtumque imperium, Cœsaris nomine, procuravit. Comitis Argentinensis vestigia alibi jàm à nobis exposita sunt. Urbicos hujus generis Comites Geneva, Vesontio, Spira, Wormatia, Treviri, Metæ, Tullum, Verodunum, aliæque urbes viderunt; quorum nonnulli deinceps Comites Episcopales sunt facti. Comiti fuit substitutus Senatus*, etc. „
Voici maintenant, toujours d'après Schœpflin (t. II, p. 329), le diplôme d'Othon II qui remettait à l'évêque toute l'autorité dans la ville : *Jubemus ne posthàc, sicuti nostri prædecessores statuerunt, aliquis Dux vel Comes aut Vicarius vel aliqua judiciaria potestas, infrà præfatam Argentinensem Civitatem quæ rusticè Strasburg vocatur alio nomine vel in suburbio ipsius Civitatis aliquod placitum vel districtum habere præsumat; nisi ille quem ipse ejusdem Civitatis episcopus sibi Advocatum elegerit.* „

dance. Ville impériale, ville épiscopale, ville municipale, tels étaient en général les trois degrés successifs de ce procédé de formation, les trois étapes qui acheminaient peu à peu ces agglomérations humaines à leur pleine liberté. Déclarée ville impériale sous Frédéric II dès 1218, Berne résistait les armes à la main en 1288 au fondateur de la dynastie de Habsbourg, gagnait en 1339 la bataille de Laupen et en 1353 se réunissait aux vieux cantons helvétiques, aux *Waldstetten*. Zurich, soumise à l'Autriche en 1218, après avoir été également *Reichsfreie Stadt* pendant une longue période de transition, entra pour n'en plus sortir dans la même alliance en 1351. Une voisine plus rapprochée de Strasbourg, Bâle, en lutte avec la dynastie austro-impériale pendant tout le XVe siècle, proclama et obtint sa liberté en 1501, après la guerre de Souabe, juste en même temps que Schaffhouse, autre ville impériale, promue à cette dignité vers la fin du XIIIe siècle et qui avait associé sa fortune à celle des confédérés, d'abord en 1454, puis en 1479. Or, de temps immémorial et en vertu d'affinités géographiques qu'il est facile de s'expliquer en jetant un coup d'œil sur la carte, l'Alsace et la Suisse septentrionale entretenaient ensemble les relations les plus fréquentes et les plus intimes. Qu'étaient-elles en effet, sinon deux portions contiguës de la même vallée, se faisant suite l'une à l'autre sur la même rive du même fleuve, le long de cette grand'route à la fois fluviale et terrestre que bordaient de petites souverainetés ecclésiastiques et que le peuple, dans ses accès d'irrévérence, appelait assez grossièrement la *Pfaffengasse*? Les abbés de Murbach avaient fondé dès 695 le village qui devait un jour devenir Lucerne. Dans le courant de l'année 1362, le comte et l'évêque de Strasbourg, à la tête de toute l'Alsace, s'unissaient aux habitants de Coire, Bâle et Fribourg pour réprimer les désordres des bandes anglaises éparses dans cette région (1).

---

(1) Laguille, *Preuves*, p. 66.

En février 1473 les villes formant ce qu'on appelait alors la *Basse-Ligue,* par opposition aux ligues suisses, placées plus haut dans le bassin du Rhin, en d'autres termes Bâle, Colmar, Schlestadt et Strasbourg, faisaient proposer à leurs voisins des huit cantons de s'entendre avec elles pour chasser ensemble leur gouverneur bourguignon, Hagenbach, et le traité de Constance en mars et en avril consacrait en effet cette union des cantons et de la *Basse-Ligue* (1). Mulhouse, durant ce même siècle, n'avait aussi recours, dans ses embarras intérieurs, qu'à la protection de Berne, de Soleure et de Fribourg.

Sa situation auprès du Rhin prédestinait Strasbourg à une alliance plus étroite encore avec la Suisse, d'autant que ses bateliers rencontraient en descendant le fleuve des obstacles ou des aventures de toute espèce. L'Electeur palatin, dont les péages réguliers, à ce qu'il paraît, ne satisfaisaient point l'avidité, pillait souvent les marchandises, et les archevêques de Mayence ne souffraient pas volontiers le long de leurs quais des mariniers venant faire concurrence à leur propre batellerie (2). Entre les Strasbourgeois et les Zuricois surtout, il existait un cérémonial fort ancien et devenu presque légendaire pour se faire savoir qu'on avait besoin les uns des autres : c'était l'envoi d'une marmite de bouillie chaude (3). A la bataille de Granson (1476)

---

(1) V. *Ursachen und Vorspiel des Burgunder Krieges,* par Dændliker, Zurich, 1876.

(2) Il existe sur ce sujet deux pièces intéressantes dans la correspondance de M. Foucher, agent de Louis XIV auprès de l'Electeur de Mayence. *(Archives du ministère des affaires étrangères).* La première, du 24 mai 1681, est une transaction qui réduit à la durée des foires de Francfort le droit des Strasbourgeois de naviguer dans les eaux de Mayence. La seconde est une supplique de certains bourgeois de Bâle dont les marchandises, confiées à un batelier de Strasbourg, avaient été saisies et vendues par l'Électeur palatin.

(3) L'origine de cette coutume est ainsi racontée par M. Vulliemin dans son *Histoire de la Confédération Suisse,* t. I. p. 250 : " Des gentilshommes du Hegau ayant pillé des Strasbourgeois qui revenaient de Pfeffers, Zurich, amie de Strasbourg, courut porter le fer et la flamme sur les terres

Strasbourg avait fourni aux vainqueurs tout un corps de cavalerie. Après diverses expéditions dans le comté de Romont, ce corps alla grossir la garnison de Fribourg. Un renfort strasbourgeois de 400 chevaux, 300 fantassins et 12 pièces de canon rejoignit encore avant la journée de Morat l'armée helvétique qu'accrurent bientôt les contingents de Colmar, Schlestadt, Kaisersberg et du Sundgau. Aussi fut-ce le bourgmestre de Strasbourg, Hertel, qui en cette mémorable rencontre commanda le centre de l'armée alliée à la tête de ses hommes et à côté du Zuricois Waldmann. Quelques jours après la victoire, Strasbourg, à l'exemple de Bâle, envoyait de rechef un nouveau supplément de soldats au duc René de Lorraine. La guerre contre la Bourgogne heureusement terminée, vint bientôt la lutte contre l'Allemagne, non plus pour la liberté, mais pour la foi. Une association anti-romaine et anti-impériale avait été organisée de 1528 à 1529 par Berne, Bienne, Saint-Gall, Bâle et Schaffhouse (1). Strasbourg y entra à la suite de Mulhouse. Le roi des Romains, Ferdinand, l'ayant exclue de la Diète en 1529, il ne restait pas à la République de meilleur parti à prendre. Par le traité du 5 janvier 1530, traité conclu pour quinze ans, elle s'engageait avec Berne, Zurich et Bâle à défendre en commun la cause commune, et à compenser soit en écus d'or soit en fournitures de poudre l'excédant de troupes que pourraient mettre sur pied les villes suisses (2). Ce fut également à Strasbourg que Calvin arriva après avoir quitté Genève,

---

des seigneurs coupables de ces actes de brigandage; puis, voulant montrer aux Strasbourgeois qu'ils seraient toujours à portée de les secourir, de jeunes Zuricois s'avisèrent de s'embarquer un matin et d'emporter un plat cuit chez eux qu'ils placèrent, le soir, tiède encore, sur la table de l'*Ammestre* de Strasbourg (1456). „

(1) V. Vulliemin, t. II, p. 33 et 42.

(2) V. Laguille, t. II, p. 19. Plus riche que les villes suisses, Strasbourg en général fournissait de l'argent, et avait notamment prêté une somme importante à Genève dans une circonstance beaucoup plus ancienne. V. Vulliemin, t. I, p. 283.

et il avait la qualité d'envoyé de la République lorsqu'il prit part aux conférences théologiques de Ratisbonne (1). Afin de resserrer les liens d'amitié qui unissaient les Républiques suisses à celle de Strasbourg, un grand tir eut lieu dans cette dernière ville en 1576. Plus de 600 tireurs d'arquebuse y accoururent pour disputer les prix, et la fête ne dura pas moins de quinze jours. Les habitants de Zurich prirent même occasion de cette joyeuse réunion pour commémorer le souvenir déjà légendaire du chaudron de bouillie (2). Les luttes et agapes fraternelles de 1576 portèrent

---

(1) V. Vulliemin, t. II, p. 85.
(2) Voici comment M. S. de Cheverry dans son *Histoire d'Alsace* manuscrite *(Bibliothèque de la rue de Richelieu, fonds français, n° 11471)* raconte cet épisode de la fête : " Les chroniqueurs de ce temps se plaisent à rapporter l'incident de la bouillie des Zuricois L'on a même conservé le nom de l'intelligent couvreur *(sic)* qui, se rappelant ce que lui avait conté son grand-père au sujet d'une soupe au millet transportée chaude en un seul jour à Strasbourg ouvrit le même avis aux cinquante-cinq Zuricois qui se rendaient au tir. L'avis fut goûté. Habillés en couleur de chair et présidés par deux sénateurs et par l'architecte Thomann, ces tireurs partirent le matin de Zurich sur un bateau, portant dans le milieu une énorme marmite pleine d'une bouillie de millet cuite au lait; elle était enfermée dans un tonneau garni de sable brûlant. A dix heures le bateau passa devant Bâle où il fut salué par une salve du canon, et, entre huit et neuf heures du soir, il aborda à Strasbourg au milieu d'une foule immense qui guettait son arrivée. Le débarquement eut lieu au son des tambours et des trompettes et deux sénateurs s'avancèrent pour complimenter les arrivants. Cette bouillie, dit à haute voix Gaspard Thomann, doit démontrer aux Strabourgeois que si (à Dieu ne plaise!) ils étaient surpris par un ennemi, Zurich leur viendrait en aide avant qu'elle ne soit refroidie. Alors les députés et leur marmite furent conduits, musique en tête, au *poèle* ou auberge des maçons, rue des Juifs où ils trouvèrent la table mise. L'on goûta au millet, qui était encore chaud, puis, jusqu'à une heure du matin, les verres ne désemplirent pas. Enfin le magistrat amena ses convives à la lueur des torches à l'*auberge du Cerf* où ils devaient coucher; peu de jours après, les Zuricois prirent congé et on les défraya jusqu'à Bâle après que l'on eût donné à chaque partant un petit drapeau avec une bourse contenant deux cens *(sic)*. Quant à la marmite, elle fut, ainsi que le bateau, déposée avec pompe dans l'arsenal pour être livrée à l'admiration des curieux. Il ne manqua même pas un Homère pour célébrer un événement aussi mémorable. Trois poètes tourmentèrent leur Muse pour faire passer à la postérité la bouillie zuricoise avec ses Argonautes. „ D'après M. de Cheverry ces trois poètes furent Rodolphe Walther de Zurich, dans son *Argo Tigu-*

leurs fruits. Le 11 mai 1588, sept députés de Zurich et six de Berne se voyaient accueillis aux portes de Strasbourg par onze cents bourgeois venus à leur rencontre, et une nouvelle alliance était signée entre les trois petits Etats pour la défense de leur confession religieuse. Des médailles furent même frappées pour perpétuer la mémoire de l'événement. Il était donc dans la logique et l'ordre presque fatal des choses que la municipalité strasbourgeoise suivît un jour ou l'autre l'exemple donné par tant de voisines, ses compagnes dans la dépendance de la maison d'Autriche et dans la décomposition de l'Empire. Selon toute vraisemblance, la République épiscopale des bords de l'Ill, comme la Franche-Comté elle-même, fût devenue à son tour un canton suisse, si l'unité française n'avait pas été là pour l'entraîner dans son orbite, au moment où ses goûts et ses habitudes d'autonomie allaient en faire une véritable épave flottant entre deux grandes races rivales.

Les rapports de la France moderne avec Strasbourg et les populations alsaciennes ne remontent guère qu'au règne de Louis XI, ou plus exactement à celui de Charles VII, car le futur Louis XI n'était encore que dauphin, lorsque son père consentit à prêter à l'évêque de Strasbourg des détachements de troupes pour combattre en Allemagne, et lorsque lui-même reçut du roi la mission d'aller rejoindre à Montbéliard la noblesse d'Alsace et de Souabe, pour satisfaire enfin aux instances réitérées de l'empereur Frédéric III. A cette époque d'exaltation nationale, où le bonheur d'avoir chassé les Anglais devait conduire à l'idée de maîtriser la Bourgogne, certaines velléités, plus ou moins vagues, d'étendre la France jusqu'au Rhin avaient,

---

rina, 1576, Ulrich Wirry dans son *Panégyrique en honneur de la ville libre de Strasbourg*, 1576, enfin Joannes Fischart, l'imitateur alsacien de Rabelais, qui en 1588 composa un petit poème sur la même donnée: V. Kurz, *Histoire de la littérature allemande*, t. II, p. 26. On pourra lire aussi à propos de ce grand tir de 1576 la brochure du Dr Reuss publiée à Strasbourg en 1876 sous le titre de *Zur Geschichte des grossen Strassburger Freischiessen und der Zürcher Hirsebrei*.

paraît-il, traversé parfois l'esprit ou la rêverie si mobile de Charles VII (1). Cependant aucun résultat durable ne sortit de ces accès, vrais ou non, d'ambition lointaine. Désabusé sur le compte de l'Empereur et de sa politique, le dauphin négocia directement avec les cantons suisses et eut l'habileté de les réconcilier avec les villes d'Alsace. Plus tard il apaisa même les différends de ces dernières avec l'archiduc Sigismond, et cette intervention opportune valut à l'indépendance helvétique, sinon à l'Alsace elle-même, les journées de Granson et de Morat. L'ennemi commun une fois détruit, Louis XI néanmoins ne songea pas à faire revivre les droits éventuels qu'il eût pu se découvrir ou s'attribuer sur le riche pays dont Strasbourg se trouvait être la capitale. Ce n'était pas que l'occasion lui eût manqué, " car des gentilshommes avaient déterminé Sigismond à offrir au roi de France le Sundgau, l'Alsace et jusqu'à la rive droite du Rhin " comme gage d'un gros emprunt (2). A l'instar de Louis XI, Louis XII manifesta les meilleures dispositions envers les Alsaciens, et, en renouvelant son alliance avec les Suisses à Lucerne au mois de mars 1499, il promit expressément de ne pas attaquer leurs alliés et frères d'armes. Déjà au reste l'Italie avait détourné la bravoure et l'enthousiasme de notre chevalerie vers d'autres champs de bataille, moins utiles peut-être pour le pays, mais beaucoup plus attrayants pour elle.

Les dissentiments religieux provoqués par Luther outre-Rhin furent la véritable origine du revirement de politique qui ramena du côté de l'Alsace et de son chef-lieu l'attention de la dynastie royale. Le nom de Strasbourg figure en effet parmi ceux des quatre villes libres qui, le 29 février 1531,

---

(1) V. Æneas Sylvius, ep. 87, Laguille, I, 336, et de Barante, *Histoire des ducs de Bourgogne*, t. VII, page 189.

(2) Vulliemin, t. I, p. 253. Le prêt fut fait par Charles le Hardi, duc de Bourgogne, en 1469. V. Dareste, *Histoire de France*, t. III, p. 245.

de concert avec les princes ligués à Schmalkaden, écrivirent à François 1er afin de réclamer son aide en faveur des libertés germaniques. Légalement chassée de l'Empire par le lieutenant général de Charles-Quint en Allemagne, la petite République se tournait vers la France en même temps que vers la Suisse. Depuis le nouveau règne, sa correspondance avec le roi était fort active pour l'époque. Nous possédons encore une lettre latine du 7 avril 1519 adressée par François 1er aux magistrats de Strasbourg (1). D'autres missives royales ont trait à une demande de sauf-conduit pour un agent français, au refus de la République de prendre parti pour l'Angleterre contre la France, enfin à des exemptions de peines ou de droits accordées par faveur à des citoyens strasbourgeois qu'on avait inquiétés dans le royaume à propos, soit de leurs manifestations religieuses, soit de leurs marchandises. Une autre lettre du même prince, délivrée à Arles le 16 septembre 1533, atteste déjà le « singulier désir et affection » portés au roi par la ville, et nomme un certain capitaine Valchez comme intermédiaire habituel entre les deux gouvernements (2). Quant à la compromettante démarche des princes luthériens et de la municipalité strasbourgeoise, la monarchie française devait en payer chèrement la hardiesse. La Provence en effet aussi bien que les environs de Paris apprirent dès lors à connaître la rapacité et la barbarie des « bandes noires » lancées au pillage sur un sol plus riant et plus riche par le chef du saint-empire. Aussi Henri II, justement préoccupé de la nécessité d'assurer vers l'est la sécurité d'une frontière visiblement trop découverte, reçut-il avec plaisir, en un moment plus propice, la nouvelle ambassade saxo-brandebourgeoise, qui venait lui offrir les clefs des quatre villes impériales de langue welche, Cambrai, Verdun, Metz et Toul. A peine ces deux dernières occupées, l'armée du

---

(1) On la trouvera dans Laguille, *Preuves*, p. 119.
(2) V. Kentzinger, t. 1. p. 24 et suiv.

connétable de Montmorency descendit jusqu'en Alsace, beaucoup moins sans doute pour y tenter d'autres conquêtes que pour rendre plus efficace la diversion qu'elle devait opérer au profit des princes belligérants du nord de l'Allemagne. Bien que fort maltraitée, elle aussi, par Charles-Quint, qui lui avait arraché son premier hommage, en dépit de toutes ses protestations et des vices de forme introduits savamment par la prévoyance de ses magistrats dans l'acte en question, la République de Strasbourg tenait à ne pas devenir une conquête française. Les portes de la ville furent fermées devant le roi, à qui cependant on envoya des présents. Les troupes royales se retirèrent sans avoir rien tenté contre elle. La crainte de provoquer le mécontentement et peut-être l'intervention des cantons suisses paraît n'avoir pas été étrangère à la retraite ordonnée par Henri II (1). Au reste il ne songea pas davantage à retenir sous sa dépendance Haguenau, dont son canon avait forcé l'entrée, ni Wissembourg, qui la lui avait accordée volontairement. Pour toute consolation, il prit possession de Verdun en revenant. En somme il était resté dans de fort bons termes avec les Strasbourgeois, car il leur écrivit de Reims le 6 novembre 1552 pour leur dire qu'à l'avenir il espérait bien trouver de tout temps en eux « de sûrs et favorables amis », conformément aux bonnes paroles qu'ils lui « avaient toujours fait porter », en particulier, dans son camp royal de Wissembourg (2).

La bonne entente entre Strasbourg et la France n'eut donc point à souffrir pendant la fin du siècle de cette équipée militaire. L'époque des derniers Valois et de la Ligue montre au contraire à bien des reprises quelle confiance s'était établie entre les rois de France et les citoyens de Strasbourg, leurs « très-chers, grands et anciens amis,

---

(1) V. Dareste, t. IV, p. 89.
(2) V. la lettre entière dans Kentzinger, t. I. p. 36-40, et dans Laguille, *Preuves,* 129-131.

alliés et confédérés (1). » Contraste bizarre : ce fut le protestantisme qui au XVIe siècle contribua le plus à rapprocher Strasbourg de la France, tandis qu'au XVIIe c'était au nom et avec l'aide des catholiques que Louis XIV et Louvois étaient destinés à s'en rendre définitivement les maîtres. En effet, pendant toute cette période de guerres civiles et religieuses, nous voyons tour à tour la République strasbourgeoise donner asile et protection aux huguenots en exil ou en péril, notamment à la famille de Coligny et de Condé, l'année 1562 (2). En 1568, elle reçut à bras ouverts les protestants français battus le 5 novembre par le duc d'Aumale à Neubourg et qui, avant leur défaite, avaient ravagé certaines dépendances de l'évêché de Strasbourg (3). Mais, cette même année et comme par compensation, elle empêchait aussi un chef de lansquenets allemands d'arrêter un des conseillers du roi (4). Tout en exprimant de nouveau ses sentiments de reconnaissance envers la ville, et sans sortir du ton de la courtoisie, Charles IX au mois de mai 1574 écrivit de Vincennes une lettre à ses magistrats pour se plaindre de quelques attroupements menaçants qu'on disait en train de se faire dans leurs murs (5). Le duc d'Alençon, frère de Henri III, dépêcha plus tard, en 1575, du camp de Pontlevoy, un de ses gentilshommes à la République pour s'assurer de ses bonnes grâces et l'assurer des siennes (6). Cinq ans après, Henri de Condé envoyait de même un courrier à Strasbourg pour dissiper les préventions calomnieuses qu'on cherchait à répandre contre lui et contre le roi de Navarre (7). On a encore du

---

(1) Début d'une lettre de Charles IX, du 22 juin 1568, citée par Kentzinger, t. I, p. 95.
(2) V. Kentzinger, t. I. p. 55 et 64. V. aussi une lettre de l'amiral Coligny, de 1568, p. 71.
(3) V. Laguille, II, p. 50.
(4) V. dans Kentzinger la lettre du 22 juin 1568.
(5) V. Kentzinger, t. I. p. 79.
(6) *Id.*, p. 82.
(7) *Id.*, p. 87.

même prince et de la même année, non-seulement une lettre où il est question d'une riche bague engagée par lui et que se disputaient ses créanciers tant à Strasbourg qu'à Francfort (1), mais encore une sorte de *Mémoire* qu'il adressa aux autorités strasbourgeoises en même temps qu'à certaines villes suisses, afin de leur donner des éclaircissements sur l'état intérieur du royaume (2).

C'est à partir de ce moment que Strasbourg commence à intervenir assez directement, sinon très sérieusement, dans les destinées de la France, et contribue de son mieux à faire pencher du côté des réformés la balance indécise de l'histoire. Le roi de Navarre en effet ne tarda guère à reprendre en son nom et pour son compte personnel cet ancien commerce épistolaire des chefs de son parti avec un Etat dont la puissance financière et la liberté d'action rendaient la bienveillance doublement précieuse. Son envoyé, Ségur-Pardeilhan, avait été contraint, le 10 août 1587, à Strasbourg même, d'exprimer à M. M. de la ville toute la vivacité de son indignation contre les actes de brigandage commis sur leur territoire par les bandes de reîtres et de lansquenets appelés d'outre-Rhin (3). Mais le 25 décembre le roi crut devoir prendre la plume lui-même et pour de plus graves sujets. Le sieur de Reau qui allait en Suisse était chargé, après la remise de la missive royale, d'exposer de vive voix aux Strasbourgeois la situation des calvinistes français. « Nos affaires », ajoutait le roi, « vous sont aussi communes autant que nous sommes unis en une même foi et religion », et il sollicitait des magistrats la continuation de leur « amitié et bonne volonté » (4). Un deuxième message suivit un mois plus tard, porté cette fois de Montauban par un pasteur, M. de la Rochechaudieu. Henri y disait en propres termes : « D'autant que l'union entre nous est le

---

(1) V. Kentzinger, p. 90-92.
(2) *Id.*, p. 95-102.
(3) *Id.*, p. 106.
(4) *Id.*, p. 108.

vrai moyen de résister à nos ennemis, je vous prie de la poursuivre de tout votre pouvoir et continuer en la même volonté qu'avez toujours montrée en mon endroit et des églises de ce royaume, comme de mon côté je n'épargnerai ni bien ni vie que je n'emploie pour cet effet (1). » Nous voyons aussi à cette époque, en août et en février 1589, les réformés de Sedan solliciter et obtenir l'aide du Sénat strasbourgeois, qui leur valut même de généreux cadeaux d'argent des villes suisses, entre autres, de Zurich, de Bâle, de Schaffhouse et de Genève. Une fois associé dans sa détresse à la fortune de celui qui devait s'appeler Henri IV, le malheureux Henri III entra lui-même en correspondance avec cette humble République dont l'influence lointaine se faisait tant sentir et apprécier dans ses propres États. Non-content de lui faire parvenir une apologie en règle de sa conduite relativement à la mort du duc de Guise (2), il ne craignit pas d'avoir recours à sa bourse pour « souldoyer » l'armée mercenaire que Sancy allait tirer pour lui des inépuisables profondeurs de la Germanie. « Nous savons », disait-il, « qu'entre nos autres voisins vous avez toujours eu beaucoup d'affection à la conservation de notre Couronne (3) ». Un manifeste politique fort intéressant avait précédé ou suivi l'envoi de cette pressante demande (4).

Devenu souverain légitime par la mort de Henri III, l'ancien roi de Navarre ne s'adressa pas moins que lui à la République pour achever la conquête de ce beau royaume de France que le fanatisme du parti espagnol lui disputait pied à pied. Il existait aux archives municipales de Strasbourg, et il existe encore dans la publication de M. Kentzinger (5), des lettres du premier des Bourbons, lettres datées du camp de Dieppe, du camp d'Alençon, du camp de Gisors,

---

(1) V. Kentzinger, p. 110-111.
(2) *Id.*, p. 125-133.
(3) *Id.*, p. 136-137.
(4) *Id.*, p. 138-143.
(5) *Id.*, p. 162-169 et 181-182.

du camp de Compiègne, de Meaux et de Vernon, embrassant par conséquent tout l'intervalle de 1589 à 1593, où l'on peut se faire une idée des services rendus au nouveau roi de France par sa petite alliée des bords du Rhin. A l'origine, c'était Nicolas de Harlay, sieur de Sancy, qui avait eu la mission de représenter les deux rois beaux-frères auprès des autorités de Strasbourg et de les inviter à suivre envers eux l'exemple de leurs bons voisins de la Suisse (1). Le conseiller de Fresnes et le vicomte de Turenne y vinrent plus tard solliciter de nouveaux prêts, tant à l'occasion de Metz que dans l'intérêt de Genève, dont Henri IV protégea, comme l'on sait, la liberté contre les ducs de Savoie, grâce en partie à ces emprunts strasbourgeois (2). Ces diverses avances, qui se montèrent un moment à 189 mille écus, furent remboursées à la République par l'abandon que fit le roi des droits de sa Couronne sur la Chartreuse située aux portes de Strasbourg et qui dépendait de celle de Grenoble (3).

L'heure vint enfin où tous ces services trouvèrent leur juste récompense et où les rôles furent renversés. En 1592, à la mort de l'évêque Jean, le Sénat et le Chapitre de Strasbourg s'étant divisés sur le choix de son successeur, la guerre civile éclata en se compliquant bien vite d'interventions étrangères. Vainement l'Empereur prétendit-il faire triompher le candidat catholique. Ses injonctions n'eurent pas plus de succès qu'en janvier 1560, où ses deux commissaires n'avaient pu rien obtenir de la ville. Le cardinal de Lorraine soutint les armes à la main sa candidature, et de son côté l'Électeur de Brandebourg accourut pour défendre celle de son fils qu'avaient préféré les protestants strasbourgeois, bien qu'il n'eût encore eu le temps

---

(1) V. ses deux lettres dans Kentzinger, p. 150-160.
(2) Lettre du 11 novembre 1590. V. Kentzinger, p. 168.
(3) V. Laguille, II, p. 64. Dans la correspondance de Bongars que possède la ville de Berne il est à plusieurs reprises parlé de cette affaire et de ses suites. V. les lettres 11, 12, 342 et 343 du manuscrit 149 de la Bibliothèque municipale.

de manifester que d'heureuses dispositions, plutôt qu'une aptitude définitive, pour la charge qu'on lui avait attribuée, car il n'était âgé que de seize ans. La République intercéda alors auprès du roi de France afin d'obtenir sa puissante protection contre la maison de Lorraine. Quelques extraits de sa supplique feront juger de son attitude et de ses désirs.

« V. M., Sire, peut considérer, selon sa très-grande prudence, de quelle importance a été tant à elle qu'à toute la Couronne de France la bonne correspondance du temps passé avec cette cité et de quelle ardeur la ligue prendra à cœur et tâchera si peut de se saisir du moyen tant de cette cité que de tout le pays et de ce passage pour s'en emparer et mettre en sa puissance ; à quoi obvier nous ne trouvons pour le présent moyen plus propre et plus convenable que si, par le commandement de V. M., les forces du duc de Lorraine étaient réprimées.... Si donc, Sire, ce que nous avons par icy-devant par diverses fois, selon nos petits moyens, de très humble et sincère affection, fait et fourni pour le service de V. M. et de la Couronne de France peut avoir profité de quelque chose à icelle, comme nous espérons que le tout n'aura été employé en vain, c'est maintenant et à cette fois, Sire, que V. M. a occasion de nous en faire goûter le fruit en notre très grande nécessité et danger évident.... Et pour ce, nous supplions très humblement V.-M. que, en considération de toutes les circonstances et de la très grande importance tant de son État royal et de la Couronne de France que du voisinage et confinité (dont il n'est besoin d'en faire plus ample déduction ou remontrance à l'endroit de V. M.) il lui plaise se résoudre et effectuer ce qu'elle avisera nous être le plus expédient et nécessaire.... Ce faisant, Sire, V. M. obligera et nous et notre petit État de tant plus à l'avenir lui faire services très humbles et agréables, d'aussi bonne volonté et très humble cœur, comme nous espérons nous ressentir par effet du prompt secours de V. M. si urgent et nécessaire. Au reste, Sire, nous n'avions pas oublié de vous congratuler en toute humilité de l'avènement à la Couronne et présenter nos très humbles recommandations et services à V. M.... Auquel endroit, pour ne faire cette *(sic)* plus longue, nous recommandons nous et notre petit État et République très humblement à V. M., et prions le Tout-Puissant, du fond de notre cœur, Sire, de donner à V. M. en parfaite santé toute prospérité, heureux succès et continuelle victoire contre tous ses ennemis et les ennemis du bien public (1) „.

Ce vœu fut exaucé. Deux lettres du vicomte de Turenne à M. de Hochfelder, le secrétaire de la ville (2), nous apprennent que Henri IV, en attaquant le duc de Lorraine pendant l'été de 1592, avait en vue de seconder les projets de ses constants et utiles amis d'Alsace. Les cantons suisses de Berne, Zurich et Bâle les aidèrent de leur côté en prenant part avec les levées strasbourgeoises au siége de Molsheim (3). Le roi alla plus loin encore. De son camp de Travecy, près La Fère, le 22 novembre 1595, il se porta garant des arrangements provisoires conclus entre les deux prétendants (4). L'année suivante, Jacques Bongars était à Strasbourg et remettait au Sénat une lettre de remerciements qui nous a été également conservée (5). Il déclarait en terminant qu'il se tenait à la disposition de leurs seigneuries pour le règlement définitif de leurs affaires. Jusqu'à la fin en effet Henri donna ses soins à l'apaisement de cette sanglante compétition, et ses lettres missives publiées par M. Berger de Xivrey nous prouvent clairement que sa sollicitude pour les intérêts de Strasbourg n'avait pas diminué en 1602 et 1603 (6). Aussi en reçut-il une lettre fort chaude de félicitations à la suite de la découverte du complot de Biron (7). Toutefois le but politique qu'il avait poursuivi durant ces négociations, où Bongars joua un grand rôle, ne

---

(1) V. Kentzinger, t. I, p. 172-175.
(2) *Id.*, p. 177-180.
(3) V. Laguille, II, p. 70.
(4) V. Kentzinger, t. I, p. 184-185.
(5) *Id.*, p. 186-188.
(6) V. la publication de M. de Xivrey, t. III, p. 62 et 77, t. VI, p. 30-32, 52, 66, 89, 110, et t. IX, p. 114-119 et 180-181.
(7) V. la réponse de Henri IV et une lettre de Bongars à ce sujet dans Kentzinger, t. I, p. 194-196.

fut pas atteint. Henri eût souhaité au moins un compromis entre le cardinal de Lorraine et Jean-Georges de Brandebourg, parce que, le cardinal de Lorraine ayant désigné l'archiduc Léopold d'Autriche comme coadjuteur, il voyait dans l'avenir, non-seulement la liberté de conscience menacée dans une ville à laquelle il avait plus d'une obligation, mais encore la maison d'Autriche en possession d'un point stratégique de premier ordre et d'un passage sur le Rhin qui lui était indispensable pour correspondre facilement avec ses alliés d'Allemagne. Le jeune candidat brandebourgeois se laissa malheureusement désintéresser par les offres pécuniaires des princes de Lorraine, et, du moment où il eut de l'or, abandonna Strasbourg et le protestantisme à leur bonne étoile. On comprend après cela que Henri IV ait regretté un pareil dénouement autant pour les Strasbourgeois que pour lui-même [1]. Aussi, dans son *Grand Dessein*, dans ce fameux plan d'équilibre européen destiné à réaliser le beau et insaisissable rêve de la paix perpétuelle et universelle, Strasbourg et l'Alsace, réunis à la Suisse, au Tyrol et à la Franche-Comté, devaient former une des trois grandes Républiques qui, d'après les vues du roi, serviraient dorénavant de contrepoids et surtout de barrière internationale aux douze grandes monarchies du continent, électives ou héréditaires. C'était suffisamment assurer la neutralité de Strasbourg et de la vallée du Rhin à une époque où personne en France ne songeait plus, si tant est qu'on y eût jamais sérieusement songé, à agrandir ou à fortifier la monarchie par la possession de la République strasbourgeoise [2].

II

Nous passerons sur les démêlés de Strasbourg avec les autorités impériales pendant les premières années de la

---

[1] Voir la correspondance de Bongars, Manuscrits de la Bibliothèque de Berne, volume 144, n° 1, et volume 149, n°s 155, 174, 201 et 205. Je dois ces précieuses indications à l'obligeance de M. L. Anquez.
[2] V. Poirson, *Histoire de Henri IV*, t. IV, p. 101 et 107.

guerre de Trente ans, surtout pendant la période dite palatine. Ces démêlés ne rentrent point dans les nécessités de notre sujet. Il nous importe au contraire de bien établir que de bonne heure, durant cette interminable guerre, l'impérieux instinct de sa conservation obligea Strasbourg à se tourner de nouveau vers la France, et à faire naître de son propre mouvement les occasions d'assistance. Dès 1630, après avoir refusé une garnison impériale, la République réclamait l'appui de Louis XIII (1), qui, du reste, l'année précédente, lui avait fait écrire du camp de Suze par le secrétaire d'État Phélippeaux qu'elle pouvait compter sur lui « en cas de siége ou d'autre persécution », non-seulement pour la bonne volonté qu'il lui portait, « mais encore pour la sûreté propre de ses États (2). » En 1631, tout en envoyant des députés à Leipzig pour s'entendre avec Gustave-Adolphe, elle sollicitait encore des secours de la France (3). Le roi qui avait déjà accrédité auprès d'elle un « résident », le sieur de l'Isle, lui adressait directement aussi des lettres pour l'assurer de son bon vouloir personnel (4). Un an plus tard, un autre envoyé royal, le sieur Maguin, portait à Strasbourg une nouvelle lettre de Louis XIII datée de Verdun (5). Onze jours après avoir été écrite, cette lettre valait au roi la réponse suivante, signée par le *Stettmeistre* Joachim de Berstet et le Sénat tout entier.

« Nous assurons V. M. que nous continuerons toujours notre très humble devoir et respect qu'avons voué à Votre Royale Grandeur, bonne correspondance et voisinance vouée à V. M. très puissante, au bien perpétuel de notre République ; remerciant en outre V. M. ....de son prochain retour en son armée (priant Dieu pour l'heureux

---

(1) V. *Mémoires de Richelieu*, collection Petitot, t. V, p. 415-416.
(2) V. Kentzinger, t. I, p. 198.
(3) *Mémoires de Richelieu*, t. VI, p. 517-519.
(4) V. dans Kentzinger, t. II, p. 19-21, les lettres à la date du 16 juin et du 22 décembre.
(5) V. Kentzinger, t. II, p. 23.

succès d'iceluy), comme aussi de ses autres avis, principalement de l'assurance de la très bonnaire et singulière affection de nous tesmoigner en effet ce qui sera au contentement, bien et conservation de notre ville, nous ressouvenant toujours, comme de raison, de notre très humble devoir, et combien cette Couronne voisine de France de tout temps et principalement V. M. nous a fait des biens et advantages pour la conservation de notre liberté, recognaissant très bien que la prospérité de V. M. et de sa Couronne est aussi la nôtre, etc. " A Strasbourg, ce 23 février l'an 1632 (1). "

L'arrivée du sieur Maguin à Strasbourg donna lieu à une séance générale et solennelle du Sénat, qui eut lieu le 1er mars, et fournit à l'envoyé de France l'occasion naturelle d'exposer tout au long la politique de son maître à l'égard de la ville. Maguin promit que de Paris on veillerait en toute circonstance sur les intérêts de Strasbourg et assura qu'on y faisait déjà tous les efforts possibles pour terminer dans une assemblée européenne les contestations multiples d'où était née la guerre. Bien qu'en les laissant maîtres d'agir vis-à-vis des Suédois comme ils l'entendraient, il exhorta pourtant les magistrats strasbourgeois à « conserver leur liberté sans l'engager aucunement et témoigner par écrit et par députés à S. M. qu'ils demeuraient et demeureraient fermes et stables à son service, comme ils avaient fait du passé, et qu'honorant le roi de Suède comme ils faisaient, ils protestaient de garder à S. M. le rang et la dignité dans leurs cœurs et en leurs affaires, telle qu'il lui appartenait et à sa Couronne, sans y vouloir aucunement déroger ni souffrir y être dérogé (2). " Conformément à ce désir, le Sénat désigna un député, le sieur Glaserus, ou plutôt, sans latin de cérémonie, Glaser, en le chargeant d'aller trouver le roi et de recommander de rechef la ville à « sa royale bienveillance. " A la fin du même mois, la

---

(1) V. Kentzinger, t. II, p. 24-25.
(2) V. Kentzinger, t. II, p. 27.

Cour de Saint-Germain de son côté donna mission à un gentilhomme ordinaire de la Chambre, le sieur de la Grange aux Ormes, de se rendre à Strasbourg pour porter au Sénat une nouvelle communication de la même nature que les précédentes, et vanter en termes pompeux la conduite habituelle du roi envers ses protégés. Une fois en présence des autorités strasbourgeoises, de la Grange aux Ormes insista encore sur ce point que son maître « voulait espérer que la République lui conserverait toujours le premier rang et la première dignité entre ses alliés et amis, » et « garderait le respect dû à la qualité avantageuse qu'elle avait d'être ancienne alliée de la Couronne de France. » Il termina en conjurant par dessus tout ses auditeurs « de ne soumettre leurs murailles, leur État et l'autorité de leur République à autres qu'à eux-mêmes, directement ni indirectement, et de veiller soigneusement sur ce point (1). » Les Suédois cependant ne se pressant point de passer le Rhin pour protéger l'Alsace contre le duc de Lorraine, les Strasbourgeois s'adressèrent le 27 avril et le 2 mai au roi de France, afin de le décider à une intervention immédiate. Louis XIII donna en effet sans retard aux maréchaux de la Force et d'Effiat, commandants de l'armée de Champagne, l'ordre de se porter au secours de ses protégés des bords de l'Ill, si le général lorrain Gâtinois ne s'éloignait de leurs murs. Cette menace suffit, et le Sénat n'eut plus qu'à écrire une double lettre de remerciement aux maréchaux et au monarque. Le 21 août enfin, le général Horn lui amena une garnison suédoise, conformément au traité signé avec le roi de Suède dans le cours du mois précédent.

Aussitôt après la mort de ce grand prince, le 6 novembre 1632, la face des choses changea brusquement. Tant qu'avait vécu Gustave-Adolphe, la France avait consenti de grand cœur à ce que l'Alsace restât en son pouvoir, à

---

(1) V. Kentzinger, t. II, p. 31-37.

ce qu'elle devînt presque suédoise. Mais dorénavant il était malaisé à la Suède de la garnir d'un nombre suffisant de troupes. Il faut l'avouer d'ailleurs, la rudesse de ces troupes avait provoqué bien des plaintes et soulevé bien des haines partout où elles avaient passé. Il fallait à l'Alsace comme à Strasbourg un autre protecteur, car le duc de Féria allait bientôt déboucher par Bâle avec ses Espagnols, et l'Empire n'était pas plus en état de réprimer la violence farouche de ces nouveaux auxiliaires qu'il n'avait été capable d'arrêter la marche à la fois victorieuse et dévastatrice des soldats de Gustave-Adolphe. A force de vouloir tout embrasser, voire même Mantoue et Pignerol, cette immense Confédération ne couvrait plus, ne défendait plus rien. Si d'aventure elle se ressouvenait, si elle daignait s'occuper de ses territoires transrhénans, ce n'était que pour les hypothéquer et en tirer un peu d'argent. Le bas Palatinat l'apprit à ses dépens (1). Dans de telles conjonctures l'épée de la France devait paraître un bouclier beaucoup plus enviable. On venait de la voir à l'œuvre dans l'électorat de Trèves, où l'Électeur l'avait appelée depuis un an, et où elle avait également tenu en respect les Suédois et les Espagnols. L'Électeur de Brandebourg lui-même sollicitait alors Louis XIII de « prendre en main l'œuvre de protection et de médiation qu'on réclamait de lui et de s'y porter avec une promptitude salutaire (2). » Rien donc

---

(1) A l'époque des Armagnacs on avait déjà fait courir en Alsace les vers suivants pour railler l'indifférence ou l'impuissance de l'Empire :

Bistu ein Konig von Osterich,
Des romyschen Reychs ein Herre?
Du soltest meren das romysch Rich,
So wiltu es zerstoeren;
Du hast die Morder har geladen
Allen Stetten uff yren Schaden :
Scham dich der grossen Uneren.

(Stroebel, *Vaterlaendische Geschichte des Elsasses*, t. III. p 220.)

(2) V. Sorel, *Histoire diplomatique de la guerre franco-allemande*, t. I, p. 210.

de moins étonnant ni de plus spontané que le grand élan de sympathie envers la France qui se produisit alors en Alsace. Le comte de Hanau donna le signal, Landau fut pris, et coup sur coup les villes impériales, Colmar, Schlestadt, Haguenau, Reichshoffen, Montbéliard, Héricourt, l'évêque de Bâle, l'abbé de Lure sollicitèrent l'arrivée des troupes françaises. Mannheim et Spire suivirent leur exemple et reçurent des garnisons commandées par les lieutenants de Louis XIII. Le général de Salm livra Saverne, et Rohan enleva Altkirch. La force des armes s'unissait ainsi au besoin à la force des choses pour achever de détacher l'Alsace tout entière d'un Empire qui faisait si peu pour elle.

Strasbourg était assez riche, assez fortifié surtout, pour se croire à l'abri d'un coup de main des Impériaux sans ouvrir ses portes aux armées royales. Il se dispensa donc de le faire, mais n'en prit pas moins part pour cela à la lutte que la France entretenait d'accord avec la plus grande partie de l'Allemagne et avec la Suède contre la maison d'Autriche. Depuis 1633, la République faisait partie de la ligue de Heilbronn et s'était obligée à joindre ses forces à celles des confédérés germano-suédois. Elle demeura fidèle à ses engagements, si intimidée qu'elle pût être par le mémorable échec de Nordlingen (27 août 1634) et la présence de Gallas en Alsace. Heureusement pour elle, elle pouvait toujours compter sur la France, et ne lui ménageait de son côté aucun des renseignements militaires utiles à son propre salut. Le 8 et le 21 juin 1635, ses magistrats écrivaient au prince de Condé pour lui donner avis que les Autrichiens venaient de passer le Rhin et menaçaient leur ville avec le duc de Lorraine et Jean de Werth (1). Un *Mémoire* « touchant l'état de la protection de Strasbourg », où se trouvent énumérés tous les baillages

---

(1) V. Kentzinger, t. II, p. 57 et 59. La lettre strasbourgeoise est accompagnée d'une courte réponse du prince de Condé.

de la République et le soin qu'en prend l'armée française, achève de prouver la réalité en même temps que l'importance de cette coopération militaire (1). Mais l'Empereur, depuis la journée de Nordlingen, se sentait redevenu trop puissant pour supporter plus longtemps une hostilité qu'autour de lui on devait qualifier tout au moins de défection, sinon de trahison. Le 1er septembre il fit signifier à la ville que si, dans les dix jours, elle n'avait pas rompu avec la ligue et adhéré à la paix de Prague, elle serait exclue de toute amnistie. Ce fut à grand'peine que Strasbourg obtint de la Cour de Vienne qu'on s'y contentât de sa promesse de rester neutre désormais, au lieu d'imiter Colmar qui le 1er août, par un traité signé à Ruel, avait abandonné au roi le droit de l'occuper militairement.

Le moment était en effet arrivé où la France allait intervenir directement dans les affaires d'outre-Rhin et peser de tout son poids sur leur solution définitive. En se jetant ainsi dans la mêlée les armes à la main, Richelieu avait-il déjà l'intention de faire flotter un jour le drapeau à fleurs de lys sur la cathédrale de Strasbourg et la rive gauche du Rhin? C'est là un problème historique qui a embarrassé, qui embarrasse encore parfois les meilleurs esprits. A la vérité, on lit bien dans les *Mémoires* du cardinal, au milieu d'un travail présenté au roi après la prise de La Rochelle, en 1629, un passage où il est dit : " qu'ensuite il fallait penser à se fortifier à Metz et s'avancer jusqu'à Strasbourg, s'il était possible, pour acquérir une entrée dans l'Allemagne, ce qu'il fallait faire avec beaucoup de temps, grande discrétion et une douce et couverte conduite (2). " Mais les *Mémoires*, en

---

(1) *Dépôt de la Guerre*, volume XXV, p. 663. Sur le premier feuillet est écrit : Ruel, 31 décembre 1635. A la fin du document, il est question des offres de service du Chancelier de l'évêché, " homme de grande réputation „ qui " conseille à son maitre de consentir la remise de tout l'évêché sous la protection du roi „.

(2) Tome IV, p. 248-250. Aux yeux de Richelieu, Strasbourg était avant tout une ville libre, absolument maîtresse d'elle-même, t. VI, p. 163-164.

admettant l'entière authenticité de leur texte, ont été écrits à une époque un peu postérieure, à laquelle l'idée d'annexer quelque chose en Alsace commençait à mûrir, à se réaliser presque. Or les hommes d'État, on le sait, ont un certain faible pour antidater, surtout pour s'approprier les grands desseins en cours de réussite dont les événements leur ont créé l'occasion. En 1629, la pensée de réunir Strasbourg à la France a pu traverser le cerveau de Richelieu, elle n'a pas dû y couver à l'état de conception et de but politique. Dans la phrase citée plus haut, il n'y a rien après tout qui ne puisse s'entendre fort bien d'une occupation momentanée et limitée aux seules nécessités de la guerre, rien qui implique absolument la préméditation d'une annexion irrévocable. Ni au dedans ni au dehors la situation générale n'autorisait d'ailleurs une si périlleuse et si vaste ambition, encore bien qu'il pût paraître urgent de « brider » au plus tôt le turbulent souverain de la Lorraine en le prenant à revers. Il y a plus, car précisément cette même année le mauvais accueil fait par l'Empereur à l'ambassadeur royal Sabran eût pu jusqu'à un certain point justifier la descente et l'emploi en Alsace de l'armée disponible qu'on avait en Champagne (1). Or cette opération militaire ne fut pas même ordonnée. Il est préférable, il est nécessaire même de chercher ailleurs, dans un ordre de considérations beaucoup plus élevé, les causes de notre entrée en scène sur les champs de bataille d'outre-Rhin. Non-seulement les Suédois menaçaient d'y déserter ou d'y compromettre la grande cause de la liberté de conscience, mais la liberté même de l'Europe, son indépendance politique y était plus que jamais menacée par l'omnipotence des successeurs de Charles-Quint. Si la France, après avoir tant tardé, n'eût enfin paru en personne dans l'arène, c'en était fait du protestantisme, des petits États germaniques et de sa propre grandeur.

---

(1) V. *Mémoires de Richelieu*, t. V, p. 249.

Ce qu'en tout cas on ne saurait nier, c'est que bien des occasions postérieures d'occuper Strasbourg ou du moins de le tenter furent encore manquées ou négligées par Richelieu. Le désintéressement de la France en Alsace au point de vue des acquisitions territoriales paraît même avoir été absolu, si l'on consulte l'histoire diplomatique de l'époque, depuis la mort de Gustave Adolphe en 1632 jusqu'à celle du duc Bernard de Saxe-Weimar, en 1639. Durant cette période de sept années, il est certain que la Cour de Saint-Germain ne fit rien afin de tirer parti pour elle-même de la grande situation militaire que le courage de ses soldats et sa sagacité lui avaient faite peu à peu en Alsace. En 1633, dans les propositions de paix envoyées par Charbonnières, il n'était pas question de lui conserver les positions qu'elle y occupait [1]. C'était à Brisach, et non à Strasbourg, que Richelieu cherchait par ses négociations à s'assurer sur le Rhin d'un passage indispensable aux besoins de sa stratégie. En 1634, les ambassadeurs royaux avaient encore protesté, aussi bien à Cassel qu'à Copenhague, « de la bonne volonté de S. M. de remettre à la paix toutes les places auxquelles elle n'avait pu refuser sa protection [2] ». D'après le traité conclu en octobre avec la Suède, les forteresses alsaciennes occupées par les Suédois ne devaient être transférées à la France que jusqu'à la pacification de l'Allemagne : l'article XII était formel sur ce point [3]. Dans l'acte d'alliance signé le 1er novembre 1634 avec le duc de Würtemberg et divers autres princes d'outre-Rhin il était dit également : « Le Roy promet de bonne foi

---

[1] *Mémoires de Richelieu*, t. VII, p. 316.
[2] *Mémoires de Richelieu*, t. VIII, p. 146-147 et 156. — " Quant aux places que S. M. tenait dans l'Alsace, comme sont Haguenau, Saverne et autres lieux, qu'il leur fît connaître qu'Elle n'avait prétention quelconque de s'agrandir aux dépens de l'Allemagne et était toute prête de remettre les dites places aussitôt que par un bon accommodement cesserait l'obligation qu'elle avait de conserver ceux qui ont imploré sa protection. „
[3] V. Laguille, t. II, p. 124, et Dumont, *Corpus diplomaticum*, t. VI, p. 74, 78, 79, 88 et suiv.

retirer sa garnison de Brisach et autres lieux susdits de deçà et delà du Rhin sans aucune restitution des frais, pour en être disposé selon qu'il en sera convenu au traité de la paix générale qui sera faite conjointement et d'un mutuel consentement ». On ajoutait même que la France pourrait disposer à son gré du pont de Strasbourg pour faire passer ses troupes sur l'une ou l'autre rive du fleuve, mais que la garde dudit pont demeurerait toujours aux gens de la ville, et que d'ailleurs ce droit de simple usage ne durerait que jusqu'à ce que les armées confédérées se fussent rendues maîtresses du passage de Brisach (1). Si l'on eût été déjà préoccupé d'obtenir plus tard un abandon de territoire, il aurait bien fallu cependant commencer par demander quelque chose, par en parler au moins quelquefois. Lancer de bonne heure l'idée et prendre date est en pareille matière une habileté qui n'est point à dédaigner. Qui ne réclame rien perd toute chance de recevoir.

Mais Richelieu craignait si peu d'être pris au mot par les Autrichiens que nous le voyons au contraire persister dans son offre de rendre tous ses gages, pourvu que ses adversaires rendissent aussi la paix au monde. C'est le langage que Beauregard et de Rorté devaient tenir à l'Électeur de Saxe en 1635 (2), tandis que, presque simultanément, Feuquières à Worms ajoutait encore à la précision et à la solennité des déclarations déjà tant de fois renouvelées. Ses instructions lui ordonnaient en effet de déclarer que son maître consentait à ce que le duc Bernard de Saxe « jouit du landgraviat d'Alsace », et que « S. M. ne s'attribuait ledit pays que comme un dépôt jusqu'à la paix, » s'y réservant seulement l'autorité indispensable pour empêcher les troupes protestantes de trop molester les habitants catholiques (3). Le fameux traité secret conclu

---

(1) Manuscrits de la Bibliothèque de la rue de Richelieu, ancien fonds français, n° 3737.
(2) *Mémoires de Richelieu*, t. VIII, p. 245.
(3) *Mémoires de Richelieu*.

entre la France et Bernard le 29 octobre suivant est une preuve beaucoup plus décisive encore de cet esprit de renoncement, au moins provisoire, du gouvernement français. On y lisait en effet ceci : « S. M. donne et délaisse audit sieur duc le landgraviat d'Alsace y compris le baillage d'Haguenau pour en jouir sous le titre de landgrave d'Alsace avec tous les droits qui ont appartenu ci-devant à la maison d'Autriche dans ledit pays (1). » Il est vrai que cet article secret a paru susceptible d'interprétations assez différentes. On a fait remarquer tout d'abord que le roi de France ne cédait l'Alsace qu'à Bernard seul, sans aucune mention de sa postérité ou de sa famille, d'où l'on a conclu, un peu vite peut-être, puisque la Cour de France avait voulu le marier, que la cession consentie avait un caractère essentiellement personnel et viager, et que Louis XIII avait bien entendu se conserver et même se préparer le bénéfice du droit de réversion. Puis on a insisté sur les tentatives faites par Richelieu pour obtenir la remise directe de Brisach aussitôt après la prise de cette place. Quel que soit le mérite de ces considérations, il n'en demeure pas moins avéré, en droit, que la rédaction du traité conclu le 29 octobre 1635 avait précisément pour but et pour effet d'éliminer d'un premier projet de traité, en date du 2 avril, toute hypothèse d'une prise de possession de l'Alsace par la France, et, en fait, que le nom de Louis XIII ne figure en aucune façon dans la capitulation de Brisach. En 1637, le roi faisait encore savoir aux Suédois qu'en ce qui concernait les places d'Alsace occupées en son nom, « il était prêt de les rendre par la paix

---

(1) On trouvera le traité au complet à la Bibliothèque de la rue de Richelieu, département des manuscrits, soit dans l'ancien fonds français, n° 3737, soit dans la collection Dupuy, n°s 541 et 468. L'authenticité de ces articles secrets a été l'objet d'une discussion en règle dans plusieurs séances de l'Académie des sciences morales et politiques à propos du très savant et très intéressant travail de M. de Parieu sur Bernard de Saxe-Weimar. Il est resté peu de chose de l'argumentation de son contradicteur. V. les cahiers de l'Académie de juillet et août 1876.

pour le bien commun, n'ayant point le dessein de s'agrandir en tout ce que dessus (1) », assertion bien imprudente en vérité de la part d'un prince qui eût eu réellement l'ambition que Louis XIII désavouait ici, car, je le répète, on pouvait saisir au vol sa proposition et en profiter sur le champ. Le peu de goût que montrait Richelieu pour livrer définitivement à Bernard les places alsaciennes en son pouvoir s'explique tout naturellement par des raisons d'une portée beaucoup plus générale et surtout beaucoup moins égoïste (2). Il tenait principalement, comme il le dit lui-même, à ce que Bernard « ne se moquât pas de tout ce qu'on pourrait lui représenter, » et encore plus peut-être à conserver libre de tout engagement « ce dont l'Empereur pouvait espérer la restitution par un traité de paix générale, » en d'autres termes à garder entre ses mains les moyens de faire cette paix générale. Même en 1639, le baron d'Oysonville devait redire au duc de Saxe-Weimar que l'intention du roi était de le maintenir en Alsace, afin que ce fût une perpétuelle barrière entre la France et ses ennemis (3). Il est donc au moins permis d'admettre que jusqu'à cette époque le gouvernement royal avait eu sur l'Alsace tout au plus des espérances et des velléités, mais non pas une volonté suivie et une ambition persistante (4).

Toute hésitation cessa à la mort du grand *condottiere* allemand, qui, dans son testament, écrit sur son lit de mort (8 juillet 1639), avait désigné expressément la France comme l'héritière ou la dépositaire des pays conquis par lui, dans le cas où ses frères n'accepteraient point sa suc-

---

(1) *Mémoires de Richelieu*, t. IX, p. 403.
(2) On les trouvera exposées tout au long dans la grande collection des lettres de Richelieu publiée par M. Avenel, t. VI, p. 408.
(3) *Ib.*, t. VI, p. 410, note.
(4) Il existe dans le manuscrit 3721 du fonds français de la Bibliothèque de la rue de Richelieu de nombreuses pièces de la correspondance échangée entre Bernard et les agents de la France.

cession (1). En présence d'un legs si imprévu et si attrayant, Richelieu ne se crut plus obligé à ce parti-pris d'indifférence pacifique ou à ces habiletés de modération qui avaient jusqu'alors constitué le trait caractéristique de sa diplomatie. Il ne pouvait permettre que cette brillante armée où Guébriant avait trouvé moyen de se rendre illustre à côté de Bernard tombât à la merci et sous la direction de ses ennemis. La France avait versé dans la lutte trop de son sang et de son argent, elle avait trop prodigué ses millions à la caisse sans fond des troupes weimariennes, elle avait en un mot été entraînée trop loin dans la voie de sacrifices où elle s'était généreusement engagée, pour ne pas réclamer ainsi que ses alliés un dédommagement au jour prochain du triomphe final. Pour elle au surplus, l'Alsace n'était point une conquête de luxe, c'était avant tout une digue des plus utiles contre les incursions traditionnelles et ruineuses d'une race voisine moins favorisée qu'elle par la nature, et qui n'avait que trop révélé déjà son incorrigible tendance à déverser au dehors ses populations aussi faméliques que pullulantes (2). C'était bien le moins que, victorieuse, la royauté française prît quelques précautions pour l'avenir. L'armée saxonne s'était mise littéralement aux enchères, des princes puissants se la disputaient, la France lui offrit la plus forte somme, et, selon l'expression fort juste de M. Chéruel, l'acheta « elle et ses conquêtes (3) ». Le

---

(1) " En cas qu'il se rencontre que personne de nos frères ne veuille prendre possession desdites conquêtes, nous croyons être juste et équitable que la France soit préférée à tous autres, à la condition que les places fortes reçoivent garnisons my-parties, à savoir françaises et allemandes, lesquelles après une paix doivent être avec tout ledit pays conquis restituées à l'Empire. „ Bibliothèque de la rue de Richelieu, ancien fonds français, n° 3737.

(2) Ce sujet, qui n'a point encore été épuisé par les amis de notre histoire nationale, a cependant été esquissé déjà dans deux excellentes brochures, dues à deux professeurs de Faculté, *Les Invasions germaniques en France*, par M. Heinrich, Paris, L. Hachette, 1871, et l'*Histoire des invasions germaniques en France*, par M. F. Combes, Paris, V. Palmé, 1873.

(3) V. l'introduction à la correspondance de Mazarin recueillie et publiée par M. Chéruel.

drapeau royal flotta enfin sur la plupart des villes impériales, voire même sur l'inexpugnable Brisach, qui avait un moment manifesté l'intention de s'attacher à la Suisse (1), et désormais de Paris on eut « un grand pied sur Strasbourg ». L'occasion avait fini par tenter le grand ministre qui dirigeait alors nos destinées et qui n'était pas homme à reculer devant les faveurs provocatrices de la fortune.

L'attitude de Strasbourg envers la France, depuis la participation directe du royaume à la guerre de Trente ans, n'avait pas du reste été seulement satisfaisante, elle n'avait pu qu'encourager Richelieu dans la pensée d'établir ou de fortifier la domination de son maître sur la province dont cette ville si dévouée était le centre moral. En dépit des menaces de l'Empereur et de ses propres promesses, la République strasbourgeoise, dès le 7 février 1636, grâce sans doute à l'adresse de Melchior de l'Isle, dont plusieurs documents intéressants nous sont parvenus (2), la République, dis-je, représentée par son Sénat, son préteur et ses consuls, priait humblement S. M. Très-Chrétienne, « lorsque les orages de la guerre viendraient à se calmer par un traité de paix, qu'elle daignât prendre leurs intérêts en considération (3) ». Quelques mois plus tard, le cardinal de la Valette ayant paru en Alsace pour aider Bernard à rentrer dans Saverne, des notables de Strasbourg, c'est Richelieu qui nous l'apprend (4), avaient été faire au cardinal commandant en chef « toutes sortes d'offres pour le service du roi ». Aussitôt après la naissance du dauphin, les mêmes autorités strasbourgeoises, le 6 octobre 1638, s'étaient empressées d'envoyer leurs plus vives félicitations.

---

(1) V. Rossman et Ens, *Histoire de Brisach*, p. 401.
(2) V. Kentzinger, t. I, p. 211-220. V. aussi ses lettres de crédit et les conseils du roi, t. I, p. 62-64.
(3) V. Kentzinger, t. II, p. 54.
(4) *Mémoires*, t. IX, p. 180. Cf. Kentzinger, t. I, p. 224-230. V. aussi sur l'intervention de Strasbourg en faveur d'Haguenau, t. II, p. 72-75, et sur sa convention avec le gouverneur français de Saverne, t. II, p. 77-81.

« Encore bien, Sire », disaient-elles, « que nous soyons les moindres de vos serviteurs, si ne laissons pas de recognoistre.... que toute notre crainte est tournée en un tel excès de joye que ne sçaurions l'exprimer, estant telle, Sire, que celle de vos sujets naturels ne saurait être plus grande (1). »
Et l'année suivante, dès que des bruits de pacification avaient commencé à courir, bien que le roi à ce moment levât des recrues dans Bâle et dans Strasbourg même (2), le Sénat s'était recommandé en hâte à sa sollicitude, et, par une seconde lettre, à celle de Richelieu. « Nous avouons librement », était-il dit dans la première, « avoir mis une singulière et ferme confiance en la bonté de V. M. de nous comprendre aux traités de paix qu'elle fera avec ses ennemis et d'y avoir autant de soin des intérêts de notre République que des siens propres : ce sera véritablement une obligation éternelle que V. M. acquerra sur nous, et dont le ressentiment ne mourra jamais en nos âmes, non plus qu'en celles de nos enfants (3) ».

Les dernières années de la guerre ne firent que développer ces excellentes relations en en confirmant la cordialité. Salué à son arrivée au pouvoir par une adresse des Strasbourgeois aussi flatteuse pour lui que pour son glorieux prédécesseur, Mazarin ne pouvait manquer de payer de retour un petit État allié, qui si spontanément avait eu soin de « lui protester de la même fidélité et dévotion qu'il avait vouée au service de feu M. le cardinal-duc (4). » Il dut être encore plus touché, lorsqu'après la mort du roi on reçut à la Cour jusqu'à quatre lettres de condoléance de la République adressées, l'une au jeune

---

(1) V. Kentzinger, t. I, p. 237-239.
(2) V. Laguille, II, p. 148.
(3) 10 septembre 1639. Kentzinger, t. I, p. 242-245.
(4) V. Kentzinger, t. I, p. 247-249. En 1643, une lettre de félicitations sur son entrée au ministère fut aussi envoyée à Michel Letellier, le père de Louvois, de celui qui devait supprimer la République. M. Kentzinger a donné la lettre de remerciement de Letellier dans son t. I, p. 258.

Louis XIV, la seconde à la Reine Régente, la troisième au duc d'Orléans, et la dernière, au prince de Condé. Au nouveau souverain, MM. les sénateurs et consuls demandaient la faveur d'avoir part au profit qu'il pourrait tirer des grandes victoires de son père. Ils souhaitaient qu'il lui plût les « daigner » de la même bienveillance dont ce père de très heureuse et d'immortelle mémoire les avait honorés, et « d'appuyer par son autorité les intérêts de leur République, lorsqu'on viendrait à traiter d'une paix universelle. » — « Nous sommes trop serviteurs de la France », écrivaient-ils à la Reine, « et avons reçu trop de gratifications et bienfaits de ce très grand, très juste et très victorieux monarque Louis XIII, pour demeurer muets et insensibles aux tristes nouvelles de sa mort. » Ils se promettaient également de sa bonté qu'elle honorerait leur petite République à l'exemple du feu roi son très cher époux, ainsi qu'ils l'en suppliaient très humblement, et qu'elle leur en ferait sentir les effets au traité pour la paix générale. Au duc d'Orléans et au prince de Condé ils disaient en terminant et en se servant de la même formule pour chacun d'eux : « Que si les vœux que nous faisons continuellement pour la longue vie et prospérité de V. A. et la sincérité de nos très humbles et très fidèles services que nous lui présentons seraient capables de nous rendre dignes de ses bonnes grâces et d'acquérir à notre République sa bienveillance, nous le tiendrons pour le plus grand bonheur qui nous sçaurait arriver, et essayerions de toutes nos forces de donner des preuves avec combien de passion nous sommes.... » Ces lettres, datées du premier juin 1643 toutes les quatre (1), trouvèrent leur réponse naturelle, quoiqu'un peu tardive, dans celle que Mazarin adressa à Strasbourg, le 28 août suivant.

« Vous connaîtrez toujours par les effets que vous ne vous trompez point en l'opinion que vous avez que je favoriserai toujours les

---

(1) M. Kentzinger les a transcrites tout au long. V. t. I, p. 252-257.

intérêts de votre République. L'inclination que vous avez de tout temps eue pour la France et la preuve que vous en avez depuis peu rendue, laissant passer sur votre pont des troupes de Madame la landgrave de Hesse, obligent tous les bons Français d'en avoir du ressentiment. Aussi devez-vous croire que la Reine en fera toujours grande considération et qu'elle emploiera son autorité pour divertir les desseins que le duc Charles pourrait faire de s'en venger. Quand même l'intérêt de cette Couronne n'y engagerait pas S. M., les offices que Madame la landgrave a faits pour ce sujet par ses lettres et par son agent la convieraient assez de vous protéger en une occasion dont elle a tiré tant d'avantages.... Bref, vous devez être certains que vous recevrez de ce gouvernement tous les témoignages de protection et de bonne volonté que vous en pourrez raisonnablement désirer. De cela je vous suis caution et vous puis protester par la connaissance certaine que j'en ai que vous ne vous approchez jamais de si près par affection de cette Couronne qu'elle ne s'avance encore davantage par de bons offices vers votre République (1) ".

Il y eut toutefois, durant cette dernière période de la guerre de Trente ans, où il semblait que l'acharnement des combattants redoublât tout en s'épuisant, il y eut, dis-je, entre les généraux français et les dépositaires du pouvoir exécutif à Strasbourg quelques froissements et quelques démêlés, conséquence fatale des rigueurs de la lutte. Ces tiraillements sur des questions de détail n'empêchèrent pas le 29 décembre 1643 les Strasbourgeois de conjurer Leurs Majestés et Son Éminence « de les vouloir bien délivrer par les moyens qu'elles auraient agréables des persécutions » que le duc de Lorraine leur faisait endurer, parce qu'ils avaient voulu « obliger » la landgrave de Hesse et « portaient du respect à la France (2) ». On leur promit bien volontiers par lettres royales le secours qu'ils sollicitaient, et Mazarin écrivit même uniquement à cet effet une

---

(1) V. les lettres de Mazarin publiées par M. Chéruel, t. I, p. 327.
(2) V. Kentzinger, t. I, p. 267-271.

missive pour Turenne (1). Mais les charges de la guerre n'en restaient pas moins bien lourdes pour l'Alsace tout entière, quelque soin qu'on eût pris de réitérer à Guébriant comme à Turenne l'ordre de prodiguer les exemptions et les réparations à tout ce qui relevait ou se réclamait de Strasbourg. Un nouveau résident, le sieur Stella de Morimont, était même venu s'y installer, afin de faire respecter de son mieux la neutralité où la République prétendait se renfermer. Il fallait bien néanmoins que le soldat se trouvât nourri et qu'on se procurât les moyens de le mettre en mouvement à travers le pays. De là un petit nombre de lettres assez vives échangées en juillet 1644 entre le Sénat et M. de Rasilly, gouverneur d'Haguenau. Le ton de ces lettres évidemment contraste d'une manière fâcheuse avec celui de Guébriant cherchant, un an plus tôt, à obtenir des mêmes magistrats plus de blé et de fourrages qu'il ne leur convenait d'abord de lui en fournir. M. de Rasilly cependant eut le bon goût de terminer la querelle avec l'aménité enjouée et peut-être un peu épigrammatique d'un homme d'esprit. Il assura en effet les Strasbourgeois « qu'il se réputerait beaucoup plus glorieux d'avoir le droit de citoyen en leur ville et République qu'en celle de Venise où les princes quelquefois se tuent pour en avoir le bénéfice (2) ». On ne pouvait couper court à une contestation assez aigre par une hyperbole plus aimable.

L'heure de la paix tant désirée à Paris et à Strasbourg sonna enfin. Vers la fin de 1641 une convention préliminaire pour l'ouverture d'un congrès avait été signée grâce aux efforts du nonce Chigi et de l'ambassadeur vénitien Contarini, investis des fonctions de médiateurs. Néanmoins ce ne fut qu'en mars 1644 que le comte d'Avaux arriva à Münster où Servien le rejoignit en avril. Ils avaient pour devoir de demander que « l'Alsace supérieure et inférieure

---

(1) 9 février 1644. V. Chéruel, *Lettres de Mazarin*, t. I, p. 578.
(2) V. Kentzinger, t. II, p. 104-107 et 114.

fût cédée à la France avec le Sundgau (1), Brisach et le Brisgau, plus les villes forestières (2), y compris tous les droits et motifs en vertu desquels ces pays avant la guerre actuelle étaient possédés par les princes de la maison d'Autriche (3) ». C'était à ce prix que Louis XIV consentait à déposer les armes, et certes cette « satisfaction » accordée à la France ne pouvait paraître bien rigoureuse aux Allemands, quand on songe que les troupes royales occupaient alors Mayence, Worms, Spire, Baccarach, et, en dehors de la vallée du Rhin, Heilbronn et Hohenweil, sur le territoire württembergeois. L'intention de la France d'obtenir la haute et la basse Alsace dans toute leur étendue et aux mêmes conditions était donc aussi claire que possible. Les instructions ultérieures des négociateurs font foi que cette intention ne fut point abandonnée. Le 1er juillet 1645 le roi, dans un *Mémoire*, leur disait qu'après avoir examiné une de leurs dépêches « touchant le détail des satisfactions que la France pourrait demander en Allemagne, il approuvait leur sentiment de se contenter de Brisach, de la haute et basse Alsace, de Philipsbourg et des places voisines ». Et un peu plus bas le *Mémoire* ajoutait : « Comme il y a apparence que l'Alsace nous pourra demeurer, il faudrait songer dès à présent à Benfeld et aux moyens les plus propres pour avoir cette place ». Benfeld, disons-le en passant, était une dépendance de Strasbourg où les Suédois s'étaient fortement retranchés dès leur arrivée en Alsace. Vis-à-vis des vaincus, le gouvernement français mesurait ses exigences précisément à celles des Suédois, et, n'ayant pas fait moins, ne voulait pas obtenir moins. Ainsi le 25 août 1645, le ministre, M. de Brienne, écrivait aux plénipotentiaires que,

---

(1) On appelait ainsi le pays dont Belfort était le centre.
(2) Laufenberg, Rheinfelden, Seckingen et Waldshut.
(3) " *Ut cedat Galliæ Alsatia superior et inferior, inclusis Sundgoviâ, Brisaco et Brisgoviâ, civitatibus sylvestribus, cum omni causâ omnique jure quo antè præsens bellum possidebantur à principibus domus Austriacæ* „.

grâce à eux, on savait enfin ce que la Cour de Suède réclamait à Osnabrück, et qu'il importait que la France à Münster fût aussi bien traitée en fait d'indemnités territoriales. Celle dont il avait déjà été question lui paraissait suffisante. « Pour n'être pas baignée par la mer », continuait M. de Brienne, « l'Alsace ne laisse pas d'avoir son poids comme la Poméranie ; le fleuve qui la traverse et Brisach qui la commande portent avec soi de merveilleuses suites, et comme sans doute sous la Poméranie ils entendent aussi les îles qui en dépendent, aussi entendent-ils que ce qui joint ce pays à la France nous demeure ». On peut parcourir tout ce que nous possédons de cette correspondance diplomatique : on y retrouve partout les expressions de « haute et basse Alsace », de « les deux Alsaces », sans aucune restriction ni réserve. Il est toujours question de ce qui est situé *au-deçà*, c'est-à-dire en deçà du Rhin, qui servira, dit une fois M. de Brienne (1), « de séparation à la la France et à l'Allemagne ». Il n'est jamais parlé d'enclaves mises à part ou d'exceptions imposées à la domination nouvelle.

Telles étaient les demandes de la France. Que lui offrit-on ou que lui promit-on ? « Trautmannsdorf », dit M. A. Schmidt (2), « consentit tout d'abord à la cession de la basse Alsace, puis, quelques jours après, le 14 avril 1646, à celle de la haute Alsace y compris le Sundgau ». Les documents français confirment parfaitement sur ce point le témoignage ou l'aveu du publiciste allemand. Le 26 avril 1646 partait de Paris une lettre de M. de Brienne qui nous révèle avec une précision suffisante la portée des ouvertures faites par les Impériaux le 14 du même mois. « Ce qui nous est offert, savoir la haute et basse Alsace et le Sundgau, satisfait S. M.,

---

(1) Lettre du 21 avril 1646 à MM. les plénipotentiaires.
(2) " *Trautmansdorf willigte zuerst in die Abtretung des untern, dann auch wenige Tage spaeter (14 april 1646) in die des obern Elsasses nebst dem Suntgau ein.* „ P. 20.

pourvu que Brisach lui soit aussi délaissé ». Or Brisach était sur la rive droite ; cela signifiait par conséquent que la rive gauche du Rhin se trouvait hors de discussion. Le même jour, au reste, le jeune roi adressait aux mêmes plénipotentiaires cette phrase significative qui ne laisse aucun doute que, dans sa conviction, l'Alsace tout entière lui était accordée par l'Empereur. « Je vous fais cette lettre de l'avis de la Reine-Régente, Madame ma Mère, ...pour vous dire que, nonobstant tout ce qui est porté par mon *Mémoire* de ce jourd'hui touchant la paix de l'Empire, je ne vous donne pas seulement pouvoir, si vous ne pouvez pas faire mieux, de vous relâcher de la prétention du Brisgau et des villes forestières, mais de donner même, outre cela, s'il est nécessaire, aux archiducs d'Innsprück la somme d'argent que vous aviserez pour le dédommagement de Brisach, des deux Alsaces et du Brisgau. » C'était donc bien sur l'ensemble tout entier des territoires compris entre les Vosges et le Rhin, et non pas sur une partie de ces territoires, encore moins sur de simples droits afférents à tout ou partie d'eux, que roulaient les négociations engagées et que portaient les offres impériales. La maison d'Autriche du reste ne tenait pas démesurément alors à conserver des provinces aussi éloignées de sa sphère d'action naturelle. En 1617, elle avait même été sur le point de les céder à l'Espagne comme annexe de la Franche-Comté (1). D'un autre côté, la reine de Suède fit savoir dans le courant de mai aux ministres de France que les Impériaux offraient l'Alsace tout entière à leur maître (2). C'est ce que reconnaît un Allemand illustre et sincère, Puffendorf, qui a écrit cette phrase : *Ità diffugere non poterant Cœsarei quin totam Alsatiam annuerent*.(3). La promesse de rendre les quatre villes forestières et de payer quatre millions à la branche

---

(1) V. à l'année 1617 Pfeffel.
(2) Laguille, I, p. 272.
(3) *Rerum Suecicarum*, lib. 18, § 74.

archiducale d'Innsprück ne fut même stipulée que sous la condition formelle que la cession de l'Alsace serait illimitée, et il demeura en outre bien entendu que, si les villes impériales étaient retirées au roi, le roi retiendrait de son côté lesdites villes forestières (1).

Le seul point véritablement mis en discussion et sur lequel la controverse dura tout l'été fut de savoir si la France recevrait l'Alsace comme fief ou en pleine souveraineté, c'est-à-dire avec ou sans le droit de siéger dans les Diètes de l'Empire. Le testament de Bernard de Saxe semblait avoir indiqué la première combinaison, comme préférable au point de vue allemand. Toutefois la crainte assez légitime qu'avait l'Autriche de voir le roi de France lui disputer un jour la direction politique de l'Allemagne fit abandonner l'idée d'une cession à titre de fief. Il parut aux deux parties qu'il valait mieux pour le repos public prévenir une rivalité aussi directe et aussi redoutable. La cession de Brisach causa également quelque retard, car, non-seulement la place était des plus enviables comme position militaire, mais surtout elle se trouvait de l'autre côté du Rhin. La France y tint, et, certes, si on ne lui eût pas donné le droit de compter qu'à l'avenir elle serait en Alsace absolument chez elle, elle aurait moins insisté pour avoir ainsi un pied de plus en Allemagne, maîtresse comme elle l'était déjà d'une tête de pont sur le Rhin à Philipsbourg. Tout son effort, logiquement, aurait porté alors sur la possession complète de l'excellente ligne de défense fournie par la rive gauche du fleuve. Elle ne songeait au superflu que parce qu'elle avait conscience d'être assurée du nécessaire. Malgré ces deux difficultés, le jeudi 13 septembre 1644 on accepta enfin chez le comte de Trautmannsdorf le plan dressé par les médiateurs, et, le 17, les plénipotentiaires français purent écrire à la Reine-Régente dans une dépêche mémorable que « S. M. avait non-seulement

---

(1). *Rerum Suecicarum*, L. 18, § 119.

étendu les limites de la France jusqu'à ses plus anciennes bornes, mais encore acquis deux places très-importantes sur le Rhin (1). „

Ainsi, dès 1646, la France avait obtenu de l'Empereur lui-même tout ce qu'elle avait demandé et espéré en Alsace. Elle allait s'y trouver substituée à tous les droits qu'il y avait lieu d'exercer, soit au nom des Habsbourg, soit au nom du saint-empire, sur l'indépendance effective du pays. Mais la diplomatie impériale ne se jugeait pas irrémissiblement battue, bien que sa cession fût aussi précise que possible et consignée d'ailleurs par écrit avec toutes les formalités d'usage. M. de Trautmannsdorf et ses collaborateurs avaient du temps devant eux : ils étaient résolus à en user. Les exigences des Suédois à Osnabrück retardaient en effet et retardèrent longtemps encore la pacification générale. Peu s'en fallut même que tout ce qui avait été fait à Münster entre la France et les Impériaux n'y fût détruit avant d'avoir reçu un commencement d'exécution. C'est qu'ici la France ne se trouvait plus seulement en présence de l'Empereur, elle avait devant elle les États de l'Empire. Or le collége des villes au moins ne pouvait manquer de s'intéresser tout particulièrement aux efforts faits par Strasbourg et les dix autres villes impériales d'Alsace pour ne pas être incorporés purement et simplement à la monarchie française. Dès le mois d'avril 1646, ces onze petites Républiques municipales s'alarmaient du bruit répandu que l'Alsace tout entière allait

---

(1) M. L. Ranke est loin d'avoir méconnu la portée de cette dépêche et surtout celle des concessions qui y étaient annoncées : " *Am 17 September 1646 sandten die französischen Bevollmächtigten einen Courier an die Königin Regentin um sie zu benachrichtigen dass ihr der obere und niedere Elsass, sammt dem Sundgau, sowie Breisach und das Besatzungsrecht von Philippsburg, zugestanden sei. In der Form, welche diese Bestimmungen damals erhalten haben, sind sie später dem Friedenstractat einverleibt worden. Von den Landschaften welche Deutschland verlor, bemerkte man nicht mit Unrecht, sie seien einem halben Königreiche gleich.* „ *Histoire de France*, t. III, p. 40.

être livrée à la France. Se rappelant ce qui était arrivé à Metz, Toul et Verdun, elles redoutaient surtout de perdre leur autonomie et de changer de régime intérieur en même temps que de suzerain (1). C'était plus qu'il n'en fallait à l'Autriche pour remettre tout en discussion ou du moins pour agir dans ce sens sous le nom et dans l'intérêt de l'Empire.

Le député de la République strasbourgeoise, que le ressentiment de Ferdinand III avait jusqu'à ce moment tenu à l'écart des conférences, y fut au plus vite admis, afin de pouvoir protester en ce qui le concernait contre le projet de cession. Les plénipotentiaires français assuraient le 19 avril 1647 qu'ils verraient cet envoyé de Strasbourg et s'efforceraient de le ramener par la douceur. Leur tentative eut, paraît-il, beaucoup moins de succès que les intrigues de M. de Trautmannsdorf. Les États consentirent en effet assez volontiers à ce que l'Empereur se privât du titre de landgrave d'Alsace, titre qu'il avait d'ailleurs déjà vendu au moins une fois, et qu'en outre il prétendait continuer de porter comme possesseur du Brisgau. Ils admirent même, malgré l'évêque de Bâle, que le comté de Ferrette serait considéré comme compris dans la cession faite à la France du Sundgau. Mais en même temps ils se montrèrent fort nettement déterminés à retrancher les mots *supremum dominium (hœchste Gewalt* en allemand) de la phrase relative à l'abandon des deux Alsaces, ne se résignant à les insérer que pour Metz, Toul et Verdun. Du 7 août au 11 novembre 1647 (2) la discussion ne sortit point de ce labyrinthe, les États comme la France ne voulant rien rabattre de leurs prétentions. Enfin les Impériaux, ayant reçu des envoyés français la promesse de nouveaux

---

(1) Lettre des plénipotentiaires à M. de Brienne, du 19 avril 1646.
(2) On peut lire dans un recueil où ne figurent d'ailleurs que les pièces favorables aux intérêts germaniques, les *Archives d'Alsace*, une protestation des villes libres en date du 14 juillet 1647. Le député strasbourgeois, Marcus Otto, ne l'avait pas signée.

avantages pécuniaires, prirent le parti de mettre la Diète au courant du traité secret conclu depuis un an déjà avec la Couronne de France. L'imminence du péril ne fit que redoubler la résistance des villes et de la noblesse alsaciennes. Les États essayèrent bien vite de ramener la délibération au point où elle se trouvait au mois de juillet ou d'août 1646. Contrairement à ce qui avait été décidé, ils prétendirent que le roi de France ne pût devenir landgrave d'Alsace qu'à la condition, ou, si l'on veut, avec le droit de siéger en cette qualité aux Diètes de l'Empire. Il fut même absolument impossible de faire abandonner ce parti-pris à quelques membres des États. Avant que l'instrument de paix ne fût signé le 24 octobre 1648 par l'Empereur et par l'Empire, un certain nombre d'Électeurs, de princes et de villes rédigèrent le 22 août une déclaration explicative à propos des conditions de la paix, déclaration qui était absolument inconciliable avec l'instrument de paix lui-même, puisqu'elle ordonnait ou supposait la participation des rois de France aux Diètes impériales. Le traité préparé ayant été postérieurement consacré dans les formes les plus solennelles par le chef du saint-empire et la majorité de ses représentants officiels, ce commentaire n'avait évidemment et ne pouvait avoir aucune espèce d'importance au point de vue du droit public. Il prouvait seulement, par voie indirecte, que l'Alsace tout entière était bien comprise dans l'aliénation convenue, puisqu'on manifestait un si vif désir qu'elle ne le fût pas, et il donnait en outre une assez médiocre idée de la loyauté germanique, rien de plus. En temps de guerre il n'y a pour le vaincu qui n'est pas à bout de forces qu'une manière de protester dignement contre ce qu'on propose à sa signature, c'est précisément de ne pas le signer. Le roi auquel ce document fut adressé refusa d'en prendre connaissance. Ce n'était pas après les victoires triomphales de Condé, après Rocroy, après Nordlingen, après Lens, au moment où les armées franco-suédoises avaient passé l'Iser et menaçaient Prague, que la Cour de Versailles pouvait se départir des concessions demandées et obtenues depuis deux ans. Le 8 février 1649 Servien, pour plus de sûreté, jugea prudent de protester à son tour contre toutes les gloses et explications des Allemands. Il n'eut pas de peine à rompre tout ce tissu de perfides subtilités. En résumé, si le roi de France n'était pas devenu membre de l'Empire, il restait du moins seul maître de l'Alsace, dont la capitale, Strasbourg, ne relevait plus dorénavant que d'elle-même et, au besoin, de lui.

Il importe maintenant de placer sous les yeux du lecteur le texte même de ce traité de Münster en ce qui concerne la cession alsacienne. Nous ne retrancherons aucun mot des cinq paragraphes qui s'y rapportent et nous nous efforcerons de les traduire aussi littéralement que possible. Les quatre premiers, ne faisant qu'abonder dans le même sens, ne sauraient présenter aucune difficulté.

§ 73. « L'Empereur, tant pour lui-même que pour la Sérénissime maison d'Autriche, et pareillement l'Empire renoncent à tous les droits, propriétés, domaines, possessions et juridictions qui auparavant appartenaient, soit à l'Empire, soit à la famille d'Autriche, sur la ville de Brisach, le landgraviat de la haute et basse Alsace, le Sundgau et la préfecture provinciale des dix villes impériales sises en Alsace, savoir Haguenau, Colmar, Schlestadt, Wissembourg, Landau, Obernheim, Rosheim, Münster dans le Val Saint-Grégoire, Kaisersberg, Turingheim, ainsi que tous les villages et autres droits quelconques qui dépendent de ladite préfecture et transfèrent le tout tant en général qu'en particulier au Roi Très-Chrétien, ainsi qu'au royaume de France, de même que ladite ville de Brisach avec les villages de Hochstatt, Niederrimsing, Harten et Acharren appartenant à la communauté de la ville de Brisach avec tout son territoire et banlieue, dans toute son ancienne étendue, réserve faite cependant des priviléges et immunités de ladite ville obtenus et acquis de la maison d'Autriche ».

§ 74. « Qu'en outre ledit landgraviat de l'une et l'autre Alsace et du Sundgau, ainsi que la préfecture provinciale sur les dix villes et lieux en dépendant, plus tous les vassaux, manants, sujets, hommes libres, forteresses, camps, métairies, donjons, bois, forêts, mines d'or, d'argent et autres métaux, fleuves, rivières, prés, et tous les droits, régales et appartenances, sans aucune réserve, avec toute espèce de juridiction, de souveraineté et de souverain domaine, appartiennent à perpétuité dorénavant au Roi Très-Chrétien et à la Couronne de France et soient considérés comme incorporés à ladite Couronne, sans que l'Empereur, l'Empire, la maison d'Autriche ou qui que ce soit y contredise. De telle sorte qu'en aucune façon aucun Empereur ni aucun prince de la maison d'Autriche ne puisse ou ne doive jamais prétendre ou usurper en aucun temps quelque parcelle de droit ou de pouvoir sur les parties qui viennent d'être mentionnées, qu'elles soient situées en-deçà ou au-delà du Rhin ».

§ 75. « Toutefois que le Roi soit obligé de conserver la religion catholique dans tous ces lieux et dans chacun d'eux. »

§ 79. « Pour la plus grande validité desdites cessions et aliénations, l'Empereur et l'Empire, par l'effet de la présente transaction, dérogent expressément, tant en général qu'en particulier, à tous les décrets, constitutions, statuts et coutumes, même à ceux qui ont été ou seront consacrés plus tard par serment, des Empereurs précédents et du saint-empire romain, spécialement à la constitution impériale, en tant que toute espèce d'aliénation de biens et de droits de l'Empire est interdite, et en même temps ils excluent pour toujours toutes les exceptions et voies de restitution, sur quelque droit ou titre qu'elles puissent se fonder (1). „

---

(1) Nous donnerons au lecteur la possibilité de consulter l'original lui-même :

§ 73. *Imperator, pro se totáque Serenissimâ domo Austriacâ, itemque Imperium cedunt omnibus juribus, proprietatibus, dominiis, possessionibus ac jurisdictionibus quæ hactenùs sibi, Imperio, ac familiæ Austriacæ competebant in oppidum Brisacum, Landgraviatum superioris et inferioris Alsatiæ, Sundgoviam, Præfecturamque provincialem decem civitatum imperialium in Alsatiâ sitarum, scilicet Haguenau, Colmar, Schlestadt, Weissenburg, Landau, Obernheim, Rosheim, Münster in valle S. Gregorii, Keisersberg, Turingheim, omnesque pagos et alia quæcunque jura quæ à dictâ Præfecturâ dependent, eaque omnia et singula in Regem Christianissimum regnumque Galliarum transferunt, ità ut dictum oppidum Brisacum cum villis Hochstatt, Niederrimsing, Harten et Acharren, ad communitatem Civitatis Brisacensis pertinentibus, cumque omni territorio et banno quatenùs se ab antiquo extendit, salvis tamen ejusdem Civitatis privilegiis et immunitatibus antehác à domo Austriacâ obtentis et impetratis.*

Voilà jusqu'à présent qui est aussi clair et aussi précis que possible. Rarement même pareil luxe de répétitions et de précautions a donné à un transfert territorial plus de plénitude et de force. Ce n'est pas uniquement la maison d'Autriche qui se dépouille de ses droits, par l'initiative de son chef et du consentement de tous ses membres, ce n'est pas uniquement l'Empereur au nom de l'Empire, c'est l'Empire lui-même qui s'en démet et figure comme partie principale au contrat. L'Empereur et l'Empire, conjointement, abdiquent et transmettent la pleine souveraineté, avec tous ses attributs, de tout ce que l'Empire et l'Autriche possédaient sur le territoire désigné, c'est-à-dire sur le landgraviat de la haute et basse Alsace, plus sur la préfecture des dix villes impériales. L'un comme l'autre ils s'interdisent toute revendication future et, à cet effet, dérogent expressément aux vieux principes de droit public en vigueur dans l'Empire. Et, qu'on le remarque bien, ce qu'ils aliènent en faveur de la France, ce ne sont pas de simples titres,

---

§ 74. *Itemque dictus Landgraviatus utriusque Alsatiæ et Sundgoviæ, tùm etiam Præfectura provincialis in dictas decem Civitates et loca dependentia, itemque omnes vassalli, landsassii, subditi, homines, castra, villæ, arces, sylvæ, forestæ, auri, argenti aliorumque mineralium fodinæ, flumina, rivi, pascua, omniaque jura, regalia et appertinentiæ, absque ullâ reservatione cum ommimodâ jurisdictione et superioritate, supremoque dominio à modò in perpetuum ad Regem Christianissimum Coronamque Galliæ pertineant, et dictæ Coronæ incorporata intelligantur absque Cæsaris, Imperii domusque Austriacæ vel cujuscumque alterius contradictione. Adeò ut nullus omninò Imperator aut familiæ Austriacæ princeps quicquam juris aut potestatis in eis præmemoratis partibus cis et ultrà Rhenum sitis ullo unquàm tempore prætendere vel usurpare possit aut debeat.*

§ 75. *Sit tamen Rex obligatus eis omnibus et singulis locis catholicam conservare religionem.*

§ 79. *Ad majorem supradictarum cessionum et alienationum validitatem, Imperator et Imperium, vigore præsentis transactionis, expressè derogant omnibus et singulis prædecessorum Imperatorum Sacrique Imperii Romani decretis, constitutionibus, statutis et consuetudinibus, etiam juramento firmatis, aut in posterum firmandis, nominatimque Capitulationi Cæsareæ, quatenùs alienatio omnimoda bonorum et jurium Imperii prohibetur, simùlque in perpetuum excludunt omnes exceptiones et restitutionis vias, quocunque tandem jure titulove fundari possint.*

ce n'est pas un *jus in Alsatiâ*, des droits personnels et isolés en Alsace, comme on devait le soutenir plus tard, c'est bien un ensemble de droits réels, un *jus in Alsatiam*, c'est-à-dire des territoires, non-seulement avec leurs forteresses et leurs villes, je pourrais dire avec leurs habitants, car le texte m'y autoriserait suffisamment, mais encore avec leurs forêts, leurs cours d'eau (1), leurs mines mêmes, car le sous-sol est aussi inclus dans la subrogation. C'est en un mot une région tout entière, désignée par les mots de landgraviat d'Alsace et de préfecture des dix villes, qui passe à la Couronne de France « sans aucune réserve, avec tout droit de juridiction, de supériorité et de souverain domaine ». Nul doute n'était permis, nulle ressource ne pouvait logiquement rester à l'esprit le plus ingénieux ou le plus retors, car dans les *litteræ cessionis et renuntiationis* délivrées à Vienne par Ferdinand III le 24 novembre 1648 (2) les redondances de style mettaient peut-être encore plus favorablement en relief les droits de la France.

Malheureusement, à la suite de ces quatre paragraphes 73, 74, 75 et 79, se présentait le paragraphe 87 qui, au premier abord, pouvait sembler en contradiction avec les précédents et qui mérite d'être lu avec une grande attention.

§ 87. « Néanmoins que le Roi Très-Chrétien soit tenu de laisser non-seulement les évêques de Strasbourg et de Bâle, avec la ville de Strasbourg, mais même les autres Ordres soumis immédiatement à l'Empire romain dans les deux Alsaces, les abbés de Murbach et de Ludre, l'abbesse d'Andlau, le monastère du Val Saint-Grégoire de l'ordre de Saint-Benoît, les palatins de Lützelstein, les comtes et barons de Hanau, Fleckenstein, Oberstein, la noblesse de toute la basse Alsace, plus les dix villes impériales

---

(1) L'article 85 attribuait la police de la navigation du Rhin pour moitié à la France. *Neutri parti permissum esto.... Utraque pars contenta maneat.* Ainsi se trouvait éliminée l'hypothèse ou la coexistence d'une multitude de petites souverainetés en rivalité de péages sur les bords du fleuve.

(2) V. Dumont, *Corpus Diplomaticum*, t. VI, p. 491.

déjà nommées qui reconnaissent la préfecture d'Haguenau, en liberté et en possession de l'immédiateté envers l'Empire romain dont elles ont joui jusqu'ici, de sorte qu'il ne puisse y prétendre ultérieurement aucune supériorité royale, mais demeure satisfait de tous les droits qui appartenaient à la maison d'Autriche et sont cédés par ce traité à la Couronne de France. De telle façon toutefois que rien ne soit considéré comme distrait par cette déclaration de tout le droit de souverain domaine qui a été accordé plus haut (1) „.

Que signifiait au juste cette restriction assez inattendue où le nom de Strasbourg apparaît à côté de celui de Bâle et où l'on maintient l'immédiateté de l'une et de l'autre cité? Y fallait-il voir la négation, le renversement de toutes les conventions mentionnées plus haut, c'est-à-dire la reprise en détail à la France de tout ce qu'on venait de faire mine de lui accorder en masse? Ou bien convenait-il de n'y reconnaître que des promesses arrachées au dernier moment à la Cour de Saint-Germain en faveur de libertés provinciales et municipales qui avaient dû paraître aux deux contractants trop fortement enracinées en Alsace pour qu'il fût d'une bonne politique de vouloir les abolir du premier coup? Les Allemands ne tardèrent pas à se jeter les yeux fermés et la tête basse dans le premier système. Aujourd'hui encore on ne consentirait point à en examiner un autre dans une Université d'outre-Rhin.

---

§ 87. " *Teneatur tamen Rex Christianissimus non solùm episcopos Argentinensem et Basiliensem, cum civitate Argentinensi, sed etiam reliquos per utramque Alsatiam Romano Imperio immediatè subjectos Ordines, Abbates Murbacensem et Luderensem, Abbatissam Andlaviensem, Monasterium in valle S. Gregorii Benedicti Ordinis, Palatinos de Lützelstein, Comites et Barones de Hanau, Fleckenstein, Oberstein totiusque inferioris Alsatiæ nobilitatem, item prædictas decem civitates imperiales, quæ Præfecturam Hagenoensem agnoscunt, in eâ libertate et possessione immedietatis ergà Imperium Romanum, quâ hactenùs gavisæ sunt, relinquere : ità ut nullam ulteriùs in eo regiam superioritatem prætendere possit, sed iis juribus contentus maneat, quæcunque ad domum Austriacam spectabant, et per hunc pacificationis tractatum Coronæ Galliæ ceduntur. Ità tamen ut præsenti hâc declaratione nihil detractum intelligatur de eo omni supremii dominii jure quod suprà concessum est. „*

D'après cette interprétation, qui néglige absolument l'esprit du traité, qui ne tient aucun compte de l'ensemble du texte, qui s'opiniâtre à n'y voir que les seuls mots de *possessio immedietatis ergà Imperium romanum* sur lesquels elle s'échafaude tout entière, le paragraphe 87 retranche en effet de la haute et de la basse Alsace, c'està-dire de la cession faite en principe à la France, tout ce qui s'y trouve énuméré. On accorde bien que le Sundgau et même Brisach sont délaissés au roi, ainsi que le titre de landgrave et de préfet. Mais la monarchie française n'a rien, absolument rien à prétendre en fait de droits de souveraineté ou même de protection sur la ville et l'évêché de Strasbourg et leurs dépendances, pas plus que sur les enclaves alsaciennes de l'évêché de Bâle, pas plus que sur les abbayes de Murbach, de Lure, d'Andlau, de Münster au Val Saint-Grégoire, pas plus que sur les dix villes impériales et leurs villages, pas plus que sur les domaines des comtes de Hanau, de Lützelstein et d'Oberstein, pas plus que sur les terres de la noblesse entière de la basse Alsace. Tout cela obtient une situation privilégiée et échappe à la domination française pour vivre désormais sous la seule tutelle du saint-empire. Que restait-il donc alors à la France, elle qui s'était imaginé recevoir tout le pays entre les Vosges et le Rhin? Les Allemands du XIXe siècle ne craignent pas de le dire en chiffres précis. Il lui restait à peu près le quart seulement de cette riche plaine, quart occupé par environ deux cent mille âmes [1]. Encore fallait-il bien s'entendre sur le genre de droits que le cessionnaire

---

(1) V. Boeckh, *Der Deutschen Volkszahl und Sprachgebiet*, p. 172. M. Adolf Schmidt (p. 22-23) résume ainsi cette doctrine et ces calculs : " *Nicht das Elsass als solches, mit seinem gesammten territorialen Inhalt, und mehr als einer Million Einwohner, wurde in den Paragraphen 73 und 74 des Münster'schen Friedenstractates der Krone Frankreich abgetreten, sondern nur eben die Landgrafschaft desselben, d. h. die landgrafschaftlichen Rechte und Besitzungen des Hauses Œsterreich im Elsass, welche letzteren nur etwa den vierten Theil des Landes, 285 Gemeinden mit 227000 Einwohnern umfassten* „.

était appelé à y faire valoir. Ce n'était pas en qualité de souveraine que la France devait s'y présenter, c'était seulement en vertu des titres de *Landgraf* et de *Landvogt* qu'avaient portés les archiducs autrichiens. Or, malheureusement pour elle, par suite du relâchement continu de leur autorité dans cette partie de leurs États, les Habsbourg n'y possédaient plus guère que des droits nominaux et tombant, sinon déjà tombés, en désuétude (1). Chacun depuis longtemps s'y dérobant à leur pouvoir, il était à craindre qu'on ne se dérobât encore davantage à celui d'une dynastie étrangère. De plus, la France n'étant pas membre de l'Empire, il lui serait, selon toute vraisemblance, assez difficile d'exercer des fonctions qui n'avaient de légalité et de raison d'être qu'exercées par un fonctionnaire de l'Empire et en son nom. La France avait donc été jouée par les Allemands? Précisément. Elle avait su vaincre, mais non pas se méfier. Sa sagacité n'avait pas été à la hauteur de sa fortune militaire. Ce n'était pas après tout le rôle des vaincus de la prévenir par charité du piége auquel elle s'exposait. Si elle n'était point satisfaite, elle n'avait à s'en prendre qu'à elle seule de son manque de finesse.

Le bon sens et la bonne foi avaient cependant bien peu d'efforts à faire pour trouver la solution de l'antinomie apparente des paragraphes 73 et 87. Point n'était besoin en vérité d'une longue méditation pour en découvrir là seule explication raisonnable, explication à coup sûr beaucoup plus simple et surtout beaucoup plus honorable pour la réputation des négociateurs allemands. Non, le paragraphe 87 ne contenait pas une série de dérogations au principe posé dans les numéros 73 et suivants, il ne détruisait pas par l'effet d'exceptions multipliées les conséquences d'une règle formulée dans les termes les plus généraux, il n'était pas une hardie et astucieuse violation de la vieille maxime *donner et retenir ne vaut,* il accordait seulement des con-

---

(1) V. le pamphlet de M. de Sybel contre M. A. Michiels, p. 48.

ditions particulières et plus favorables à certains territoires sur lesquels l'Empire et l'Autriche ne pouvaient pas céder plus de droits qu'ils n'en avaient eux-mêmes, il en maintenait les habitants dans la possession d'une autonomie que le langage du temps qualifiait « d'immédiateté impériale ». C'est ce que démontrait à lui seul le voisinage du substantif *libertas* juxtaposé à celui d'*immedietas*, sinon comme un synonyme, du moins comme un commentaire. Quand, à Osnabrück, on avait voulu retenir dans la dépendance réelle du saint-empire la Poméranie qu'on abandonnait en fief à la Couronne de Suède, on s'était servi de tout autres expressions, dont la netteté ne laissait rien à désirer. La cession n'avait été faite que *in perpetuum et immediatum Imperii feudum*, et la Suède ne devait posséder la Poméranie que *pro hereditario Imperii feudo*. Ici au contraire l'Empire et l'Autriche avaient usé des formules les plus larges pour renoncer à tout ce qu'ils pouvaient posséder de droits. Aucun Empereur, aucun prince autrichien ne devait prétendre à quoi que ce fût sur les pays mentionnés à l'article 73, où figuraient les villes impériales elles-mêmes. Or l'important pour la France, c'était précisément que ni l'Autriche ni l'Empire n'eussent plus rien à voir en Alsace. L'Empire sans doute y avait conservé assez peu de droits, mais l'Autriche possédait à elle seule tout ce qui en restait. Si le temps était loin où l'empereur Othon, sur le point de passer en Italie, avait institué le comte de Habsbourg, Rodolphe, préfet de toute la Germanie supérieure et landgrave d'Alsace avec les attributions les plus vastes et le plein exercice des droits royaux (1), en définitive, l'an 1648, un archiduc autrichien était encore évêque de Strasbourg et par conséquent landgrave d'Alsace, un autre également landgrave et préfet des dix villes en même temps, et le 10 février 1614 l'empereur Mathias s'était proclamé à Lintz le chef immédiat de la noblesse alsacienne. La maison

---

(1) V. Laguille, I, p. 213.

d'Autriche n'avait donc pas joué Louis XIV en ne lui cédant que l'illusion de droits depuis longtemps oubliés. Elle retenait encore des lambeaux considérables de son autorité séculaire. Pour plus de sûreté d'ailleurs, la France avait exigé qu'elle lui fournît la ratification concomitante de l'Empire agissant aussi en son nom propre, et qu'elle lui promît par surcroît de garantie celle de l'Espagne, eu égard aux droits éventuels de cette dernière puissance. L'Espagne comprenait si bien au reste la situation nouvelle de cette manière qu'elle avait cru devoir protester comme chef du cercle de Bourgogne, et la *protestatio burgundica* du 15 novembre 1648 argumentait justement de ce que : « *Ex parte sacræ Cæsareæ Majestatis Suæ Majestati Christianissimæ per hanc pacificationem Alsatia et Sundgovia in satisfactionem fuerint concessæ* (1) ».

Il est du reste une manière directe de juger à sa vraie valeur la signification des mots *possessio immedietatis* et suivants sur lesquels repose toute la thèse germanique, c'est de faire très sommairement l'historique des variantes ou remaniements subis par ce petit membre de phrase, si gros de querelles internationales. Le premier projet de cession des Impériaux comprenait dans leur réserve *Status omnes et singulos immediatè Imperio per utramque Alsatiam subjectos, sive ecclesiasticos, sive sæculares, cujuscumque dignitatis, conditionis, sive ordinis.* Ils avaient de plus adopté cette formule : *In suâ libertate et possessione immedietatis ergà Imperium romanum relinquere et restituere.* Les médiateurs firent remplacer par la liste précise que l'on a vue cette énonciation indéterminée qui cherchait à embrasser et à retenir tout ce que l'on faisait

---

(1) V. Dumont, *Corpus Diplomaticum*, t. VI, p. 464. Schœpflin, à la fin du tome II de son *Alsatia illustrata*, abonde dans le même sens. *Gallia Bernhardo Vimariensi, regiis sustentato stipendiis, Alsatiam tradidit, quæ, interveniente hujus principis morte, anno 1639 per Gallicos occupata est ducces, donec solemni pacis Monasterio-Vestphalicæ formulâ Galliæ omninò relinqueretur.*

mine de rétrocéder. Ils obtinrent de plus que le mot *restituere* fût retiré, le *relinquere* offrant déjà une marge plus que suffisante aux réclamations germaniques. S'il eût été question de rétablir quoi que ce fût dans son état passé, où se serait-on arrêté et jusqu'où n'eût-on pas remonté? On lut alors dans le texte du projet, à la suite de l'énumération qui débute par Bâle et Strasbourg : *In suâ libertate et possessione immedietatis ergà Imperium romanum relinquere.* La contre-proposition française était ainsi libellée : *In pristinâ ac omnimodâ libertate relinquere*, ce qui devait être le dernier comme le premier mot de notre diplomatie. Dans la transaction signée le 13 septembre 1646, on s'arrêta à la rédaction suivante : *In eâ libertate et possessione immedietatis, quâ hactenùs gavisi sunt, ergà Imperium romanum relinquere.* Qu'il y ait eu ou non contestation sur l'amphibologie possible de cette phrase [1], ce qui est certain, c'est que dans le traité définitif de 1648 on la remplaça par celle que nous connaissons déjà : *In eâ libertate et possessione immedietatis ergà Imperium romanum quâ hactenùs gavisæ sunt relinquere.* Il n'est pas inutile d'y remarquer que le pronom *quâ* laissé au singulier prouve bien que *libertas* et *immediatetas* n'exprimaient qu'une seule et même idée, sans quoi les diplomates allemands n'eussent pas manqué d'exiger le pluriel *quibus*, qui aurait donné au terme d'*immédiateté* une valeur distincte et significative, et l'eût empêché de se confondre dans le sens général du mot *liberté* qui le précédait. Il est également digne d'attention que le participe *gavisæ* ait été mis au féminin, tandis qu'auparavant il était du genre contraire. Grammaticalement, il ne peut plus en effet s'appliquer dans la phrase

---

[1] Nous avons laissé la virgule après *sunt*, c'est-à-dire là où elle se trouve dans les *Archives d'Alsace*, apologie fort peu impartiale, souvent même violente, des intérêts germaniques, ainsi que nous l'avons déjà fait observer. Mais le sens serait bien différent, si cette même virgule ne devait être placée qu'après *romanum*. Les négociateurs français auraient ainsi réussi à écarter à peu près toute cause d'équivoque.

qu'aux dix villes, et cette allusion à l'immédiateté impériale du temps passé est en vérité beaucoup trop éloignée de la mention faite de Strasbourg dans une phrase incidente pour qu'on en puisse faire remonter le bénéfice jusqu'à son nom. Mais ce qui est surtout à noter et ce qui tranche la question, c'est que l'ambassade française n'accepta cet article 87, ainsi rédigé, qu'à la condition expresse que, pour couper court précisément à toutes les chicanes, on y insérerait un membre de phrase nouveau, celui-là même qui finit l'article et qui en détermine la portée véritable. On lui donna donc pour conclusion cette déclaration explicative : *Ità tamen ut præsenti hâc declaratione nihil detractum intelligatur de eo omni supremi dominii jure quod supra concessum est*, ce qui signifiait avec toute l'évidence possible que, dans cette réserve exceptionnelle en faveur de libertés locales, il n'y avait rien qui pût porter atteinte à l'intégrité de la cession consentie par l'Empire comme par la maison d'Autriche. Sans doute, ainsi qu'il était dit un peu plus haut, le roi ne pouvait prétendre une « supériorité royale » sur les territoires spécifiés, mais il recevait du moins tous les droits que la maison d'Autriche y exerçait et que l'Empire lui avait rétrocédés en même temps qu'elle. Servien et d'Avaux ne pouvaient pas d'ailleurs attribuer une grande importance à une semblable reconnaissance des liens si problématiques qui unissaient l'Alsace à l'Empire. Ils savaient trop bien que l'Empereur d'Allemagne prenait encore à cette époque le titre de duc de Bourgogne (1), et les souverains d'Angleterre, celui de roi de France. Les cantons suisses eux-mêmes en 1663 persistaient à s'appeler *Länder, Stätte und Herrschaften des ermelten alten Bunds oberteutscher Landen* (2), ce qui en faisait une dépendance au moins de l'Allemagne, sinon de l'Empire.

---

(1) Il le prit non-seulement à Münster, mais même à Nimègue, en 1679.
(2) V. Dumont, *Corpus diplomaticum*, t. VI, p. 476.

Mazarin et ses agents ne pensèrent donc pas qu'il fût sage de différer encore la signature de la paix pour refuser à l'opiniâtreté germanique la consolation assez puérile d'une restriction qui avait pour la France son bon côté et contre laquelle on avait pris des précautions jugées suffisantes (1). Armée de pareils titres et d'une appréciation décisive de la diplomatie espagnole, qui certes ne nous était pas sympathique, la Cour de Saint-Germain estima qu'elle pouvait attendre sans inconvénient ce qui lui manquait encore et ce que l'œuvre naturelle du temps ne pouvait manquer de lui donner tôt ou tard. Si Zurich, Berne, Bâle et les villes situées en amont sur le Rhin avaient trouvé en elles seules la force nécessaire pour rompre avec le saint-empire, il était certain, bien probable au moins, que la République strasbourgeoise comme toutes les petites autonomies communales ou seigneuriales du pays seraient un jour ou l'autre, sans secousse ni violence, entraînées vers la monarchie française par sa puissance propre d'attraction politique. L'heure propice arrivée, n'aurait-on pas toujours d'ailleurs Brisach (2) et Philipsbourg à échanger ou à rendre, s'il était nécessaire? Du moment où l'on demeurait maître de postes avancés au-delà du Rhin, on pouvait légitimement compter sur tout ce qui se trouvait en-deçà. On avait malheureusement calculé sans l'âpreté entêtée et pointilleuse du patriotisme allemand.

Avant de quitter les traités de Westphalie et d'entrer dans la période nouvelle qu'ils ouvrirent à la question

---

(1) M. Henri Martin dans son *Histoire de France* (t. XII, p. 268, en note) a très heureusement résumé et apprécié ce litige. " Cette contradiction avait été introduite dans le traité après de longs débats pour contenter les villes et seigneurs immédiats d'Alsace qui ne voulaient pas renoncer au titre de membres de l'Empire, mais n'avait évidemment qu'une valeur nominale dans la pensée des puissances contractantes „.

(2) Cette place était la première en importance dans toute cette partie de la vallée du Rhin. Schiller l'appelle *Beherrscherin dieses Stroms und Schlüssel des Elsasses. Guerre de Trente ans*, l. v. — V. aussi M. Ranke, *Histoire de France*, t. II, p. 486.

strasbourgeoise ou alsacienne, complétons encore les arguments que nous en avons tirés par quelques extraits d'un travail que rédigèrent plus tard deux diplomates français, dont nous aurons occasion de reparler, MM. de Saint-Romain et de Harlay. Ces deux habiles subordonnés de Louvois empruntèrent avec beaucoup de justesse quelques considérations intéressantes à des actes diplomatiques qui suivirent d'assez près les traités de 1648. Nous reproduirons textuellement les passages utiles de leur consultation (1).

« Pour faire encore mieux voir quelles ont été les intentions des ministres, il faut examiner deux actes qui ont suivi le traité et qui en font partie.

Outre les ratifications, il fut encore fait deux instruments ou actes de cession, l'un pour le domaine utile qui appartenait à la maison d'Autriche en Alsace, et l'autre pour les Trois Évêchés et leurs vassaux et pour la souveraineté que l'Empereur avait sur les deux provinces entières de la haute et basse Alsace, signé de la propre main de l'Empereur comme chef et à la tête de tout l'Empire, contresigné par le Chancelier de l'Empire et signé pareillement par tous les ambassadeurs des Électeurs, princes et États de l'Empire, au nombre de vingt-neuf.

Dans l'acte de cession de l'Empire du 7 novembre 1648, où il n'est pas dit un mot des droits appartenant à la maison d'Autriche, après avoir exposé la stipulation du traité pour la cession, presque dans les propres termes du traité même, l'Empereur et l'Empire viennent à la cession qu'ils expriment ainsi : *Supremum dominium juraque superioritatis imperialis* (et non pas *austriacæ*) *aliaque omnia quæ Imperio competebant, omni meliori modo, absque omni limitatione, restrictione, reservatione.* On y ajoute que la France pourra à l'avenir compter les vassaux des lieux cédés *inter vassallos...* Enfin l'Empire venant à la reconnaissance de la souveraineté sur les lieux cédés... parle d'une manière qui lève toute

---

(1) On la trouvera tout entière dans la correspondance de ces négociateurs, aux *Archives du ministère des affaires étrangères.*

équivoque et toute obscurité, car il renonce, premièrement à tous les droits qu'il pourrait avoir, non pas sur le landgraviat des deux Alsaces, mais sur l'Alsace entière et ses deux provinces *(et provincias Alsatiam utramque)....* L'on convient en dernier lieu *ut omnes et singuli dictorum episcopatuum provinciarumque vassalli Regi Christianissimo homagia dicant, cœteraque omnia et singula præstent ad quæ de jure aut consuetudine Imperio romano tenebantur, id est mediatè vel immediatè.*

Le second acte de cession fourni par la maison d'Autriche n'est pas moins favorable au droit du Roi. Il commence en ces termes : *Cùm conventum est quod nos Ferdinandus Imperator, Ferdinandus Carolus et Sigismundus Franciscus oppido Brisaco cum provinciis Sundgoviæ, superioris item ac inferioris Alsatiæ renuntiare debeamus, ideo nos....*

Et pour montrer encore d'autant plus que la province et le landgraviat d'Alsace n'étaient que la même chose, nous voyons encore un acte de la chancellerie de Mayence du 15 (ou 18) octobre 1648 au nom de tout l'Empire qui en parle ainsi « *Cùm ex parte Suæ Cæsareæ Majestatis Suæ Majestati Christianissimæ per hanc pacificationem Alsatia et Sundgovia in satisfactionem fuerint concessæ.* „ Par cet acte, sur le défaut de la ratification de l'Espagne, l'on convient que le Roy Très-Chrétien garde les trois millions qu'il devait payer pour l'indemnité ou dédommagement du domaine utile de la maison d'Autriche en Alsace, jusqu'à ce qu'on lui eût fourni la cession de l'Espagne en bonne forme. »

III

Le traité de Münster, nous ne songeons pas à le dissimuler, ne reçut pas en Alsace sa pleine et complète exécution. La France malheureusement perdit sa liberté d'action vis à vis de l'Allemagne et de l'Alsace juste au moment où elle en aurait eu le plus besoin pour tirer parti des conventions qu'elle venait de dicter. Les premiers troubles de la Fronde avaient en effet commencé à Paris à peu près vers l'époque où se terminaient les négociations. La province elle-même n'échappait pas à cette malfaisante inspiration, car à Bordeaux et à Aix notamment, se manifestaient des symptômes de perturbation prochaine. Les intrigues de quelques grandes dames et de quelques courtisans à la recherche d'émotions violentes ou de mesquines vengeances, les vues ambitieuses et usurpatrices des grands corps parlementaires, la complicité toujours prête de l'esprit de dénigrement et de la jalousie populaire, tout cela s'était réuni pour renverser le ministre persévérant et judicieux qui avait su mener à bien l'œuvre de Richelieu en imposant à l'Europe la paix de Westphalie. Ces folles et compromettantes entreprises de l'instinct de désordre devaient en somme rendre au XVIIe siècle notre établissement national en Alsace aussi laborieux qu'il l'a été et l'est encore en Algérie au XIXe.

Il fallut d'abord évacuer les pays cédés et les évacuer avec une regrettable promptitude, « parce que », comme l'évêque de Gurk l'écrivait plus tard à M. de Mansfeld (1), « il y avait alors des brouilleries en France et que les ministres avaient besoin de leurs troupes ailleurs. » Haguenau et Landau, entre autres, qui eussent pu conserver leur garnison française, la virent s'éloigner, au grand préjudice de nos intérêts. Cette retraite, en y réfléchissant bien, n'équivalait nullement à un abandon des droits de suzeraineté que la France s'y pouvait attribuer, car les Impériaux, de leur côté, devaient évacuer Fribourg en Brisgau, qui cependant, sans qu'aucun doute fût possible, n'en demeurait pas moins dans la dépendance de l'Empereur et de l'Autriche. Mais en définitive on perdait le précieux avantage, tant en droit qu'en fait, d'une occupation continue. Il en fut de même à peu près dans toute l'Alsace. On la dégarnit prématurément. En outre les premiers lieutenants du roi qu'on chargea de prendre possession du pays s'y montrèrent beaucoup plus soucieux de leur ambition privée

---

(1) Lettre du 14 octobre 1680, dans la correspondance de M. Verjus, comte de Crécy, *Archives des affaires étrangères*.

que du bien de la monarchie. D'Erlach une fois mort à Brisach, peu s'en fallut que la place ne passât à son neveu, citoyen bernois comme lui. La maréchale de Guébriant vint aussi troubler tout le pays de ses menées romanesques, et le comte d'Harcourt, nommé le 20 avril 1649 gouverneur et lieutenant général en haute et basse Alsace, ne s'y présenta pour entrer en fonctions qu'à la fin de décembre 1652. Jusque là, conformément aux sages conseils de M. de Vautorte, l'ambassadeur du roi à Ratisbonne et l'un des hommes les plus au courant des choses d'Allemagne, on avait usé d'une extrême douceur envers les Alsaciens [1]. On temporisait toujours avec eux sans les astreindre à rien. Vers la fin de 1651, les dix villes impériales avaient reçu de Louis XIV une lettre qui contenait le passage suivant : « Le landgraviat d'Alsace nous ayant été cédé avec la protection des dix villes impériales, nous nous promettons que vous entretiendrez bonne correspondance avec notre dit cousin, auquel nous avons donné ordre de vous maintenir vos anciens priviléges et immunités. » Par malheur, le comte d'Harcourt, dont on parlait ici, était prince de la maison de Lorraine, et, lorsqu'il se rendit enfin en Alsace, ce fut au sortir d'une rébellion. Il ne vit donc dans cette nouvelle annexe de la France qu'un territoire assez flottant encore et de destinées assez indécises pour qu'il lui fût facile de s'y tailler une principauté à lui-même. Afin de s'y établir plus fortement, il négocia avec l'Espagne et avec l'Empire, se conforma très peu aux instructions royales qu'il avait reçues dès 1649, et publia le 11 juillet 1653 des *reversales* que la Cour de Saint-Germain dut désavouer. Il fallut même une guerre en règle pour déposséder de son gouvernement ce

---

[1] V. la lettre de M. de Vautorte à M. de Brienne, du 12 août 1650 : « Le droit de protection sur les dix villes a besoin d'être manié fort délicatement, si on désire en tirer quelque jour de l'avantage. Il semble à propos de le laisser maintenant reposer pour apprivoiser les esprits et guérir les soupçons „.

lieutenant infidèle et lui reprendre l'Alsace dont il tenait les portes ouvertes à deux battants du côté de l'Allemagne. Le marquis de Castelnau enleva Thann par la force en 1654. Après de longs pourparlers soutenus par la présence et les succès de l'armée royale, d'Harcourt consentit l'été suivant, moyennant finances, sinon à rendre immédiatement les deux provinces au roi, du moins à s'y montrer soumis. Les troupes allemandes et suisses sortirent enfin de Brisach ou furent conduites à Philipsbourg. Mais l'avenir de notre conquête se trouvait compromis pour un quart de siècle.

A la faveur en effet de cette anarchie en même temps générale et locale, l'Alsace et l'Empire avaient commencé à faire de leur mieux pour s'affranchir des obligations que leur imposaient l'instrument de paix de Münster et la convention de Nuremberg pour l'exécution de la paix. Par une bizarre contradiction qu'explique ce goût de l'autonomie et de l'individualisme, qui n'est pas toujours l'instinct de la grandeur, mais qui semble inné chez l'homme, les cités et les nobles de l'Alsace, qui depuis plusieurs siècles se refusaient à reconnaître la suprématie impériale, allaient mettre en œuvre la même résistance passive pour se soustraire aux avances de la monarchie française. Le zèle plus empressé qu'opportun de la propagande catholique que la France inaugurait dans cette région y avait d'ailleurs alarmé la liberté de conscience presqu'autant que la liberté politique. Pour échapper à une tentative d'assimilation doublement redoutée, les sympathies publiques s'y déplacèrent donc assez vite, et la maison de France se vit en peu de temps menacée de n'avoir obtenu à Münster qu'une souveraineté absolument platonique, qu'une terre vide de sujets, en quelque sorte.

Tout d'abord les princes allemands du voisinage prétendirent distraire de son domaine et des cessions convenues tout ce qu'ils purent imaginer de territoires ou de droits à eux appartenant. Ainsi l'évêque de Bâle soutint que le Sundgau ne comprenait pas le comté de Ferrette et que ce comté devait lui rester. La Chambre de Spire continua à fonctionner comme par le passé pour toutes les causes alsaciennes. Le dessein bien avéré de la politique impériale était de nous reprendre à la fois Philipsbourg et Brisach, l'un, grâce aux revendications ou réclamations incessantes de l'évêque de Spire auquel Philipsbourg appartenait toujours, sous l'unique réserve de notre droit de garde, l'autre, par l'intermédiaire non moins complaisant des archiducs (1). A l'intérieur du pays, les religieux de Münster dans le Val Saint-Grégoire, bien qu'en 1628 ils eussent encore reconnu le droit de présentation de la branche autrichienne d'Innsprück, s'avisèrent en 1653 de se nommer un abbé contrairement à la désignation du comte d'Harcourt, qui, à la vérité, eût pu faire un meilleur choix (2). La noblesse de la basse Alsace, elle aussi, se tourna du côté où elle n'apercevait plus de maître, du moins de maître en état de faire valoir ses prétentions. Celle de la haute Alsace se soumit bien sans difficulté au nouvel ordre de choses, mais dans la province voisine quatre-vingts gentilshommes, oubliant par trop légèrement que l'empereur Ferdinand III venait de transporter à la Couronne de France l'autorité suprême que trente-sept ans auparavant l'empereur Mathias s'était arrogée sur eux, quatre-vingts gentilshommes, dis-je, se réunirent le 28 juin 1651 à Marienthal pour s'organiser en une association indépendante, d'après les statuts de la noblesse de Souabe, de Franconie et du Rhin. Ils s'affilièrent même aux ligues de ces Cercles, et l'année suivante l'Empereur, au mépris de la foi jurée, confirma le pacte de Marienthal. Les villes du *decapolis*, comme les appelle Schœpflin, ne pouvaient manquer de suivre une tactique pareille, quand bien même le mot d'ordre ne leur eût pas été donné. En 1566, en 1605, en 1615, en 1620, elles avaient pourtant prêté serment à leur

---

(1) Lettres de M. de Vautorte, 14 août et 14 octobre 1653. *Archives des affaires étrangères.*

(2) Lettres du même, 2 octobre et 20 novembre 1653.

Landvogt, archiduc d'Autriche. A la dernière de ces dates, et à propos du dernier serment qui venait d'être consenti, l'archiduc Léopold écrivait même : « Les susdits bourgmestres et magistrats par leurs députés, tant de leur part que de la part des villes et de tous ceux qui leur appartiennent, ont prêté le serment de fidélité à nous en qualité de *Landvogt*, et nous ont promis de nous être obéissants et d'être prêts pour notre service avec tous les fruits et revenus, droits et immunités et bonnes coutumes de l'Empire, suivant ce qui s'est pratiqué anciennement (1). » En 1632, le gouvernement impérial, par lettres patentes, avait été jusqu'à déclarer les dix villes partie intégrante des États de la maison d'Autriche (2). Néanmoins, lorsque d'Harcourt au nom de la France voulut obtenir d'elles la même promesse de docilité, elles résistèrent énergiquement. Au fond leur crainte était surtout que leur nouveau protecteur ne songeât à remettre en vigueur tous les titres que le *Landvogt* autrichien eût pu justement invoquer contre leur liberté d'allures, et cette politique eût mené très loin, si on l'avait voulu (3). Elles émirent donc la prétention que le comte d'Harcourt fût d'abord légitimé par l'Empereur et reçût une investiture nouvelle de la part de commissaires impériaux. Quant aux impôts, elles refusèrent de les acquitter, sous le prétexte qu'elles n'en avaient jamais payé, soit à l'Empereur, soit à l'Autriche, que contraintes et forcées. Elles exigeaient de plus qu'en échange des contributions qu'elles pourraient éventuellement verser, le lieutenant général du roi leur rapportât la quittance du trésorier de l'Empire. Sans cela, assuraient-elles, elles seraient exposées à payer deux fois. Il fallut enlever le troupeau communal de Colmar pour venir

---

(1) V. Laguille, *Preuves*, p. 136-138.

(2) V. Laguille, II, p. 224.

(3) A propos des *Landvögte* d'Alsace, Hertius, *de Spec. Rom. Imp. rebus publicis*, 3, disait : *Ab oneribus Imperii liberi aliisque eximiis privilegiis ornati ad regium propè fastigium evaluerant.*

à bout de cette inertie malveillante et faire un exemple. Sur le conseil des agents impériaux qui, naturellement, avivaient partout cet esprit d'opposition et recueillaient comme à la tâche toutes ces doléances (1), les villes prirent enfin le parti de porter ce qu'elles appelaient leurs griefs à la Diète de Ratisbonne de 1653, la première qui se fût réunie depuis 1648, et dont l'œuvre principale devait être l'élection d'un nouveau roi des Romains. C'était précisément le moment où le comte d'Harcourt se soulevait en Alsace. Tout semblait se conjurer pour faire glisser de nos mains cette belle et indispensable conquête.

Le terrain de discussion qu'on avait fait adopter aux députés du *decapolis*, c'était leur propre déclaration du 22 août 1648, document historique, répétons-le bien, sans aucune valeur en droit international et qui n'exprimait absolument que de simples vœux ou regrets. Malgré ce qu'il pouvait y avoir de dangereux pour la France à tenir compte d'une protestation dénuée de toute force obligatoire, voire de tout caractère synallagmatique, le diplomate français envoyé à Ratisbonne en 1653 n'en avait pas moins ordre de se mettre à la disposition de la Diète pour se conformer au désir exprimé jadis par les États de l'Empire, et laisser réviser dans ce sens les engagements de Münster et de Nuremberg. Sa lettre de créance portait déjà la trace de ces intentions auxquelles on ne saurait reprocher de n'avoir pas été conciliantes.

« Encore que par le traité de paix fait à Münster le landgraviat de la haute et basse Alsace, le Sundgow *(sic)* et la préfecture provinciale des dix villes impériales situées en Alsace nous aient été délaissés à perpétuité, sans aucune dépendance de l'Empire, en pleine souveraineté et aussi absolue que celle que nous avons sur le royaume que Dieu a soumis à notre obéissance, et qu'il semble que

---

(1) « Toutes ces plaintes ont été ramassées par M. Volmar, principal agent de la maison d'Autriche. » Lettre de M. de Vautorte du 31 juillet 1653. *Archives des affaires étrangères.*

nous ne nous puissions relâcher de cette souveraineté sans quelque diminution des avantages qui nous sont acquis par cette paix, néanmoins, lesdits princes et États de l'Empire nous ayant fait connaître le désir passionné qu'ils avaient que nous tinssions plutôt ledit landgraviat en fief de l'Empire ainsi qu'il avait été possédé par nos cousins les archiducs d'Innsprück, nous avons pris bien volontiers résolution d'y acquiescer, pourvu que ce soit à des conditions qui ne puissent blesser la dignité de notre Couronne et être désavantageuses à nos sujets et vassaux dudit pays (1). »

Le *Mémoire pour servir d'instructions* qui fut remis à M. de Vautorte en même temps que cette lettre de créance indiquait ces conditions. Disons-le tout de suite pour couper court à des suppositions erronées : le dessein secret de Louis XIV, dessein fort nettement énoncé dans les confidences faites par écrit à son fondé de pouvoirs, n'était en aucune façon de se ménager les moyens d'intervenir en maître dans les affaires allemandes, encore moins de se frayer la route au trône impérial, mais plus simplement d'obtenir que la ratification donnée par les États en 1648 fût ratifiée elle-même par la Diète de 1653. Tout d'abord, un point devait être bien entendu, c'est que la proposition de la France restait purement bénévole et n'impliquait, à aucun degré la reconnaissance des prétentions germaniques. Il était recommandé au négociateur de ne « faire ces acquiescements que gratuitement, et non comme étant dûs, sans déférer en aucune façon à l'acte du 22 août 1648. » Les conditions elles-mêmes étaient des plus équitables. C'était, « premièrement d'obtenir durant la Diète l'investiture pour laquelle », disait le *Mémoire*, « ledit sieur de Vautorte doit se régler, quant à la chose et aux droits et privilèges, sur celles qui ont été données pour l'Alsace à M. l'archiduc, et, quant à la personne, sur celle qui sera donnée à la Reine de Suède ou sur celle qu'on donne au roi d'Espagne. En second lieu, d'être mis

---

(1) *Archives des affaires étrangères*, Allemagne 1653. Volume 130.

dans le Cercle du Rhin et d'y avoir un rang, comme aussi dans les Diètes de l'Empire, convenable à la dignité de S. M. Et en troisième lieu de pouvoir choisir de plaider, en demandant et défendant, à la Chambre de Spire ou au Conseil de l'Empereur, au cas qu'il se forme un procès entre le Roi et quelque autre prince ou particulier pour quelque chose qui concerne les terres cédées à S. M., ce privilége ayant été accordé par le traité à la Reine de Suède, et pareillement celui d'établir un siége de justice souveraine pour ses sujets. Mais ledit sieur de Vautorte n'a pas besoin de demander ce dernier, parce que l'archiduc en jouissait dans l'Alsace. » En ce qui concernait spécialement les dix villes impériales, les conseillers du roi étaient disposés à faire des concessions sur ce point où « S. M. n'a pas un droit si favorable, parce qu'il est extraordinaire. » Ils déclaraient donc que S. M. se contenterait de posséder ce gouvernement « aux mêmes droits sur les dix villes et même dépendance de l'Empire qu'a eus la maison d'Autriche. » Le *Mémoire* ajoutait seulement que la France ne serait point obligée « de prendre de nouvelles lettres de présentation à chaque mutation du Roi ou de confirmation à chaque mutation de l'Empereur, comme ceux qui n'avaient le gouvernement qu'à titre révocable et que par simple engagement », et, d'un autre côté, que « le Roy, ne pouvant faire cette charge en personne, y pourrait commettre un sous-lieutenant », à l'effet de percevoir les contributions que les archiducs autrichiens tiraient des dix villes. Finalement, M. de Vautorte devait se plaindre, et très vivement, de ce que l'Allemagne continuait presque ouvertement la guerre contre la France, sur le territoire de l'Alsace ou ailleurs, en faisant entrer « par régiments entiers » dans les cadres de l'Espagne ou du duc de Lorraine la plus grande partie des soldats que la paix rendait disponibles (1). Respectés seulement par Louis XIV,

---

(1) " Il est honteux à la nation germanique de souffrir que le duc Charles fasse des levées dans l'Empire et bien plus qu'il y prenne des

les traités signés avaient pour l'Empire, qu'ils ne gênaient en aucune façon dans ses efforts de revanche, le double avantage de paralyser l'action militaire de la France et d'attirer du côté de la race germanique les soldes que l'Espagne payait aux anciennes troupes impériales, congédiées pour la forme.

La mission de M. de Vautorte échoua complètement. On prétendait tout obtenir de lui sans lui rien accorder (1). Ce ne fut même que le 14 octobre qu'on se décida enfin à lui donner communication des griefs qu'on avait relevés en Alsace et dénoncés à la Diète. Au reste ces griefs ne furent pas discutés sérieusement. A la loyale transaction proposée par le plus fort au plus faible, les Allemands en définitive répondirent par une fin de non-recevoir, refusant même d'exécuter l'instrument de paix en ce qui regardait les affaires d'Italie et la neutralité promise vis-à-vis de l'Espagne. Il ne restait plus dès lors au cabinet français qu'à faire de son mieux pour souder ensemble, sous le nom de *Ligue du Rhin* (2), les deux groupes de princes protestants et catholiques qui, au nord et à l'ouest du saint-empire, s'étaient déjà mis d'accord pour tenir tête à l'ingérence et à l'omnipotence autrichiennes. Après M. de Lumbres, envoyé en 1655 à Francfort pour travailler au rétablissement d'une paix sincère et enlever aux Habsbourg le plus de

---

quartiers...: Il pourrait arriver que, les armes de France poussant les siennes, on les verrait dans l'Allemagne, ce qui exciterait de nouveaux troubles dont elle ne serait point cause, étant libre à chacun de combattre son ennemi où il se retire. „

(1) " Puisque vous avez découvert le piége où il semble qu'on nous veuille faire tomber, de nous faire dépendre de l'Empereur à raison de la protection des dix villes impériales et de ne nous point en même temps faire recevoir membres de l'Empire, puisque vous avez déjà découvert ce piége, nous nous promettons que vous vous en garantirez. „ Lettre de M. de Brienne à M. de Vautorte, du 22 août 1653. *Archives des affaires étrangères.*

(2) Cette dénomination n'était pas assez large, l'Électeur de Brandebourg ayant accédé à la ligue en février 1656. V. Henri Martin, *Histoire de France*, t. XII, p. 503.

forces possible en Allemagne, MM. de Gramont et de Lionne, en 1657, à Ratisbonne, réussirent en effet à organiser une grande coalition suédo-allemande contre la maison d'Autriche, qui plus que jamais associait sous main ses efforts à ceux de l'Espagne pour rompre la paix de Westphalie. L'élection d'un nouvel Empereur détourna l'attention générale des affaires d'Alsace et de leur règlement amiable. Ce fut tout au plus si les ambassadeurs français, comme en cachette et en profitant d'un moment de bonne humeur, parvinrent à lire au seul Électeur de Mayence la partie de leurs instructions qui concernait la situation anormale et vraiment intolérable des officiers du roi en Alsace. Louis XIV, de même qu'en 1653, s'en tenait au désir fort modeste d'entrer en qualité de membre dans le Cercle du Rhin, afin de pouvoir user de ses nouveaux droits dans ses nouvelles possessions. A diverses reprises (1), l'Electeur pensa qu'il était préférable d'ajourner à des temps meilleurs ce projet de devenir *Constatus Imperii*, la maison d'Autriche devant, selon lui, « faire toutes ses cabales » pour empêcher jusqu'à l'examen des offres de la France. Ces craintes étaient si bien fondées qu'il fallut, pour que le Directoire impérial consentît à enregistrer leurs pouvoirs, que MM. de Gramont et de Lionne supprimassent le titre de « prince souverain en Allemagne et en Italie », qu'avait cru pouvoir y prendre leur maître, en vertu des traités de 1648. D'après les Allemands, il n'y avait pas pour Louis XIV plus de droits de souveraineté à exercer à Pignerol qu'en Alsace. Au mois de mai 1658, l'Électeur de Cologne formula enfin devant la Diète la requête de la Cour de Versailles, et, à la grande irritation des amis de l'Autriche et de l'Espagne, émit l'idée d'incorporer l'Alsace à l'Empire et de proclamer le roi de France membre de la Diète, comme landgrave d'Alsace. La proposition,

---

(1) V. les dépêches de MM. de Gramont et de Lionne des 3 septembre et 9 octobre 1657. *Archives des affaires étrangères.*

quoique l'heure en eût été choisie et surtout retardée, n'aboutit à aucun résultat.

Désillusionnée sur la probité politique de l'Allemagne, la France songea alors à faire valoir un peu mieux ses droits sur une conquête où elle sentait bien que sa situation allait chaque jour s'amoindrissant. Sans songer à se départir de sa modération traditionnelle, elle estima que le moment de la fermeté était arrivé. Au commencement de 1656, on avait déjà fait rédiger un premier *Mémoire concernant les pays cédés au Roy en Alsace,* et, dans ce *Mémoire,* d'ailleurs assez bref, outre les origines historiques de ce grand bailliage hypothéqué au XV⁰ siècle par le chef de l'Empire, pour moitié à l'évêque de Strasbourg, et pour moitié à l'Électeur palatin, on avait recherché l'étendue exacte de territoire que pouvaient comprendre les dix villes impériales et les quarante et un villages qui en dépendaient [1]. En 1658 une Chambre souveraine fut créée par le roi à Ensisheim, et en 1659 l'évêque de Bâle se vit obligé de rétablir à Altkirch « l'official » qu'avant la paix il avait toujours institué pour la connaissance spéciale des procès alsaciens de sa juridiction temporelle. Cette même année, Mazarin se décida à prendre personnellement en main la direction politique et administrative de la province, avec le titre de grand bailli d'Haguenau. Il fit continuer en même temps les recherches historiques et juridiques déjà commencées, afin d'établir aussi clairement que possible les droits du roi [2]. Avant de mourir il tint à

---

[1] Ce *Mémoire,* qui porte la date du 1ᵉʳ avril 1656, figure tout entier en tête du volume 634 du *Dépôt de la Guerre.*

[2] Il existe dans les collections de la Bibliothèque de la rue de Richelieu (fonds Saint Germain, n° 16806) un manuscrit fort intéressant de 86 pages sur ce sujet. Il a pour titre : *Vera et fundamentalis deductio jurium præfectoralium opposita imaginariæ decem civitatum ratiocinationi.* La conclusion de l'auteur est que le roi doit succéder aux droits qu'avait l'Autriche en Alsace, *quoad materiam,* mais non pas *quoad formam,* attendu qu'il n'est ni membre de l'Empire ni subordonné à l'Empereur. On trouvera aussi sous le n° 11474 (fonds français) un manuscrit qui contient toute une suite de travaux sur la matière. C'est d'abord un

investir de sa charge de grand bailli, charge de haute confiance, son neveu par alliance, l'époux d'Hortense Mancini, La Meilleraie, devenu duc de Mazarin. Le nouveau bailli n'eut rien de plus pressé que d'inaugurer ses fonctions en assignant une date aux magistrats des dix villes pour venir reconnaître dans une assemblée solennelle l'autorité du roi, ayant-droit de la maison d'Autriche, et la sienne propre, comme ayant-droit du roi. Les lettres de convocation furent expédiées le 18 novembre et la réunion fixée au 18 décembre 1661. Vingt-sept députés des villes se trouvèrent ce jour-là en effet à Haguenau, mais y refusèrent de prêter n'importe quel serment. Le roi, prétendirent-ils, avait eu le tort de déléguer un lieutenant, car, aux termes du traité de Münster, S. M., et non une autre personne, se trouvait mise au lieu et place des archiducs autrichiens, c'est-à-dire seule apte à occuper le poste de grand bailli (1). Mazarin et les quatre commissaires qui l'assistaient crurent devoir demander de nouvelles instructions tout en attendant le bon plaisir des villes. Mais ce bon plaisir ne se manifesta nullement. Au contraire une autre controverse surgit. Les députés déclarèrent qu'il leur serait impossible d'accepter les *reversales* que le duc leur proposait, quoiqu'il leur y promît, comme grand bailli, outre sa protection, le respect le plus complet de leur « immédiateté envers l'Empire, franchises, anciennes coutumes, lettres de grâce et priviléges quelconques », sous la seule réserve des droits acquis à la Couronne de France par le traité

Mémoire des droits du grand baillage d'Haguenau, postérieur à 1672, puis un *Traité de la préfecture provinciale des dix villes impériales d'Alsace,* enfin une dissertation intitulée *De l'immédiateté en général et quelle est l'immédiateté réservée aux dix villes par le traité de Münster,* dissertation où l'on prouve que ces villes pouvaient être libres, mais qu'elles n'étaient pas immédiates vis-à-vis de l'Empire, puisqu'elles prêtaient serment à leur *Landvogt* comme à leur supérieur immédiat. De nombreux documents sont reproduits dans ces thèses. Le volume se termine par une énumération des droits impériaux sur les villes, cités au nombre de vingt.

(1) V. Hallez-Claparède, *Réunion de l'Alsace,* p. 264-265.

de Münster (1). Les villes ne voulaient pas entendre parler du traité de Münster ni des droits réservés par cette clause. Il fallut que le duc et les commissaires royaux, revenus à Haguenau dans les premiers jours de janvier 1662, se résignassent à modifier la formule de serment. Ils s'arrêtèrent à celle-ci : « Nous jurons à Dieu que nous rendrons à S. M. Très-Chrétienne tous les droits qui lui ont été cédés dans le traité de Münster par l'Empereur et par l'Empire sur les dix villes impériales unies en Alsace et que nous ne ferons rien au contraire. » Cette modification du serment n'amena toutefois aucun changement dans la manière de voir des députés. Ce ne fut qu'en les menaçant de rompre l'assemblée et d'expédier au roi un rapport sur leur étrange conduite qu'on finit par en avoir raison. Haguenau donna le signal de la docilité, et Colmar, ainsi que Landau, prit bientôt le même parti. La cérémonie eut lieu le mardi 10 janvier 1662 au *Rathhaus*, après un service chanté à l'église et une harangue latine de Colbert. Le marquis de Rusé fut nommé sous-bailli deux jours plus tard, et le duc de Mazarin crut pouvoir s'éloigner sans inconvénient.

Il avait compté sans les suggestions hostiles des agents impériaux. Les dix villes, Colmar en tête, déposèrent une nouvelle plainte à la Diète en 1665. La Diète à son tour transmit au roi le souhait du *decapolis* de faire régler le différend par des arbitres. Ce souhait fut favorablement accueilli à Saint-Germain. Le mois suivant, en septembre, M. de Gravel, dont l'opinion était très-nette sur ce point (2),

---

(1) V. Laguille, II, p. 213.

(2) Les Allemands ont à diverses reprises invoqué l'opinion de cet habile diplomate pour se donner le plaisir de faire condamner la politique de Louis XIV par un de ses plus célèbres et de ses plus dévoués serviteurs. M. de Sybel, dans le libelle déjà cité et qui n'honore en rien la science allemande, a poussé par trop sensiblement ce plaisir jusqu'à l'abus. Suivant ses propres expressions, " Gravel conjurait le roi de ne pas sacrifier à un léger gain territorial sa réputation de probité. „ (p. 58) Or voici ce que M. de Gravel écrivait dans sa dépêche chiffrée de Ratisbonne en date

annonça que S. M. consentait, non pas à un arbitrage, dans le sens habituel du mot, mais à une délibération commune et à une intervention officieuse ayant pour objet de faire appliquer en Alsace les dispositions de la paix de Westphalie qui concernaient le pays, et surtout d'y persuader aux populations mal disposées que la France s'y trouvait désormais subrogée à tous les droits de la maison d'Autriche (1). S'il se fût agi d'un arbitrage véritable, destiné à

---

du 8 novembre 1667. " C'est la raison pour laquelle j'estime que le service de V. M. requiert, selon ce que j'ai déjà pris la liberté d'en dire par devant mes petits sentiments *(sic)*, que l'on rompe plutôt tout le traité que de se relâcher de sa part en façon quelconque de cette juste prétention qui est très bien fondée, étant indubitable que V. M. a la même souveraineté sur la préfecture et sur tout ce qui en dépend que sur le landgraviat d'Alsace et que cette même souveraineté emporte avec elle sans contredit le serment de fidélité à l'égard de ladite préfecture. „ (*Archives des affaires étrangères*, Volume 228, p. 309). Si l'ex-professeur d'histoire de Bonn avait bien voulu prendre la peine d'ouvrir tout simplement *l'Histoire d'Alsace* de Laguille, *Histoire* si riche de faits et si consciencieuse, la lecture de la page 220 de la 2e partie lui aurait peut-être épargné cette désagréable erreur.

(1) L'extrait suivant d'une dépêche de M. de Gravel (27 septembre 1667) fera bien comprendre l'attitude prise par la France dans ce débat et les limites qu'elle prétendait justement lui assigner : " L'on a commencé de s'assembler pour la première fois sur le sujet des différends des dix villes d'Alsace et des feudataires de l'évêché de Metz, la proposition en ayant été faite par Mayence. Je parlai ensuite, et, après les formalités qui s'observent en pareil cas, je dis que V. M. m'avait commandé de déclarer aux commissaires des arbitres qu'elle désirait, avant que l'on entrât en matière, que l'on convînt de deux points qu'elle jugeait nécessaires pour le bon succès de l'accommodement que l'on était sur le point d'entreprendre. L'un, que lesdits commissaires ne fissent aucun rapport à l'assemblée de l'Empire des difficultés qui pourraient naître de part et d'autre, si ce n'était qu'ils fussent auparavant tombés d'accord entre eux des matières qui seraient agitées, parce qu'une semblable communication ne pourrait causer que de la confusion et des longueurs insurmontables. Le second, que V. M. ne pouvait pas permettre que l'on mît en dispute le serment de fidélité qui a été il y a quelque temps prêté par les dix villes, étant certain que cette question ne pouvait pas être agitée sans mettre aussi en compromis la fidélité qui lui était due dans tout le landgraviat d'Alsace, la cession qui lui avait été faite tant du dit landgraviat que de la préfecture ayant été conçue dans les mêmes termes et avec le souverain domaine qui s'étendait également sur l'une et sur l'autre partie, selon qu'on le pouvait voir dans le § *Itemque dictus landgraviatus*, que, les

avoir force décisoire, assurément Louis XIV n'eût pu admettre que les arbitres fussent exclusivement choisis parmi les princes allemands. Il lui eût été facile de faire appel aux médiateurs de Münster et d'Osnabrück, au Pape, à Venise, à bien d'autres puissances encore, d'une neutralité reconnue et d'une impartialité probable. Ce fut au contraire aux Électeurs de Mayence et de Cologne, à la branche de Hesse-Cassel, à la Suède, membre aussi de l'Empire, que fut confié le soin de défendre les intérêts français, contradictoirement avec l'Électeur de Saxe, les évêques de Constance et d'Eychstätt, plus le député de Ratisbonne, chargés du même office par l'Empire. Selon l'usage, la discussion tourna en longueur. Il y avait impossibilité absolue de s'entendre, le roi maintenant son droit, et les villes alsaciennes leur refus, avec une fermeté et une opiniâtreté égales. Finalement pourtant la nouvelle formule de serment proposée par le gouvernement français en 1668 fut déclarée inadmissible en 1670 [1]. Mais en même temps les arbitres approuvèrent le serment de 1662, celui précisément contre lequel les dix cités n'avaient cessé de protester depuis cinq ans. Mécontentes de n'obtenir que des satisfactions aussi incomplètes, elles rompirent d'elles-mêmes les conférences, mais n'en reportèrent pas moins l'affaire devant la Diète en 1673. En résumé il n'était sorti pour elles de ces abîmes de chicanes et de ces monceaux d'écritures que la validation par leurs propres compatriotes du serment qu'elles

---

intéressés tombant d'accord de ces deux points préliminaires, je serais toujours prest de faire voir aux dits commissaires les justes prétentions de V. M. „

(1) On ne pouvait guère cependant imaginer quelque chose de plus vague et de plus modeste : " Nous jurons à Dieu et promettons que nous serons fidèles et obéissants à S. R. M. Très-Chrétienne dans toutes les choses à quoi nous sommes tenus à cause de la préfecture cédée au Roy avec tous les droits de souverain domaine par le traité de paix et qu'en outre nous reconnaîtrons le duc Mazarini pour notre grand bailli, présenté au nom et de la part de S. M., et que nous lui obéirons en toutes choses convenables qui concernent la préfecture tandis qu'il sera grand bailli. „ V. Laguille, *Preuves*, II, p. 221.

avaient prêté en 1662. La guerre qui venait d'éclater rendit impossible toute délibération ultérieure. L'empereur Léopold, aidé cette fois du *Grand Électeur*, ayant pris l'offensive contre la France dès 1672, les dix villes litigieuses furent occupées par les armées françaises à la fin de l'été de 1673 [1]. Cette occupation ne devait finir qu'en 1870.

Il n'était pas inutile pour notre étude de la question strasbourgeoise de retracer tout d'abord par voie de digression ou de préambule les principales péripéties par lesquelles avait passé la question connexe et presque identique des dix villes impériales. Ce n'est pas que nous voulions nous appuyer sur les témoignages de Munsterus, Blondel et Chifflet qui, contrairement à Obrecht, affirment et démontrent à leur manière que la République strasbourgeoise dépendait de la préfecture d'Haguenau [2], tout comme les autres villes impériales de la région. Si en 1516, la ville et l'évêque de Strasbourg prenaient séance aux États d'Alsace et reconnaissaient le *Landvogt* en qualité de chef du contingent provincial [3], par contre en 1625 aucun député de la ville de Strasbourg n'avait paru aux mêmes États convoqués à Schlestadt par le prince-évêque Léopold, archiduc d'Autriche [4]. Sur ce point délicat le doute semble donc de rigueur. Ce qui à nos yeux assimile surtout les négociations relatives à Colmar, Haguenau et consorts aux discussions internationales qui aboutirent à l'annexion de Strasbourg, ce qui fait des unes comme le point de départ et le pendant à la fois des autres, c'est qu'on y voit déjà percer dans toute sa vivacité et son insupportable acrimonie cet instinct de mauvais vouloir

---

(1) Et non en 1672, comme le dit M. A. Schmidt, p. 34, ce qui permettrait de croire que les mesures de précaution de Louis XIV avaient devancé l'agression du saint-empire.

(2) V. Laguille, II, p. 42.

(3) *Id.*, II, p. 11.

(4) V. *Déduction succincte*, etc. (Bibliothèque de la rue de Richelieu, n° 3748 L b^{37} du catalogue de l'*Histoire de France*.)

— 78 —

et ce zèle déraisonnablement patriotique qu'on dirait vraiment particuliers dans leur excès aux peuples d'outre-Rhin. Au milieu de tant de contestations sur la portée et l'interprétation exacte du traité de Münster, le petit État strasbourgeois conservait en réalité une situation tout-à-fait à part. Il était bien évident que ni l'Autriche ni l'Empire n'avaient pu céder aucun droit précis et effectif sur lui, puisqu'ils n'en possédaient plus, depuis longtemps au moins. Toutefois le fait d'avoir payé sa quote-part de l'indemnité suédoise promise à Osnabrück ne suffisait pas pour constituer à Strasbourg un titre exceptionnel d'indépendance absolue vis-à-vis de la France, car les autres villes d'Alsace avaient aussi contribué au même payement, et le protectorat du roi sur elles n'était pas contesté en principe. On ne pouvait pas non plus argumenter en faveur de la République de ce qu'elle avait en son nom propre figuré comme personne civile ou politique aux traités de Westphalie, car ses voisines aussi y avaient participé dans la mesure de leurs droits. Or, la signature apposée par toute ces Républiques au petit pied ou de seconde main ne prouvait nullement qu'elles n'eussent point été cédées à la France en même temps que tout ce qui les entourait. La cession consentie aurait perdu en effet quelque chose de sa régularité et de son effet, si les États d'Alsace n'eussent point été représentés au complet dans les États généraux de l'Empire et n'eussent point concouru avec eux à la cession (1). Mais Strasbourg avait dû, après la conclusion de la paix et jusqu'au complet acquittement de l'indemnité promise, entretenir dans ses murs deux régiments suédois qui lui coûtaient en moyenne 350 rixdales

---

(1) M. de Bismarck de même, en 1871, a tenu à ce que l'Alsace élût librement ses députés à l'Assemblée française convoquée pour consentir à la rétrocession de Metz et de Strasbourg. Le vainqueur en suivant cette ligne de conduite ne faisait que se conformer aux saines règles du droit des gens. V. Sorel, *Histoire diplomatique de la guerre franco-allemande*, t. II, p. 11 et 12.

par jour (1). Cette circonstance suffisait à expliquer pourquoi le gouvernement français ne s'était pas hâté d'y faire valoir les droits qui lui étaient échus, et comment Strasbourg avait pu prendre, en forçant un peu le sens des traités, une attitude spéciale. La ville du reste était trop riche et trop considérable pour ne pas paraître à Mazarin beaucoup plus difficile encore à annexer que Keisersberg on Turingheim. Son importance même, provisoirement, faisait sa sauvegarde.

On ne songea donc pas trop à Paris à se rappeler qu'une autre ville libre impériale, non moins renommée comme forteresse et comme chef-lieu de province, Besançon en un mot, venait d'être livrée très cavalièrement aux Espagnols par l'Empereur, en 1651, sous la seule condition que la liberté de fait dont jouissaient les habitants serait respectée (2). Au lieu de s'armer de cet exemple contre Strasbourg et de lui donner à entendre tout de suite que la capitale de l'Alsace n'était pas en somme plus inaliénable que celle de la Franche-Comté, on chargea M. de Vautorte qui partait pour l'Allemagne en mars 1649 de faire cadeau ou remise à la République d'une somme de vingt mille écus que Louis XIII lui avait avancée en 1631 (3). C'était de la part de Louis XIV inaugurer adroitement son monopole de patronage, puisqu'il fournissait ainsi à la ville une notable partie de ce qu'elle-même devait payer aux Suédois. La polémique allemande a cherché à tirer parti de ces relations nouées ou renouées entre Strasbourg et la France aussitôt après la paix, en leur attribuant un caractère essentiellement international. Mais la faculté de se faire représenter auprès d'une Cour n'excluait nullement à cette époque la suzeraineté ou le patronage du prince chez lequel on envoyait des agents à

---

(1) *Histoire d'Alsace* manuscrite par M. de Cheverry.
(2) V. Henri Martin, *Histoire de France*, t. XIII, p. 335.
(3) Lettre de M. de Vautorte du 15 avril 1649. V. Dumont, *Négociations de Westphalie*.

poste fixe, contre lequel même parfois on sollicitait au-dehors des alliances. Les ducs de Bourgogne et de Bretagne avaient surabondamment démontré cette vérité en France, et, au début même de la seconde Fronde, Bordeaux entretenait à Paris une sorte de légation officielle à la tête de laquelle était un nommé Guyonnet [1]. La dynastie royale ne renonçait donc à aucun de ses droits éventuels, droits assez mal déterminés, il faut en convenir, sur Strasbourg, en engageant de nouveau avec elle une correspondance diplomatique.

Presque aussitôt après l'acte de munificence du mois de mars 1649, en juin, le roi « conviait » ses « très chers et bons amis » des bords de l'Ill à restituer aux religieux de Saint-Jean de Jérusalem le couvent et les biens dont ceux-ci avaient été spoliés, chassés même, en 1632. La demande fut renouvelée au mois de janvier 1650, mais éludée quelques semaines plus tard avec toutes les précautions oratoires que purent imaginer « les très humbles et très obéissants serviteurs de S. M. » Ils déclaraient d'ailleurs ne souhaiter rien tant que de pouvoir « lui témoigner avec combien de soumission ils respectaient ses puissantes recommandations [2]. » Cette occasion désirée de manifester leur gratitude et leur dévouement à Louis XIV s'offrit d'elle-même aux Strasbourgeois l'année suivante, puisque ce fut précisément en 1651 que le jeune roi atteignit sa majorité. Il s'en fallut malheureusement de beaucoup que tous ses vrais sujets, Français de naissance, lui envoyassent alors des adresses de *loyalty* comparables à celle-ci.

« Si nous demeurions tout seuls à garder le silence et à négliger notre devoir, nous nous rendrions nous-mêmes indignes de cette bienveillance véritablement royale dont il a plu à V. M. nous assurer dans toutes les circonstances par des marques dignes de sa vertu

---

[1] V. *Mémoires de Madame de Motteville*, éd. Charpentier, t. III, p. 203, — et Montglat, 16ᵉ campagne.
[2] V. Kentzinger, t. I, p. 306-311.

et de sa grandeur. Non, Sire, encore que notre devoir ne nous y obligeât point, la très humble dévotion avec laquelle nous révérons l'éclat de votre Couronne nous porterait à publier partout la grande part que nous prenons à l'extrême satisfaction engendrée par cette heureuse Majorité de V. M. aux cœurs de tous les bons Français..... Comme ces solides preuves que nous possédons de la grâce extraordinaire de V. M. ne nous laissent aucunement douter de sa durée ni de sa continuation, ainsy nous nous efforcerons en échange à faire paraître aux yeux de tout le monde les effets de notre reconnaissance et de la très humble passion que nous avons pour le service de V. M. (1). „

Au mois de septembre, le comte d'Harcourt, s'étant décidé à envoyer en Alsace M. de Moirous pour administrer provisoirement le pays en son lieu et place, écrivit simultanément une lettre à MM. de la République pour leur annoncer que M. de Moirous était chargé « de les assurer de son service en tout ce qui dépendrait de l'autorité que le roi lui avait donnée, et de leur demander en son nom leur amitié et leur assistance aux occasions où il s'agirait du service de S. M. (2). » La Cour de Versailles ne jugea pas inutile toutefois d'accréditer à Strasbourg un représentant particulier qui pût y surveiller ou y diriger de plus près les événements. M. de Gravel fut choisi pour ce poste délicat, et il reçut sa lettre de créance le 4 décembre 1653. Le début de cette nouvelle épitre royale aux Strasbourgeois marquait bien la ligne politique qu'adoptait la France à leur égard.

« L'affection que vous avez fait paraître en toutes rencontres pour ce qui regardait le bien de mon royaume a beaucoup augmenté celle que j'ai toujours conservée pour vous, et je considère aujourd'hui vos intérêts à un point qu'ayant jugé que, pour être mieux informé de ce qui le peut toucher et vous faire aussi entendre le désir que j'ai de

---

(1) V. Kentzinger, t. II, p. 125-127.
(2) V. Kentzinger. t. II, p. 130.

les soutenir et avancer aux occasions qui s'en pourront présenter, il était à propos de faire résider quelqu'un auprès de vous en qui vous puissiez prendre une parfaite confiance, j'ai fait choix, etc.... (1). „

En même temps que M. de Gravel était accrédité à Strasbourg, le gouvernement français faisait partir M. de Vautorte pour Ratisbonne avec la mission de paix et de concorde dont nous avons déjà parlé. Mazarin jugea habile de faire part de cette mission tant à la République strasbourgeoise qu'au député qu'elle avait à la Diète. L'intention ou l'arrière-pensée d'associer sous main la politique particulière de Strasbourg à celle de la France perçait surabondamment dans ces deux lettres d'une obligeance insinuante. La première commençait ainsi :

« Il n'y a point de ville dans l'Empire qui doive mieux savoir que la vôtre l'affection que les rois mes prédécesseurs ont de tout temps témoignée à la conservation de la liberté germanique et spécialement à maintenir votre République en tous ses droits et priviléges. Les efforts et les dépenses que j'ai faits pour la même cause ne vous doivent pas non plus laisser lieu de douter que je n'aie les mêmes inclinations, et, comme la bienséance du voisinage m'engage à prendre soin particulièrement de vos intérêts, j'ai chargé très expressément ledit sieur de Vautorte que j'envoie mon ambassadeur à la Diète de Ratisbonne d'y rendre tous les offices que vous pouvez désirer de ma part pour votre satisfaction, et pour cet effet d'y agir de concert avec vos députés, me remettant au surplus à lui de vous faire entendre le sujet de sa légation (2) ».

L'offre discrète d'un protectorat officieux n'était pas moins sensible dans la missive que M. de Vautorte devait présenter à Ratisbonne au député de Strasbourg et même à celui de Colmar.

---

(1) V. Kentzinger, t. II, p. 132-133.
(2) *Archives des affaires étrangères*. Allemagne, 1653, volume 130.

« La légation du sieur de Vautorte que j'envoie ambassadeur extraordinaire à la Diète de Ratisbonne ne tendant à autre fin qu'à l'exécution sincère des traités de paix cy-devant faits à Münster et à Nuremberg,... je l'ai particulièrement chargé d'y témoigner par tous les offices convenables la part que je prends aux intérêts de la ville de Strasbourg et de les appuyer fortement, s'il en est besoin, suivant les ouvertures que vous lui en ferez. Il vous informera aussi de mes intentions pour le bien de la cause commune, afin que vous agissiez ensemble de bon concert pour le procurer (1). »

Le *modus vivendi* ainsi provisoirement réglé entre la France et Strasbourg, M. de Gravel s'installa dans cette dernière ville comme dans la capitale naturelle du pays. A mi-chemin entre Brisach et Philipsbourg, pendant les deux années 1653 et 1654, il s'y occupa activement, tout comme d'un quartier général, de pourvoir à la défense de ces deux places que la paix avait rendues françaises, militairement parlant. L'Empire ayant interdit à la France de faire sur son territoire les levées d'hommes qu'il permettait si libéralement à l'Espagne, Strasbourg était devenu pour M. de Gravel une sorte de terrain neutre où il cherchait à recruter le plus possible de soldats et d'officiers dans les armées licenciées des princes allemands du voisinage. Grâce à son zèle, la France put ainsi se procurer outre-Rhin des hommes et des chevaux, et enrégimenter à son tour des Allemands contre les Espagnols. La correspondance de notre diplomatie ne laisse aucun doute sur la bienveillante tolérance et la latitude que les magistrats strasbourgeois accordaient à M. de Gravel pour ses opérations, où leurs banquiers aussi n'étaient point sans réaliser de gros profits. « Je suis venu hier en cette ville », écrivait-il de Strasbourg le 29 mai 1654, « prier M. M. de cette République de nous accorder passage sur leur pont et dans leurs terres, comme ils s'y sont très volontiers portés. » La ville n'avait point non plus, à l'instar de l'Électeur palatin, prétendu

---

(2) Même correspondance. *Archives des affaires étrangères.*

imposer un péage aux bateaux chargés de ravitailler par eau la garnison française de Philipsbourg (1). Bref, on n'avait à peu près qu'à se louer d'elle en toutes choses. Aussi le ministre, de son côté, mandait-il à M. de Gravel, le 1er février 1655, qu' « il servirait Strasbourg en tout ce qui lui serait possible (2) ». Les inclinations françaises gagnaient du terrain. Un certain nombre de nos récents chefs-d'œuvre littéraires s'y introduisait même, grâce à l'admiration et à la patience des traducteurs. Un versificateur qui occupe un rang distingué dans les annales de la poésie strasbourgeoise, Isaac Claus, y fit paraître le *Cid* en allemand précisément dans le courant de 1655. La femme d'un professeur de droit, Katharina Link, traduisit à son tour *Polyeucte* en alexandrins (3). Lorsque le comte d'Harcourt se présenta dans la ville en juin 1654, durant les quatre journées qu'il y passa, il fut traité, non pas en simple *Landvogt*, mais véritablement en prince, dit Strœbel (4). Colbert y vint aussi à diverses reprises rendre visite à M. de Gravel pour lui prêter le secours de son adroite activité et de sa naissante expérience des négociations épineuses. Le futur ministre s'y trouvait, entre autres, au moment d'une entrée mémorable, celle de M. M. de Gramont et de Lionne, au mois d'août 1657. Comme on a fort exagéré, sinon dénaturé, l'attitude observée par les autorités de la République vis-à-vis de ces deux ambassadeurs, on ne lira pas sans intérêt la description de la fête par Colbert lui-même. Un billet d'envoi précédait la narration proprement dite ou le « rapport. »

« Je crois que V. Exc. sera bien aise d'apprendre que MM. le duc de Gramont et de Lionne sont arrivés en cette ville et qu'ils y ont été reçus avec tous les honneurs qu'ils pouvaient attendre d'une

---

(1) Lettre de M. de Vautorte du 14 août 1653.
(2) *Archives des affaires étrangères*, volume 131, *passim*.
(3) Strœbel, *Vaterländische Geschichte des Elsasses*, t. V, p. 206.
(4) *Würde als Fürst empfangen*. Ibid. t. V, p. 32.

République qui a beaucoup de respects et de déférences pour le Roy et témoigne être fort passionnée pour la gloire de S. M., en sorte que, mesdits sieurs ambassadeurs ayant désiré que je fisse entendre au magistrat de ladite ville qu'ils prétendaient qu'on tirât du canon à leur entrée, après quelque petite difficulté fondée sur ce qu'ils ne l'avaient pas fait pour les Électeurs, non plus que pour M. le duc d'Angoulême à son passage dans leur ville en qualité d'ambassadeur extraordinaire du Roy en Allemagne, ils ont été salués de douze pièces de dix-huit et vingt-quatre livres de balle qui y ont été tirées par trois diverses fois et suivies de toute la mousqueterie qui bordait le rempart des bastions. Si V. Exc. se peut donner le loisir de lire le détail de cette réception, elle le pourra voir par le rapport ci-joint (1). „

Voici maintenant le récit lui-même.

« Le dimanche 5 août 1657, les *Stattmestre, Ammestre* (2) et Secrétaires qui avaient été le jour précédent au-devant de L. Exc. se rendirent en carrosse au logis de M. le Maréchal duc, suivis de six vallets de ville et de quatre estaffiers. Les vallets de ville étaient couverts d'hocquetons de drap à manche pendante moitié blanc et moitié rouge et portaient trois cuveaux remplis de carpes, brochets et truites d'une grosseur extraordinaire. Les estaffiers suivaient ceux-ci dont les manteaux étaient d'étoffe bleue doublée de blanc, tenant des petites verges à la main. Ces messieurs furent reçus à la porte de la rue par les gentilshommes de S. Exc. qui les conduisirent et marchèrent devant eux jusque dans la salle où elle les attendait, firent jeter ce poisson aux pieds, et le Secrétaire parlant pour la ville dit à S. Exc. que ses seigneurs la suppliaient d'agréer ce petit présent de la manière qu'ils lui faisaient et qu'ils s'en étaient toujours servis pour donner des marques de leurs reconnaissances

---

(1) Correspondance de MM. de Gramont et de Lionne, Allemagne, 1657. *Archives des affaires étrangères.*

(2) L'*Ammestre* était l'adjoint du *Stattmestre*. En Suisse les mots analogues d'*Ammann* et de *Landammann* désignent encore aujourd'hui les magistrats des vieux cantons, bien que l'étymologie de ces mots puisse d'ailleurs différer un peu.

aux grands seigneurs et ambassadeurs, comme était S. Exc... M. le Maréchal duc trouva ce présent fort gallant, les en remercia fort civilement et les pria d'en venir manger leur part le jour même à dîner. Après quoi ces messieurs se retirèrent. S. Exc. les conduisit jusqu'à la première marche de l'escalier, et ses gentilshommes jusqu'à la porte de la rue, dans le même ordre qu'ils les avaient reçus. Ce poisson fut accompagné de deux petits tonneaux de vin blanc et rouge et de douze sacs d'avoine qui sont les présents ordinaires de cette République. Les mêmes députés se rendirent une demi-heure après au logis de M. de Lionne auquel ils firent le même présent, furent reçus et conduits avec les mêmes cérémonies qu'on avait observées chez M. le Maréchal.

» Lesdits députés allèrent ensuite chez ledit sieur Maréchal pour y dîner, où ils furent reçus avec la même cérémonie que ci-devant. S. Exc. *(mot illisible)* seule, les députés, Mˢ de Toulongeon, Saint-Geniès, l'abbé Bouty ensemble, et les gentilshommes après. Les santés du Roy, de la Reyne, de M. d'Anjou, de S. E., de L. Exc. et de M. M. de la République y furent bues, et S. Exc. ne voulut pas que lesdits députés bussent autant que les autres, craignant, à ce qu'il dit, que ce vin ne les incommodât (1). S. Exc. au sortir du dîner fut voir l'arsenal où elle fut conduite par lesdits députés qui y allèrent en carrosse. Celui desdits députés précéda ceux de S. Exc. A la porte dudit arsenal étaient trente soldats commandés par un officier et dans la cour cent bourgeois armés tous d'épées et de mousquetons. On y fit voir à S. Exc. des canons depuis deux jusques à Cᵗ de balles, les mortiers, grenades, machines et engins qui sont dans deux grands magasins et dans les salles d'en haut, les mousquets, piques, hallebardes, épées, pots en tête, corps de cuirasse et autres armes. S. Exc. demeura une bonne heure et demie à considérer la netteté et le bon ordre que ces messieurs apportent à la conservation desdites armes et canons. S. Exc. fut promenée ensuite hors la ville où on lui fit voir les nouvelles fortifications et quelques dessins de celles que l'on y veut faire faire. Après quoi l'on rentra dans la ville, et les députés conduisirent S. Exc. jusque

---

(1) V. à propos de la gastronomie strasbourgeoise le *Tour de France*, 8ᵉ et 9ᵉ livraisons.

dans sa salle, et les gentilshommes de Sadite Exc., les députés jusques à la porte de la rue.

» Le lendemain 6, Messieurs les ambassadeurs furent voir l'horloge de la grande église qui est une pièce très rare. L. Exc. y furent conduites par lesdits députés et y allèrent tous à pied suivis de leurs gentilshommes, pages et laquais. L'horloger leur fit voir tous les ressorts secrets et différents mouvements dudit horloge, le fit sonner, et, par le moyen de certains ressorts, une forme de coq, qui est sur un pilastre à côté dudit horloge, battit des ailes et chanta deux fois, mais assez mal. L. Exc. furent conduites ensuite dans le chœur de ladite église, où on leur montra la table du grand autel qui est d'une sculpture très belle et délicate, surtout deux têtes qui représentent celles de Luther et de Mélanchton.

» Le même jour, Monsieur le Maréchal duc partit de ladite ville pour aller coucher à Liktnau, lieu appartenant au comte d'Hanau. Le train de S. Exc. en sortit avec le même ordre qu'il y était entré, et les députés les *(sic)* conduisirent et firent marcher leur carrosse devant celui de S. Exc., qui fut saluée en sortant de 36 coups de canon en trois différentes reprises et d'environ cent mousquetaires qui étaient sur les deux bastions qui sont aux côtés de la porte par où elle sortit. Les avenues de cette porte étaient bordées de soldats de part et d'autre, et les corps de garde par où elle passa et toute la troupe fit halte près le fort du Rhin. A droite et à gauche du chemin qui va à ce fort étaient deux escadrons de cavalerie d'environ cinquante maîtres chacun. Celui de la droite était composé de gentilshommes de différentes nations et commandé par le m[l] de l'académie, et celui de gauche était composé de bourgeois et commandé par trois officiers de la ville. Les officiers mirent pied à terre en ce lieu, S. Exc. aussi et toute sa suite, et les compliments et remerciements se firent de part et d'autre, avec beaucoup de satisfaction, après quoi S. Exc. remonta en carrosse, passa par Kelle, village appartenant à M. M. de la République de Strasbourg, où étaient cent soldats armés d'épées et de mousquets, commandés par trois officiers à cheval, suivis de six estaffiers à pied dont les manteaux étaient d'étoffe bleue, lesquels soldats firent leurs décharges dans le temps que S. Exc. passa et s'en retournèrent ensuite tambour battant à la ville.

„ Au retour de cette cérémonie, les dits députés furent dîner avec S. Exc. M. de Lionne qui les avait invités, où on but les santés des puissances comme chez M. le Maréchal duc, et on y demeura bien quatre heures à table. L'après-diné S. Exc. fut voir l'arsenal où elle reçut les mêmes honneurs qu'on avait fait le jour précédent à M. le Maréchal duc. Le lendemain 7, S. Exc. partit environ le midi de ladite ville pour aller coucher à Liktnau, à laquelle on rendit aussi les mêmes honneurs qu'avait reçu le jour précédent ledit sieur Maréchal duc (1). „

Deux mois après cette pompeuse réception (2), en octobre, Louis XIV en personne vint visiter Metz et y tenir sa cour. Les autorités strasbourgeoises jugèrent de leur devoir d'y envoyer une ambassade pour le complimenter. Cette ambassade comptait parmi ses membres le *Stattmestre* Wurmser et le syndic J. J. Frid. Elle emportait avec elle des

---

(1) *Archives des affaires étrangères*. Correspondance de M. M. de Gramont et de Lionne.

(2) On lira peut-être volontiers après cette relation inédite le passage des *Mémoires du Maréchal de Gramont* (t. II. p. 15-20) qui concerne ce séjour des ambassadeurs à Strasbourg : " Ils furent reçus comme le maréchal de Gramont l'avait souhaité, et entrèrent dans une ville grande, puissante et bien peuplée dont la situation ne saurait être plus agréable, la rivière d'Iller passant par le milieu et le Rhin n'en étant guère éloigné, le pays fertile et abondant en toutes choses, fortifiée avec tout l'art qui peut contribuer à la défense d'une place, l'arsenal des plus beaux de l'Europe et des mieux garnis de toute sorte d'armes, dans lequel il y a plus de 700 pièces de canon de fonte, avec ce qui est nécessaire pour les exécuter; le tout rangé dans un ordre parfait; le pont sur le Rhin, quoiqu'assez mauvais, rend encore cette ville plus considérable. Il y avait des fortifications de terre assez mal entretenues, mais qui se réparaient aussi fort aisément; l'on peut dire qu'elles ont bien changé de face depuis que le roi s'est rendu maître de Strasbourg et qu'il en a fait la plus formidable place de l'univers. Le magistrat est luthérien, et la messe ne se disait en ce temps là qu'en une église de religieuses. Strasbourg pendant les guerres passées s'est maintenu par ses propres forces et a toujours eu de bonnes troupes et de bons officiers. Le comte de Rantzau qui depuis a été maréchal de France y commandait lorsque le maréchal de Gramont jeta les premiers secours dans Haguenau. Cette grande ville fut toujours fort partiale pour les Suédois, tant à cause de la religion que par les places qu'ils occupaient aux environs, dont Benfeld, qui est sur la rivière d'Iller, fortifiée autant bien qu'elle le pouvait être, et dans laquelle il y avait une garnison de douze cents Allemands, se faisait porter grand respect. „

adresses pour le roi, la reine-mère, le duc d'Anjou, le cardinal Mazarin, ainsi que pour les simples conseillers d'État qui accompagnaient le jeune monarque. Chacune de ces adresses était naturellement libellée d'après le rang et les services attendus du destinataire. Nous ne transcrirons pas ici celle du cardinal qui, malade et alité, n'en voulut pas moins donner audience à la députation. Il nous suffira de reproduire l'exorde de la harangue qu'on devait lire au souverain.

« Sire, si les très humbles serviteurs de V. M., les préteur, consuls et Sénat de la République de Strasbourg avaient été si heureux que de rencontrer les occasions de donner à V. M. des marques plus effectives de la joie que leur a engendré la nouvelle de son heureuse arrivée en son voisinage, ils n'auraient pas manqué de les embrasser avec la même dévotion qui les a fait maintenant prendre la résolution de lui faire très humblement la révérence par cette présente députation de leur corps. En effet, Sire, ils ne sont pas si peu soigneux de leur devoir envers tant de grâces que V. M. aussi bien que ses ancêtres, les Rois Très Chrétiens de très glorieuse mémoire, ont départis à la République de Strasbourg, que, pour se rendre tant plus dignes de la continuation de cette royale bienveillance et pour s'acquitter d'une partie seulement de leurs obligations, ils ne prennent à grand bonheur toutes les occasions de faire éclater le vif et véritable ressentiment qui leur en reste. Et cela, Sire, les encourage aussi à supplier V. M. très humblement de leur vouloir toujours conserver cette grâce tout entière. »

Avec moins d'emphase et plus de finesse, Louis XIV répondit à la République.

« Très chers et bons amis, vous saurez de vos députés combien agréablement nous avons reçu les assurances qu'ils nous ont données de votre affection et l'estime que nous faisons de votre République, imitant en cela les rois nos prédécesseurs d'immortelle mémoire, et aux titres qu'ils ont pris en vous écrivant, nous en voulons ajouter un qui ne vous sera pas désagréable, que nous vous considérerons et aimerons comme nos bons voisins qui pouvez faire état d'être aidés de nos forces, si vous êtes attaqués, et qu'elles s'emploieront toujours pour maintenir ce qui a été conclu à Münster et à Osnabrück (1). „

On ne pouvait imaginer une périphrase plus adoucie pour faire allusion au droit de protectorat qu'on tenait des traités, sans prononcer aucun mot malsonnant qui eût pu déplaire à de libres bourgeois. Le goût de l'indépendance restait toujours en effet très profondément enraciné chez eux, et l'empereur Léopold en fit bientôt l'épreuve à ses dépens, lorsqu'il essaya d'obtenir de la République le serment qu'il prétendait dû à son titre suprême. Par une lettre imprimée en date du 17 octobre 1660, les magistrats de Strasbourg répondirent que leur ville « était dans une possession immémoriale de ne pas rendre des hommages comme les autres villes impériales », et que, si Charles-Quint, dont on invoquait le souvenir contre elle, avait pu la contraindre pour la première fois à une prestation de serment, il n'y avait à voir dans ce fait qu'un simple abus de la force, incapable de créer un précédent, d'autant plus que le serment avait été prêté, d'abord, sans le consentement de la bourgeoisie, ce qui eût suffi pour le rendre nul, et ensuite, sous la réserve expresse des droits reconnus de la ville, ce qui laissait le différend intact (2). Le gouvernement français se garda bien de tomber dans la même faute et de réclamer trop vite un hommage qu'il n'eût pas sans doute alors obtenu davantage. Il ne prétendit donc rien de Strasbourg au moment où les dix villes de la préfecture d'Haguenau furent sommées de promettre l'exécution, en ce qui les concernait, de la paix de Westphalie, bien que ce fût dans ses murs que les commissaires royaux, à la fin de décembre 1661 et au commencement de janvier 1662, eussent pris le parti de venir attendre la

---

(1) V. ces deux lettres et les autres dans Kentzinger, t. I. p. 312-323.
(2) V. Laguille, I, p. 368.

réponse définitive des dix villes et celle du cabinet de Versailles. Cette sage résolution de temporiser et de tout obtenir du progrès naturel des événements n'empêcha pas toutefois ce même cabinet de trahir encore à plus d'une reprise l'envie très sincère qu'il éprouvait d'obliger les Strasbourgeois le plus directement et le plus souvent possible. D'après les termes mêmes de sa lettre de créance du 8 juin 1662, Frischmann père, le nouvel agent français auprès de M. M. de la République, était chargé « de leur faire en toutes occasions sentir des effets favorables de la bienveillance royale de S. M. et de son bon voisinage (1). » Le 28 novembre de la même année, le roi, en leur apprenant que la reine venait de lui donner une fille, ajoutait que Frischmann « ne saurait excéder sa créance dans les assurances qu'il pourrait leur donner de la continuation de sa bienveillance et du désir qu'il avait de leur en faire recevoir en général et en particulier des preuves (2). » Trois ans plus tard, le *lazzo* préparé et lancé d'une main prudente pour rapprocher de plus en plus Strasbourg de la France semblait avoir produit l'effet qu'on en espérait. Sur le point d'entrer dans l'alliance du Rhin, la République témoignait dans deux lettres fort respectueuses de ses sentiments d'affection et de gratitude. La première, datée du 30 avril 1665, était adressée à M. Frischmann.

« MM. de la République reconnaissent d'abord avec autant de soumission que de joie la grâce que S. M. leur fait, tant par les assurances réitérées de sa royale bienveillance que par l'agrément et la puissante assistance qu'elle leur accorde pour sa réception dans l'alliance du Rhin; et, comme ils embrassent ce gracieux offre avec un profond remerciement, et que, sous l'entière confiance en cette favorable promesse de S. M., comme se voyant par là en état de n'appréhender plus aucune difficulté qui sans cela de part et d'autre

---

(1) V. Kentzinger, t. II, p. 139-140.
(2) V. Kentzinger, t. II, p. 145.

leur y pourrait avoir été faite, ils ne manqueront pas, au retour de son député à Ratisbonne, de poursuivre vivement cette affaire auprès du Conseil d'alliance, ainsi s'efforceront-ils en toutes les occasions de s'acquitter dignement du glorieux titre des alliés de S. M. „

La lettre écrite directement au roi sur le même sujet débutait ainsi :

« Nous laissons à la bonne plume de M. Frischmann d'exprimer à V. M. en termes convenables les mouvements de joye qu'ont excité en nos cœurs les nouveaux témoignages de bienveillance que nous avons trouvé tant en la lettre de V. M. qu'en la proposition qu'il nous a faite de sa part (1). „

Deux années s'étaient à peine écoulées que M. de Gravel à Ratisbonne s'employait activement à faire renouveler l'alliance du Rhin, et Strasbourg ne se déclarait pas moins disposé à seconder par son adhésion les desseins de Louis XIV que les autres petits États établis dans la même vallée et toujours fidèles pour cause de religion à la politique française (2). Aussi, presque simultanément, M. de Lionne, d'après le conseil du sagace et habituel interprète de ses pensées auprès de la Diète, manifestait-il un vif désir de voir transporter à « Strasbourg ou dans quelque autre ville proche des lieux mêmes „ les négociations officieuses qui allaient s'ouvrir à propos du serment des dix cités de la préfecture (3). Les rapports de la France avec la République se

---

(1) V. Kentzinger, t. II, p. 153.

(2) " Quoiqu'il pût arriver du parti que prendraient les protestants, le renouvellement de l'alliance qui n'était que défensive et qui était tout à fait fondée sur le traité de Münster ne pouvait pas nuire aux catholiques... Les ministres de Mayence en sont tombés d'accord, Trèves, Neubourg, Münster, Bâle, Strasbourg de même. „ Lettre de M. de Gravel, 5 août 1667. — " J'ai joint ici le vœu que j'ai donné de la part de V. M. sur le sujet de l'extension de l'alliance du Rhin. Mayence, Trèves, Cologne, Bâle, Neubourg et Strasbourg se sont conformés à mon suffrage. „ Lettre de M. de Gravel, 11 août 1657. *Archives des affaires étrangères*, vol. 228.

(3) Lettres de M. de Lionne à M. de Gravel, 4 février et 29 avril 1667. *Archives des affaires étrangères*, volume 227.

maintinrent à peu près sur ce pied pendant la durée de la guerre dite « des droits de la reine ». La tolérance habile et généreuse du gouvernement royal trouvait une juste récompense dans l'attitude amicale des Strasbourgeois, qui de leur côté ne songeaient à faire valoir la réserve inscrite en leur faveur au traité de Münster qu'en se montrant jaloux de leur indépendance, mais sans jamais mêler à cette jalousie un peu fière aucune disposition hostile et provocatrice.

IV

La situation eût pu se prolonger ainsi fort longtemps, si la guerre de Hollande n'était survenue, qui gâta tout. Un de ses résultats les plus prompts devait être en effet la démonstration de cette vérité que Strasbourg ne pouvait continuer de vivre entre deux rivaux aussi puissants sans appartenir à l'un d'eux, et que la neutralité sous la protection de laquelle la ville espérait sauvegarder indéfiniment son *self-government* n'était et ne pouvait être qu'un leurre. Déjà pendant la campagne de 1641, il y avait eu des démêlés assez vifs entre les fonctionnaires strasbourgeois et les représentants de la France en Alsace, à propos du passage de barques françaises sous le pont et d'un coup de canon qui s'en était suivi [1]. En 1647, la complicité ou la négligence des mêmes fonctionnaires avait pareillement favorisé une défection des troupes weimariennes, qui fut des plus préjudiciables à Turenne, et motiva de sa part des reproches à qui de droit [2]. Aussitôt que la guerre se fut rallumée en 1672, on s'aperçut sans peine de l'accroissement d'importance que la cité avait pris pour les armées impériales, depuis que des garnisons françaises défendaient la traversée du Rhin à Brisach et à Philipsbourg. Aussi, averti de

---

[1] V. les deux lettres du Sénat à M. d'Oysonville et de M. de l'Isle au Sénat dans Kentzinger, t. II, p. 80-90.
[2] V. Laguille, II, p. 178.

l'intention qu'avait Montecuculli d'occuper Strasbourg (1), Condé n'hésita pas à commander qu'on brûlât au plus vite le pont qui reliait la ville à la rive gauche du fleuve. L'ordre fut exécuté dans la nuit du 12 au 13 novembre 1672. La précaution se trouva bonne, car, si les Allemands réussirent, malgré tout, à passer le Rhin vers Mayence, il suffit à Turenne de prendre sur la Meuse une forte position pour paralyser leur tentative d'invasion. Mais le coup d'autorité ou de force du prince de Condé, encore bien que facile à expliquer, sinon légitimé de lui-même par les nécessités de la guerre, eut des conséquences graves, et troubla singulièrement les bonnes relations traditionnelles qui existaient entre la France et la République.

Deux jours après l'incendie du pont, le Sénat adressa à Louis XIV une lettre, où, en termes fort convenables d'ailleurs, il exprimait son étonnement et demandait qu'on l'indemnisât pour la perte éprouvée. Le 22, le roi répondit de Versailles que son cousin le prince de Condé avait estimé cette destruction indispensable pour empêcher la jonction des Impériaux avec les Brandebourgeois, et que Strasbourg y avait gagné au moins cet avantage de voir s'éloigner de son territoire « les désordres qui avaient suivi jusqu'à cette heure lesdites troupes de Brandebourg (2). » Louis XIV terminait en rejetant le dommage causé sur « la nécessité présente des affaires », et promettait de « contribuer volontiers à en dédommager » le Sénat et la République, « dès que cette même nécessité serait cessée (3). » Un pont volant fut établi à titre provisoire, mais, les eaux ayant beaucoup grossi pendant l'hiver, le 19 janvier 1673 les Strasbourgeois écrivirent de nouveau à Versailles, afin d'y représenter le

---

(1) V. Laguille, II, p. 231.
(2) Le Sénat ne devait pas avoir perdu tout à fait le souvenir des dévastations sauvages d'Albert de Brandebourg en 1552, à l'époque où, sans en avoir reçu mission de personne, il sommait Strasbourg de prêter serment de fidélité à Henri II et à la monarchie française. V. Laguille, II, p. 38.
(3) V. Kentzinger, t. I, p. 326-329.

dommage que l'insuffisance du pont volant causait à leur commerce. Ils sollicitaient en même temps le concours, c'est-à-dire l'argent de la France, pour le rétablissement de l'ancien pont fixe, toute guerre et toute nécessité ayant cessé, soutenaient-ils, au moins pour le moment (1). Le roi fit avec beaucoup de justesse répliquer de Saint-Germain le 10 février qu'il aurait eu grande joie d'apprendre ce dessein de reconstruction définitive et d'y concourir, selon sa promesse, si la tranquillité avait été véritablement ramenée dans l'Empire. Mais, comme ce n'était point malheureusement le cas, il pensait que « jusqu'à ce que la paix eût tout à fait assuré le repos de l'Allemagne, il serait autant contre leur intérêt que contre le sien que le rétablissement qu'ils voulaient faire rappelât la guerre en leurs quartiers. » C'est pourquoi « il verrait avec plaisir qu'ils attendissent à un autre temps pour achever l'ouvrage ». Il trouverait, quant à lui, dans cet acte de condescendance « une nouvelle marque de leur désir de se conserver de plus en plus dans l'affection sincère qu'il avait pour eux et pour le bien de leur ville (2). » La prière du roi n'en resta pas moins vaine. Le Sénat, sans même attendre la réponse royale, fit réparer au plus vite le pont, à la vive satisfaction, et, plus que probablement, sur les instances de la Cour de Vienne. Pour s'excuser, il adressa à Louis XIV deux lettres (3), dont la seconde n'était pas faite pour plaire, et deux autres au ministre, M. de Pomponne (4), auprès duquel leur agent ordinaire, Beeck, devait compléter de vive voix leur justification. Dans le courant de mars, on lui adjoignit même le secrétaire Güntzer (5), qui fut chargé d'une lettre nouvelle pour le roi

---

(1) V. Kentzinger, t. I, p. 329-330.
(2) *Id.* p. 330-331.
(3) *Id.*, p. 331-337.
(4) *Id.*, p. 337-339.
(5) Le nom de ce modeste fonctionnaire, appelé à jouer désormais l'un des premiers rôles dans l'histoire franco-strasbourgeoise, est écrit

où les sénateurs affirmaient « que l'appréhension de la disgrâce de S. M. leur était insupportable (1). » Aucune de ces missives ne parvint toutefois à ébranler chez le roi la conviction qu'à la reprise des hostilités les Impériaux ne manqueraient pas d'user le plus souvent possible de la position de Strasbourg et de son passage sur le Rhin. Le Sénat se résigna alors à céder, ou du moins à en faire mine. Dans les premiers jours de mai, les poutres et les charpentes du pont nouvellement reconstruit furent enlevées par ses ordres. Mais aussitôt une grande effervescence populaire se produisit dans la ville. Le 6, plusieurs centaines d'individus se rassemblèrent devant la maison du consul régent, puis sur la place des Deschaussés, tambours battants et mèches allumées. Ils allaient vociférant qu'on avait reçu du roi trois tonneaux d'argent pour lui livrer la ville, que le Conseil et le résident de France, M. Frischmann, étaient les traîtres, et qu'il fallait « les tailler en autant de pièces que les Hollandais venaient de tailler l'infâme Witt. » Les magistrats s'assemblèrent en hâte, se firent remettre les clefs de la cathédrale pour qu'on n'y sonnât par le tocsin, puis haranguèrent les émeutiers, leur rappelant que rien n'avait été fait qu'après le consentement des trois cents tribuns et suivant toutes les formes légales. Ils disculpèrent aussi de leur mieux le malheureux Frischmann qui, le soir, n'en vit pas moins casser toutes ses vitres à coups de pierres. Le 10, entre quatre et cinq heures de l'après-midi, deux soldats vinrent même tirer des coups de mousquet « contre son logis. » Louis XIV, qui avait déjà ordonné de relâcher les barques strasbourgeoises arrêtées par ses officiers, accepta les excuses que le Sénat du reste ne lui marchanda pas. Il exigea seulement

---

dans les manuscrits du temps, notamment dans la correspondance de Louvois, de manières assez différentes, Quintzer, Quinser, Kintzer, Kinser, par exemple, variantes qu'explique aisément la prononciation alsacienne, déjà un peu incertaine par elle-même, et fort embarrassante, surtout au XVIIe siècle, pour une oreille et une plume françaises.

(1) V. Kentzinger, t. I, p. 338-339.

qu'on punît exemplairement les deux auteurs d'une tentative d'homicide qui était en même temps un attentat contre le droit des gens. Mais, une fois la peine prononcée, M. de Pomponne, du camp de Maestrich, le 20 juin, tout en témoignant la gratitude de S. M. pour la satisfaction obtenue, demanda en son nom que la peine fût remise aux coupables (1).

Il n'y eut pas d'autre vengeance exercée. Lorsqu'en automne les troupes françaises passèrent en Alsace après la prise de Maestrich et rasèrent les fortifications des dix villes, afin qu'elles ne devinssent point autant de places ennemies enclavées dans une province du royaume, la neutralité de Strasbourg fut scrupuleusement respectée. La République avait eu au reste le bon esprit de solliciter le 11 septembre le maintien de cette neutralité par l'intermédiaire du baron de l'Isola, diplomate impérial très influent auprès de sa Cour. « V. Exc. ne peut ignorer, » était-il dit dans la supplique, « et elle trouvera bon que, pendant que tout le monde demeura en l'Empire les bras croisés et ne regarda nos maux et nos périls que comme des choses qui ne les touchaient point, nous ayons mieux aimé céder au plus fort que d'accélérer notre totale ruine par une opiniâtreté imprudente. » Cette indifférence dont se plaignaient les Strasbourgeois devait former à leurs yeux un contraste des plus instructifs avec l'intérêt, excessif peut-être, mais parfaitement réel, que montrait pour eux en toute occasion « ce conquérant qui leur réitérait de bouche et par écrit les assurances de ses bonnes grâces et leur en témoignait même les effets (2). »

L'année suivante, Strasbourg fit encore de son mieux, du moins au début, pour conserver la même attitude passive

---

(1) Sur toute cette échauffourée, v. Kentzinger, t. I, p. 339-349. On trouvera dans la lettre de Frischmann du 29 mai (p. 347-348) un catalogue curieux des abominables supplices édictés à Strasbourg par la loi pénale.

(2) V. Kentzinger, t. II, p. 155-157.

entre la France et le saint-empire. Dans une lettre expédiée à Vienne le 24 avril 1674, le Sénat se plaint à l'Empereur « de la position de la ville sur l'extrême frontière de l'Empire », des dangers journaliers auxquels elle est exposée et de son impossibilité de pourvoir seule à sa propre conservation (1). A l'Électeur palatin, qui ne l'obsédait pas moins de ses instances pour qu'elle se déclarât ouvertement, on répondit avec encore plus de netteté : « Nous connaissons parfaitement ce que les Diètes et les dernières conclusions prises à Ratisbonne exigent de tous les États de l'Empire, et certes nous saurions nous y conformer, si la paix de Westphalie ne nous avait placés dans une autre position (2) ». Preuve bien claire que la République depuis le traité de Münster se jugeait plus que jamais détachée de l'Allemagne, et qu'en tout cas elle était résolue à n'en plus prendre que tout à fait à son aise avec les obligations fédérales. Néanmoins, cette même année, malgré les excellents conseils de Turenne consignés dans sa lettre du 20 mai (3), malgré la mission confiée juste avant la crise à l'intendant de Machaut qui réclamait une dernière fois le respect de la neutralité promise (4), les chefs de la ville, entraînés par le comte de Holac, porteur d'une nouvelle lettre, voire même de quelques cadeaux de l'Empereur, livrèrent le 24 septembre leur pont aux Impériaux que Turenne se préparait à culbuter dans le Rhin, pendant une imprudente marche de flanc. Cette semi-trahison, qui se compliqua de coups de fusil tirés sur un parlementaire français, le marquis de Vaubrun (5), et qui par suite des excès des *Kaiserlich* devint d'ailleurs fort onéreuse pour la cité, suffit pour rendre douteuse l'issue de la bataille livrée à Ensheim, sous les murs

---

(1) V. Kentzinger, t. II. p. 168-170.
(2) V. Kentzinger, t. II, p. 170-172.
(3) V. Kentzinger, t. II, p. 179.
(4) V. Laguille, II, p. 236.
(5) *Histoire de Louis XIV* par C. Gaillardin, t. IV, p. 171.

mêmes de Strasbourg, le 4 octobre. A l'abri d'une telle forteresse, les troupes impériales purent attendre impassiblement pendant tout l'automne l'arrivée de la petite armée brandebourgeoise et camper l'arme au bras en lieu sûr, jusqu'au moment où elles s'ébranlèrent dans la direction de Colmar et de Turckheim. Après la grande victoire de Turenne auprès de cette dernière ville (5 janvier 1675), les Allemands n'eussent pu repasser le fleuve sans le pont que Strasbourg leur livra encore. Vainement le vainqueur, sans perdre un seul instant, avait-il expédié de Brisach un courrier pour prévenir le Sénat de la part du roi que son armée ne dépasserait pas Schlestadt et qu'il n'avait à redouter aucune entreprise de sa part. Loin de fermer son pont, Strasbourg fit échapper en hâte les restes de l'armée austro-brandebourgeoise, afin de les dérober à Turenne. Turenne aurait pu sévir, une fois seul maître dans le pays. Il n'en fit rien, et ce nouveau trait de clémence termina dignement la glorieuse campagne de 1674-1675.

Celle qui s'ouvrit au printemps de 1675 commença sous de meilleurs auspices. Soit qu'ils eussent perdu quelque chose de leur confiance dans la supériorité des armes impériales, soit qu'ils se sentissent obligés par reconnaissance ou par devoir à plus de scrupules envers la France, les Strasbourgeois avant la fin du mois de mai envoyèrent prévenir Turenne à Benfeld qu'ils observeraient désormais la plus irréprochable neutralité, et que, pour mieux empêcher les Impériaux de se servir de leur pont de Kehl, ils venaient d'accroître leur garnison d'un renfort de six cents Suisses. Instruit par l'expérience, Turenne jugea plus sûr encore de gagner de vitesse les troupes de Montecuculli et de prévenir toute trahison en s'emparant le 7 juin des approches du pont. Montecuculli, ainsi devancé et tenu en échec tout le long du territoire alsacien, ne put passer le Rhin qu'à la hauteur de Spire, ce qui n'empêcha pas ses émissaires enfermés dans Strasbourg d'y tenir prêt un équipage de pont, tout en y accumulant subsistances et munitions. Dès que Turenne fut tombé, mortellement atteint, à Salzbach, la complaisance latente des Strasbourgeois pour les Impériaux ne prit plus la peine de se cacher et devint un concours ouvert. Troublant de son mieux la belle retraite dirigée par le comte de Lorge, l'armée impériale franchit le pont en toute liberté et, en août, s'établit à Wantzenau. Strasbourg redevint ainsi la base d'opérations des lieutenants de Léopold et la clef de leur principale ligne de communications. On vit alors Haguenau assiégé, Saverne même menacé par eux, et ce fut presque merveille si le grand Condé réussit à sauver cette belle province que sur d'autres champs de bataille il avait conquise à la France. Lorsqu'il se fut rapproché de Strasbourg, la République ne lui en envoya pas moins des députés qui furent reçus par lui comme le méritait la coupable mobilité de leurs sympathies. Il ne leur dissimula pas qu'après avoir couru au plus pressé il irait les visiter, si le roi l'en voulait croire (1).

Le roi toutefois n'en crut pas Condé, et pardonna fort sincèrement cette fois encore à ses ennemis malgré eux, ou soi-disant tels. Deux lettres des premiers mois de 1676 nous le montrent en effet accréditant auprès de la République deux nouveaux résidents, l'un et l'autre du plus haut mérite, M. Verjus, comte de Crécy, que nous retrouverons plus tard à Ratisbonne, et l'abbé Gravel, auquel la guerre créait également des loisirs, que le gouvernement français ne dédaignait pas d'utiliser sur un des rares points encore ouverts à l'activité de sa diplomatie. La première de ces missives royales était du 22 février.

" Très chers et bons amis, le sieur Verjus, conseiller en nos Conseils et secrétaire de notre cabinet, que nous avons chargé de vous faire connaître nos sentiments pour tout ce qui peut regarder vos intérêts dans la conjoncture présente de la guerre qui pourrait renaître en votre voisinage, et par qui nous attendons d'être éclaircis

---

(1) V. Laguille, II, p. 246.

des vôtres, vous fera voir de telle sorte quelle est notre affection pour vous et le désir que nous avons que vous nous mettiez en état de vous en donner des marques, qu'il sera en vos mains de nous faire naître les occasions, ainsi que nous le souhaitons, de contribuer à votre repos et à votre sûreté. Vous ajouterez sur ce sujet une créance entière à ce que le sieur Verjus vous dira de notre part (1). „

La seconde lettre du 1er avril, tout en accréditant par voie indirecte M. Grayel, confiait cependant à un autre agent l'intérim de ses fonctions.

« Très chers et bons amis, le sieur Verjus, conseiller en nos Conseils et secrétaire de notre cabinet, que nous avons envoyé depuis peu auprès de vous pour vous faire connaître nos sentiments sur les conjonctures présentes, nous a demandé avec instance la permission de revenir que nous n'avons pu lui refuser. Mais, comme nous voulons toujours entretenir une bonne intelligence avec votre ville, nous avons en même temps jeté les yeux sur l'abbé Gravel pour l'y envoyer résider, et, parce qu'il ne pourra se rendre sitôt, nous avons aussi ordonné au sieur Dupré qui se trouve auprès du sieur Verjus de demeurer cependant à Strasbourg, pour y agir en la même manière que faisait le sieur Frémont-Vallancourt. Nous aurons donc bien agréable que vous lui donniez créance en toutes les choses qu'il vous dira de notre part et principalement sur les assurances de la continuation de notre bienveillance pour vous, et, la présente n'étant à autre fin, nous prions Dieu, etc. (2). „

Le siége de Philipsbourg occupa la campagne qui ne tarda pas à s'ouvrir et qui ne fut pas heureuse pour la France. Le maréchal de Luxembourg avait manifesté tout d'abord le désir de rester en Alsace pour s'y débarrasser enfin, par un grand coup, de l'incorrigible versatilité de Strasbourg. Louvois reconnaissait bien que la position était plus avan-

---

(1) *Dépôt de la Guerre,* volume 635, p. 259bis.
(2) *Dépôt de la Guerre,* volume 635, p. 261.

tageuse encore et plus souhaitable pour la monarchie française que Philipsbourg. Néanmoins ce fut à débloquer cette dernière place que le maréchal dut employer les efforts de son armée, et, malheureusement, il n'y réussit pas. Dorénavant ce n'était plus le large fossé du Rhin, c'était l'épais et long massif des Vosges qui se trouvait devenu la véritable ligne de défense du royaume. Aussi, l'année d'après (1677), se décida-t-on à détruire les fortifications de Saverne comme celles d'Haguenau et à transporter d'Alsace en Lorraine le théâtre de la lutte. Couvrir Nancy, tel était le but principal du maréchal de Créquy au début des opérations. Son éloignement ne pouvait manquer d'enhardir les Strasbourgeois. Le 18 juin, l'armée des Cercles de l'Empire débouchait dans la province par le pont de la ville que le duc de Lorraine, quelques semaines auparavant, avait déjà franchi avec ses propres forces. Mis en déroute à Mouzon presque sans combat, le duc laissa à Créquy le chemin de l'Alsace ouvert. Créquy put y reprendre l'offensive, mais sous la même interdiction d'assiéger Strasbourg que son prédécesseur. Le Sénat strasbourgeois n'en laissa pas moins passer en septembre le duc de Saxe que l'armée française venait de battre, et qui eut, grâce à cette connivence, la possibilité d'aller rejoindre son allié le duc de Lorraine. Peu s'en fallut même que la ville ne se livrât aux débris de l'armée saxonne. Le maréchal dut consentir, sur l'intercession de ses magistrats, à ce que ces bandes en désordre fussent mises à même de regagner leurs lointains foyers, sous la seule promesse de ne plus servir contre la France pendant le reste de la campagne. Cette preuve de condescendance n'empêcha pas toutefois la population strasbourgeoise de tenir encore en octobre son pont à la disposition du duc de Lorraine, qui put ainsi rentrer le plus aisément du monde en Alsace, mais n'en profita que pour aller s'y faire mettre en déroute par Créquy à Kochersberg (9 octobre 1677). A la suite de cette victoire, une députation du Sénat alla féliciter à Barr le vainqueur. Une anecdote, recueillie par certains historiens à propos de cette visite, achèverait de donner une médiocre idée de la loyauté — vraiment un peu trop allemande — des députés de la République. Soupçonnant assez justement ce qu'il pouvait attendre ou redouter d'eux et de leur caractère, Créquy, durant l'audience, se serait retiré un instant, laissant comme par mégarde ses cartes et ses notes étalées sur sa table. D'un coup-d'œil plus ou moins vite jeté sur ces plans, si tentants en effet pour leur curiosité et leur indiscrétion, les délégués strasbourgeois auraient été amenés à conclure que Créquy comptait reprendre immédiatement le chemin de la Lorraine. Prévenu ou non par eux, le prince Charles alla en tout cas attendre les Français à Sainte-Marie-aux-Mines, tandis que Créquy, sans rencontrer d'ennemis, passait le Rhin à Brisach et enlevait Fribourg en neuf jours. La reprise presque instantanée de Fribourg est certaine : nous livrons la légende relative au stratagème pour ce qu'elle vaut (1).

Nous possédons sur l'état intérieur de Strasbourg durant cette année 1677 d'intéressants renseignements dans la correspondance de M. Dupré, le résident de France, correspondance que la République interceptait et que M. de Kentzinger a retrouvée dans ses archives (2). Les cinq lettres qui la composent vont de septembre à octobre. Nous y voyons surtout qu'il régnait alors dans Strasbourg une grande surexcitation contre la France. Le Sénat envoyait voir plusieurs fois par jour si M. Dupré ne s'était point en allé. Comme cela avait eu lieu pour Frischmann en 1673, on parlait publiquement de le venir assommer chez lui. Provisoirement la populace avait pris un avant-goût de la réjouissance qu'elle se promettait en brisant une fois de plus ses innocentes vitres. Un jour de fausse alerte, sur la nouvelle de l'approche des troupes royales, on avait encore sonné le tocsin, pris les armes et amené quelques

---

(1) V. Laguille, II, p. 250.
(2) V. t. II, p. 249-253.

pièces de canon sur les points principaux des remparts. L' « émotion » ne dura pas longtemps, mais elle avait dû merveilleusement servir les desseins des Impériaux qui « remuaient ciel et terre » depuis plusieurs semaines pour persuader aux chefs de la République qu'elle était tenue de recevoir une garnison austro-allemande dans le fort de Kehl. Confiants dans leur voisinage et troublés par leurs suggestions, MM. de Strasbourg avaient déjà prévenu le 17 septembre M. Dupré que, « comme membres de l'Empire », ils ne pourraient pas refuser le passage sur leur pont à l'armée de l'Empereur, si elle le demandait, et en effet ce fut le chemin que prit le duc Charles le 7 octobre, avant d'aller se faire battre à Kochersberg.

La campagne de 1678 en Alsace pourrait s'appeler la campagne ou la guerre de Strasbourg contre la France, guerre de quelques mois, à vrai dire, et qui ne fut même jamais qu'indirecte et intermittente. Vainement la Cour de Versailles avait-elle continué à ne prétendre de la République que le minimum de ce que comportaient, de ce qu'exigeaient les circonstances. Sa patience et sa fermeté ne réussirent pas à détourner jusqu'au bout l'orage qui planait sur la situation, et qu'elle avait tant fait pour conjurer. Comme il est facile d'ailleurs de le concevoir, les esprits étaient de plus en plus travaillés et échauffés dans l'intérieur de la ville. Le 10 février, M. Dupré traçait en quelques traits le tableau de cette anxiété croissante, qui tournait chaque jour davantage à la fièvre.

« Les assurances que l'on a de tous côtés que le Roy vient de celui-ci mettent tout le pays dans de très grandes inquiétudes jusqu'à ce que l'on voie sur qui la foudre éclatera. Nos magistrats en ont de plus fortes que tous les autres, ne voulant point douter que leur ville ne soit l'objet des armes de S. M. Les Impériaux se servent de tous les moyens imaginables pour les confirmer dans cette pensée. Ils supposent des courriers qui en apportent l'avis certain, et tout cela ne se fait que pour tâcher de les induire à recevoir garnison impériale, ce qui est leur seul but. Un des conseillers a été envoyé ce matin à Rottweil et à Offenbourg pour disposer les officiers des troupes de l'Empereur à en tenir prêtes celles qu'ils croient nécessaires pour le secours de cette ville. On a eu de la peine à remplir le nombre des députés qui doivent aller faire compliment au Roy, plusieurs s'en étant dispensés sous différents prétextes, mais dans la vérité parce qu'ils appréhendent de n'être pas trop bien reçus, et je crois facilement qu'on ne leur fera pas un accueil des plus favorables (1). „

Les Strasbourgeois, malgré ce projet d'ambassade au roi, ne cessèrent pas d'afficher en toute conjoncture leur entente avec les Impériaux. Le successeur de M. Dupré, le sieur de la Loubère, remettait le 13 et le 25 avril deux premières notes au Sénat pour se plaindre de sa conduite envers la France (2). Le jour même où il donnait communication de la seconde, il informait son gouvernement que les magistrats louaient autant d'écuries qu'ils en pouvaient trouver à l'intention des généraux autrichiens qu'on attendait. Le 30 avril, il adressait en outre au maréchal de Créquy les renseignements qu'on va lire et que devait lui remettre Güntzer, chargé par la ville d'aller le lendemain « faire la révérence » au maréchal.

« Le syndic Frid est mort, et M. M. de cette ville ne lui ont pas encore donné un successeur. On dit qu'ils pourraient bien nommer à cet emploi le sieur Steiser (3), revenu depuis peu de jours de la Cour de Vienne où il a été député pendant plusieurs années. Il me semble qu'il est du service du Roy d'empêcher qu'un homme aussi passionné pour nos ennemis n'entre en cette charge. Mais je n'ai rien voulu dire à personne du magistrat ni rien insinuer sur ce sujet sans votre ordre, parce que je n'ai pas voulu prendre sur moi de laisser croire à ces M. M. que je veuille me mêler des affaires de

---

(1) *Dépôt de la Guerre*, volume 615, p. 39.
(2) On les trouvera dans Kentzinger, t. II, p. 258-263, avec la lettre de créance de la Loubère.
(3) Il faut lire très probablement Stösser.

leur gouvernement. J'ai cru néanmoins devoir vous en donner avis afin que vous en parliez demain au sieur Kintzer, si vous le jugez à propos (1). »

Nous ignorons quel langage Créquy put tenir à Güntzer, mais, incontestablement, les préparatifs hostiles à la France ne se ralentirent pas dans Strasbourg. Une députation officielle se rendit avec plus ou moins de mystère à Esslingen (2). On se cachait en toutes choses du résident français. Aussi, dès le mois de mai, deux nouveaux *Mémoires*, d'une gravité un peu menaçante, furent-ils remis par la Loubère à MM. de la République. Le premier, qui était dû à sa plume et à son initiative personnelle, contenait, à côté d'un acte d'accusation, les plus sages avertissements.

« Il part tous les jours de votre ville une si grosse quantité de pain, d'avoine et de foin pour l'armée impériale que mon devoir m'oblige d'en donner avis au Roy et à ses généraux, et de vous faire sur ce sujet toutes les protestations que je vous fais dans cet écrit pour ma décharge. Vous voulez bien, Messieurs, que je vous représente que, si vous vivez en paix au milieu des armes, c'est au Roy seul que vous en avez l'obligation. Il n'a pas tenu à l'Empereur qu'il ne vous ait enveloppés dans cette guerre comme tout l'Empire, et il ne tient pas à lui qu'il ne le fasse encore tous les jours. Toutes les choses qu'il exige de vous ne tendent à autre fin. Les voyages de ses généraux dans votre ville n'ont point d'autre but. Il cherche à vous faire des ennemis pour vous jeter dans la nécessité, ou de tomber dans les mains de ceux que vous aurez offensés, ou d'accepter une protection que vous payeriez aux dépens de votre liberté et de ce que vous avez de plus cher, comme ont fait d'autres villes impériales. Le seul moyen de se garantir de ce piége est d'observer exactement la neutralité que le Roy vous a accordée. Ne retenez point la guerre autour de vos murailles et vous la verrez s'éloigner en un moment (3). »

---

(1) *Dépôt de la Guerre*, volume 607, p. 120.
(2) V. Kentzinger, t. II, p. 262-263.
(3) *Dépôt de la Guerre*, volume 615, p. 159.

Le second *Mémoire* portait à la fin la mention : Donné à Strasbourg le 21 mai 1678. Tout en y prodiguant aussi les meilleurs conseils aux habitants, on y sollicitait, on y implorait presque d'eux le bénéfice d'une simple et franche neutralité.

« Dans cette conjoncture importante où les deux armées s'approchent si fort de votre ville, les ordres que j'ai du Roy m'obligent de vous faire souvenir des intérêts de S. M. et des vôtres mêmes qui se trouvent heureusement en cette rencontre étroitement liés avec les siens. Pendant que vous serez neutres, non seulement votre liberté, vos lois, vos coutumes et vos priviléges ne recevront aucune atteinte, mais, bien loin de ressentir les maux qu'apporte la guerre, vos bourgeois s'enrichiront de l'argent des deux partis, lorsque plusieurs autres considérables paient d'énormes contributions, voient leur commerce et leur pays ruinés, et sont continuellement dans le péril et les alarmes. Si donc votre salut est visiblement dans la neutralité, avec quelle application ne devez-vous pas la garder, et quelle défiance ne devez-vous point avoir de ceux qui tâchent incessamment à vous en éloigner? C'est une table de naufrage que vous devez étroitement embrasser de peur qu'elle ne vous échappe, et que vous ne vous trouviez emportés comme le reste par le torrent de la guerre. Plus vous vous relâchez de la neutralité, plus vous mettez au hasard votre propre salut. Toutes ces conduites molles, inégales et irrésolues offensent tout le monde et n'obligent personne, et, si les Impériaux vous disaient la vérité, vous verriez que vous n'avez guère gagné leurs bonnes grâces par tout ce que vous avez fait pour eux et qui a quelquefois failli à vous faire perdre celles du Roy. Mais quand vous tiendrez une conduite ferme et digne d'une ville qui se dit libre, alors vous serez assurés de la protection des uns, et d'être recherchés et redoutés par les autres. Veuillez seulement être neutres et ne vous exposez pas à tout ce qui peut vous engager dans la guerre, et le Roy, qui vous a mis en neutralité, saura bien vous y maintenir et vous la rendre sûre, avantageuse et digne des louanges de tous les sages politiques (1). »

---

(1) *Dépôt de la Guerre*, volume 607, p. 156.

Ces exhortations ne produisirent que peu d'effet. La cité était en proie au désarroi le plus complet. Une partie de la population penchait bien toujours vers la France, mais les Allemands comptaient aussi leurs partisans. A mesure que Louis XIV avait grandi en puissance, la République avait senti sa méfiance s'accroître. Sa raison traditionnelle et logique d'incliner du côté de la France n'existait plus : elle avait cessé de la juger la meilleure protectrice de son indépendance. A présent elle se rejetait du côté des Impériaux, comptant sur eux pour la défendre précisément contre ses anciens défenseurs. La Loubère faisait assez vivement ressortir ce dualisme, cette attitude hostile des deux partis dans sa dépêche du 23 juin.

« La population dit qu'il est temps de rapprendre les *Compliments de la langue française* (c'est le titre d'un méchant livre allemand et français) (1) et que, lorsque compère Louis sera *Ammeister*, tout ira bien mieux qu'il ne va. J'ai trouvé des artisans qui ont osé me dire qu'ils voudraient que la ville fût au roi, parce qu'il y a ici une loi qui empêche un artisan d'avoir plus de deux garçons, afin qu'un seul ne puisse avoir toute la besogne et tout le gain, et cela fâche ceux qui sont habiles en leur art. La garnison suisse et la garnison allemande se haïssent mortellement, et un Suisse et un Allemand se battent infailliblement dès qu'ils se rencontrent hors de la ville. D'ailleurs les officiers suisses sont fort mécontents et tout cela produirait sans doute d'étranges effets en une occasion. Je visite une ou deux fois la semaine l'*Ammeister* régent, et lui fais part et à d'autres du Conseil de toutes les nouvelles qui me semblent leur pouvoir mettre de favorables dispositions dans l'esprit, mais tous mes soins ne peuvent empêcher que toute cette ville ne soit un magasin pour nos ennemis et qu'elle ne leur prête toute la faveur qu'elle peut (2). »

La nouvelle des succès décisifs obtenus par le maréchal de Créquy en amont dans la vallée du Rhin changea la

---

(1) Quelque *französisches Complimentir Buch*.
(2) *Dépôt de la Guerre*, volume 607, p. 273.

situation et dirigea les sympathies strasbourgeoises du côté de la France, tout en plongeant dans un redoublement d'anxiété les membres du Sénat qui n'étaient pas sans avoir conscience de leur duplicité. Donnons une fois encore la parole à La Loubère, historiographe au jour le jour de ces justes appréhensions et de ces tardifs remords. Le passage est du 11 juillet.

« Je reçus avant-hier la première nouvelle de la défaite des ennemis devant Rhinfelden, et, ne voulant pas montrer toute ma joie dans ma bonne fortune, je demeurai au logis et je priai M. de Chassan d'aller faire part à M. l'*Ammeister* de la lettre de M. le maréchal de Créquy. M. de Chassan me rapporta que l'*Ammeister* en avait été étonné à lui faire pitié, et que, levant les mains au ciel, il avait dit : « Il faut nous recommander à Dieu. » Je trouvai en ces paroles là un peu trop de crainte, et, hier, d'abord après l'ordinaire d'Alsace arrivé, je renvoyai M. de Chassan dire à M. l'*Ammeister*, que M. le maréchal de Créquy m'avait ordonné de lui faire part du succès avantageux des armes du Roy devant Rhinfeld, et de lui dire qu'il espérait que cette considération rendrait la République plus affectionnée aux intérêts de S. M., et qu'il serait bien aise que cette conduite lui donnât lieu de ménager aussi dans les occasions les intérêts de cette ville. Je ne saurais exprimer le plaisir que je fis à M. l'*Ammeister*, et je crois que c'est pour me remercier que tous les principaux de cette ville m'ont accablé de nouvelles manuscrites allemandes qu'ils ont reçues de toutes parts (1). »

Il n'y avait rien que de très sincère au fond dans ces protestations de Louvois ou de la Loubère, relativement à la neutralité de Strasbourg et au désir que la France s'attribuait de vivre en paix avec ses habitants. On ne voulait ni d'une annexion ni même d'une agression. Au mois d'avril, le ministre alors tout puissant de Louis XIV recommandait au maréchal de Créquy de ne pas chercher à

---

(1) *Dépôt de la Guerre*, volume 603.

détruire le fort de Kehl, « S. M. n'ayant aucun dessein d'attaquer Strasbourg (1). » Le 30 juillet, il lui mandait encore : « Pour Kehl et Strasbourg, vous avez vu par mes précédentes que les sentiments de S. M. ne penchaient pas à ces entreprises (2) », et, le 31, après avoir reçu la nouvelle de la prise de ce même pont de Kehl, il répétait de nouveau : « L'intention de S. M. n'est pas que vous songiez à attaquer Strasbourg (3). » Le gouvernement royal ne faisait donc qu'affirmer la vérité en parlant de son respect pour la neutralité strasbourgeoise. Le maréchal de Créquy, de son côté, docile aux instructions qu'il avait reçues, était en réalité tout disposé à user des plus grands ménagements envers Strasbourg. Voici en effet ce qu'il écrivait le 22 juillet au ministre de la guerre, à l'instant même où, reprenant l'offensive en Alsace, il venait de s'avancer du sud de la province sur la Kinzig.

« J'espère que nous pourrons prendre Offenbourg (4). Mais ce qui me cause un peu d'embarras, c'est de savoir si l'on prendra le fort de Kehl (5) ou non, car il détermine, pour ainsi dire, la prise d'Offenbourg, il ôte à l'ennemi le moyen de se porter vers le pont que l'on construit à Aldenheim, et l'on empêche M. le prince Charles de passer en Alsace, à moins que de se porter à Philipsbourg. Si même les desseins du Roy pouvaient regarder Strasbourg, je crois que l'on pourrait l'attaquer et s'en rendre le maître dans la présente conjoncture. D'ailleurs, si l'on se porte au fort de Kehl, comme la raison de cette guerre le peut exiger, peut-être portera-t-on Strasbourg à prendre garnison impériale et cette détermination pourra être ruineuse pour l'Alsace. Cette réflexion me fait de la peine. Mais, si l'on tient le fort de Kehl, l'on peut le remettre

---

(1) V. C. Rousset, *Histoire de Louvois*.
(2) *Dépôt de la Guerre*, volume 608, p. 139.
(3) *Dépôt de la Guerre*, volume 608, p. 141.
(4) Ville du grand-duché de Bade sur la Kinzig.
(5) Kehl est à l'embouchure de la Kinzig dans le Rhin et par conséquent en ferme la vallée, fort plate dans cette partie.

à MM. de Strasbourg, et, par quelque négociation, raccommoder ce qu'un mouvement de guerre aurait gâté. Aussi je préfère le parti de prendre Kehl par négociation ou par force à celui qui irait à le laisser étant sûrement contre nous (1). »

Le malheur voulut que les magistrats de Strasbourg prétendissent interdire à Créquy jusqu'à l'usage accidentel d'un pont dont usaient et abusaient à leur gré les troupes impériales. La loi de la neutralité commandait cependant que la tolérance ou la sévérité fût égale pour les deux belligérants. La Loubère se chargea de signaler ce que les circonstances avaient d'impérieux pour le maréchal, et quelles conséquences pourrait entraîner la persistance d'un mauvais vouloir injustifiable. Cette sorte de sommation porte la date du 26 juillet.

« La nécessité où est le Roy d'ôter votre pont à ses ennemis a réduit S. M. à chercher toutes les voies possibles pour les en priver et pour conserver l'Alsace par ce moyen. Mais l'expérience lui ayant fait assez voir qu'il n'y en a aucune de sûre que celle de se rendre maître de votre pont, M. le maréchal de Créquy en a fait la proposition au sieur Kammerer (2), votre député. A quoy vous avez répondu en tirant sur les troupes du Roy et en rompant la neutralité. Pour prévenir les inconvénients qui en pourraient arriver, je vous écris par l'ordre exprès de M. le maréchal de Créquy pour vous assurer de la continuation de la neutralité, à la charge de livrer votre pont aux troupes du Roy, et pour vous promettre qu'en ce cas, vous pourrez toujours vous en servir pour votre commerce et qu'il vous sera rendu dès qu'il y aura sûreté suffisante que les troupes des ennemis du Roy n'y passeront point (3). »

Le Sénat répondit le lendemain 27 qu'il avait l'intention de défendre son pont jusqu'au bout. Vainement le maréchal

---

(1) *Dépôt de la Guerre*, volume 608, p. 109.
(2) Il faut lire plutôt *Hammerer*.
(3) *Dépôt de la Guerre*, volume 608, p. 239.

prit la plume à son tour pour vaincre sa résistance. Sur son refus invincible et définitif, il dut donner l'ordre d'enlever la position. Une lettre du 28 adressée par Montclar à Louvois nous apprend que « la garnison du fort était de plus de mille hommes », que cette garnison « se raffraîchissait de la ville » et que tous ceux qui la composaient « se défendaient mieux qu'il n'appartient à des milices (1). » Le pont n'en fut pas moins emporté, et, sans perdre un instant, le 28, la Loubère, qui était venu se réfugier dans le camp français établi devant Kehl, exhorta de rechef les Strasbourgeois à ne plus trahir la France, leur promettant en échange l'oubli complet de leurs fautes.

« J'ai à vous dire de la part de M. le maréchal de Créquy qu'il n'a nulle intention de vous faire la guerre, mais seulement au pont que vous avez souvent dit appartenir à l'Empire, et le Roy n'eût jamais eu raison de se plaindre de votre conduite, si, suivant votre promesse, vous eussiez défendu ce pont-là *totis viribus* contre nos ennemis, comme vous le défendez contre nous. Cependant j'ai beaucoup de joie de pouvoir vous dire encore que le salut de votre ville ne court qu'autant de risques que vous voudrez, qu'on n'a jusqu'ici nul dessein de vous incommoder ni de ruyner la fortune de votre République et qu'il ne tient qu'à vous de faire si bien qu'un tel dessein ne tombe pas dans l'esprit du Roy. Acceptez ses bontés, Messieurs, pendant que vous y êtes à temps et ne vous piquez point hors de saison de montrer du courage contre une force supérieure qui ne veut pas vous nuire, mais seulement vous ôter un pont par lequel vous avez nui incessamment. M. le *Stattmeister* Braçkenhoffer était déjà parti avant que vos lettres fussent arrivées, et tous vos bourgeois et paysans et même vos prisonniers sont traités ici en bons amis, vos blessés sont à l'hôpital, et l'on vous les rendra, si vous envoyez des voitures pour les prendre. Je crois qu'une charrette suffirait. Je conserve toujours, Messieurs, le même désir de vous être bon à quelque chose (2). »

---

(1) *Dépôt de la Guerre*, volume 608.
(2) *Dépôt de la Guerre*, volume 608, p. 239.

Le fort de Kehl une fois au pouvoir des Français, malgré la résistance énergique des Strasbourgeois et le voisinage du prince Charles, le maréchal donna l'ordre de le raser. Quelques jours plus tard, il fit ouvrir la tranchée contre le fort du Péage qui servait de tête de pont sur la rive gauche, et le rasa également. Celui de l'île du Rhin, dit fort de l'Étoile, ne tarda pas à avoir le même sort. Le passage du fleuve était libre désormais. Mais, de son côté, la duplicité des magistrats strasbourgeois n'était pas à bout de ressources. Pour se venger ils appelèrent ou reçurent du moins à portes ouvertes les troupes impériales et lorraines. Au moment même où ils demandaient à titre de courtoisie la restitution du canon qu'ils avaient perdu au fort de Kehl, ils avaient la bonne ou mauvaise fortune de voir M. de Mercy arriver au milieu d'eux (1er août). Le général autrichien avait été arrêté un instant à nos avant-postes, mais relâché presque aussitôt par la confiance maladroite d'un officier de service (1). Entré dans Strasbourg, M. de Mercy en fit bien vite son quartier-général. Aucun poste n'était en effet préférable pour inquiéter notre armée et nos transports dans toute la contrée et sur le Rhin même. Le prince Hermann de Bade, qui exerçait dans la ville un commandement important, céda provisoirement ce commandement au nouveau délégué de l'Empereur, mais il y rentra bientôt à la tête d'un corps de cavalerie qui passa le fleuve sur un pont volant. D'après une lettre de Frischmann, écrite à Schlestadt le 20 août, on comptait à ce moment dans la place environ quinze cents Impériaux, sans parler de la garnison suisse, évaluée à près de trois mille hommes, et de la milice locale, qui pouvait monter au double. L'agent français complétait son rapport en affirmant que les Impériaux avaient « gagné » les bour-

---

(1) *Dépôt de la Guerre*, volume 608, p. 146, lettre de M. Bazin. V. aussi même volume, p. 150, la lettre des Strasbourgeois au maréchal de Créquy en date du 2 août.

geois en même temps que la populace, et qu'ils estimaient cet avantage plus que le gain d'une bataille, « croyant, par le moyen de cette ville, non-seulement recouvrer aisément ce passage du Rhin, mais incommoder l'armée et les États du Roy en Alsace (1). » Simultanément, la République s'adressait à la Suisse pour y réveiller les vieux souvenirs d'alliance dévouée et cordiale. Le 20 août, Louvois avertissait de Saint-Germain le maréchal de Créquy de ce point noir qui apparaissait à l'horizon, sans vouloir beaucoup y croire lui-même (2). Mais, le 2 septembre, M. de Gravel, en écrivant de Soleure, ne laissait plus aucun doute sur le péril que les Strasbourgeois avaient de ce côté voulu créer à la France.

« Il faut avouer que M. M. de Strasbourg se sont jetés très imprudemment dans l'état où ils se trouvent maintenant et que, s'il leur en arrive quelque disgrâce, ils l'auront sans doute bien mérité par la conduite qu'ils ont tenue, qui fait bien connaître qu'ils ne se souviennent guère des avantages qu'ils ont reçus dans les guerres passées par la neutralité où ils se sont maintenus alors. Ils ont envoyé demander du secours à M. M. de Zurich et de Berne en vertu d'une alliance qu'ils ont ensemble, mais ces derniers le leur ont refusé tout plat, tant en conformité des anciens traités qu'ils ont avec la France qu'ensuite de ce que je leur ai représenté à cet égard là. J'espère que les autres en useront de même sur de semblables raisons. La dite ville de Strasbourg a grand sujet de souhaiter une prompte paix dans l'Empire, puisque c'est quasi l'unique source qui la puisse retirer de l'extrémité où elle se rencontre (3). »

Repoussée avec indifférence par les Suisses, la République strasbourgeoise, que la peur égarait, se précipita plus à l'aveugle que jamais dans les bras du saint empire. Dès les

---

(1) *Dépôt de la Guerre*, volume 608.
(2) *Dépôt de la Guerre*, volume 608, p. 202.
(3) *Dépôt de la Guerre*, volume 608, p. 237.

premiers jours d'août, elle avait pris le parti de conclure une alliance en forme avec son chef suprême. L'intendant Lagrange, posté à Brisach, manda à Louvois le 6 septembre ce qui se passait depuis quatre ou cinq semaines entre Strasbourg et la Cour d'Autriche.

« Le comte de Brenner (?) est parti de Vienne le 26 du mois passé avec le traité que M. le prince Charles de Lorraine a fait avec la ville de Strasbourg le 4 dudit mois et qui a été ratifié par l'Empereur, par lequel S. M. impériale promet de les protéger avec toutes ses forces, et eux d'assister ses armées de tout ce qui dépendra de leur ville (1). »

En présence de pareils symptômes, la Loubère fit encore le 3 septembre, non pas de Strasbourg cette fois, mais bien de Schlestadt où il avait transporté son domicile, une nouvelle tentative pour calmer les esprits et les ramener de son mieux vers la France. « Ayant reçu il y a quelques jours ordre de M. le maréchal de Créquy d'offrir la neutralité à M. M. de Strasbourg », racontait-il à Louvois le 18 septembre, « j'écrivis au syndic qui était autrefois de mes amis et à un de ses neveux (2). » Nous possédons ces deux lettres qui ne reçurent d'autre réponse qu'un paquet d'imprimés en langue allemande. Peut-être méritaient-elles mieux, car tous les artifices du grand art de la persuasion oratoire y avaient été mis à profit pour réconcilier Strasbourg avec la France. La lettre au syndic débutait ainsi :

« Je n'écris point, Monsieur, à votre Magistrat, parce que je me suis aperçu qu'il ne peut recevoir la vérité quand elle vient d'un Français... Mais, croyant avoir vu en vous plus de modération qu'en quelques autres, j'espère que vous goûterez ce que je vous écris et qu'ensuite vous le ferez goûter à MM. de votre République. Comme ils n'espèrent pas sans doute faire de conquêtes en cette guerre, il

---

(1) *Dépôt de la Guerre*, volume 608, p. 250.
(2) *Dépôt de la Guerre*, volume 608, p. 266.

me semble qu'il ne devrait pas être difficile de leur inspirer l'amour de la paix et de la neutralité. La guerre infailliblement ne les agrandira pas. Il est certain au contraire, et je crois qu'ils en font déjà l'épreuve, qu'elle leur causera de fort grandes incommodités et de fort grandes pertes, et il est comme impossible qu'ils n'y trouvent leur entière ruine. Cela ne paraît pas éloigné de la vraisemblance et du sens commun. Si au contraire vous acceptez la neutralité que je vous offre de rechef de la part du Roy, à la charge que S. M. sera assurée que vous ne ferez contre elle aucun acte d'hostilité, et que vous vous renfermerez seulement dans le soin de conserver votre ville, qu'avez-vous à craindre? Vous serez dès ce moment assurés de votre salut. Profitez des motifs qui portent S. M. à n'en vouloir ni à vos biens ni à votre liberté, et vous conserverez votre liberté et vos biens (1). »

La lettre destinée au neveu du syndic mettait en jeu les mêmes raisonnements et cherchait à faire vibrer dans l'esprit moins prévenu du jeune homme la même corde, celle de l'intérêt public bien compris.

« Je n'ai pas voulu envoyer à Strasbourg, Monsieur, sans vous assurer de la continuation de mon amitié, et sans vous prier de me conserver toujours dans l'honneur de vos bonnes grâces. J'écris à M. votre oncle une lettre qui me semble pleine de vérité. Je souhaite que M. votre oncle en fasse le même jugement que moi, et, si avec votre bon esprit vous pouvez aider à cela, vous rendrez un fort grand service à votre République et peut-être à toute l'Europe qui ne cherche plus que la paix.... Je vous prie de tout mon cœur de dire à M. votre oncle et à tous vos amis ce que je leur dirais, si j'avais l'honneur de les voir, et je vous assure qu'en tout temps je vous en témoignerai ma reconnaissance. Si votre ville ne rentre en neutralité, le Roy se trouve engagé à la prendre par une nécessité indispensable, et afin de vous défendre contre le Roy il faut que vous preniez une si grosse garnison de l'Empereur que vous ne serez plus les maîtres

---

(1) *Dépôt de la Guerre*, volume 608, p. 239.

de votre ville, sans compter les maladies et la disette de tant de choses que cela vous causera. Le seul moyen donc d'éviter toute domination étrangère et les incommodités de la guerre, c'est de faire votre paix avec le Roy (1). »

En dépit de ce qu'il pouvait y avoir d'amicalement et d'imperceptiblement comminatoire dans ces deux lettres, Strasbourg en ce moment n'était pas plus menacé en réalité par la France qu'il ne l'avait été au début de la campagne. Jusqu'au bout en effet la Cour de Versailles refusa d'autoriser le maréchal de Créquy, soit à fortifier le pont de Kehl, soit à brusquer une attaque sur la ville. L'avenir, bien entendu, restait réservé. En ce qui concernait les forts du pont, que Créquy déclarait insuffisants, Louvois lui disait le 20 août : « S. M. croit que, si vous les rendiez bons par les travaux que vous y feriez faire, comme on les restituera dans l'état où ils se trouveront lors de la signature de la paix, ils causeraient peut-être des difficultés insurmontables dans des temps où S. M. pourrait prendre la résolution de faire attaquer Strasbourg, que S. M. réduira toujours facilement à son obéissance tant que, la tête du pont d'en-deçà du Rhin n'étant que peu fortifiée, il sera facile de s'en emparer en peu de temps (2). » Quant à la proposition plus grave du maréchal de mettre le siége devant Strasbourg au mois d'octobre, Louvois continuait ainsi : « Vous ne doutez point, je m'assure, que le Roy ne regarde cette conquête comme une chose de la dernière conséquence. Mais S. M. croit qu'il lui est encore plus utile de conserver son armée, et elle a de la peine à croire qu'un siége considérable dans une saison aussi avancée que celle-là ne ruine pas absolument les troupes que vous commandez (3). » Le 5 septembre la même interdiction était encore renouvelée sous cette forme : « Votre

---

(1) *Dépôt de la Guerre*, volume 608, p. 239.
(2) *Dépôt de la Guerre*, volume 608, p. 202.
(3) *Dépôt de la Guerre*, même volume, même pièce.

lettre du 29 août contient un plan de ce que vous croyez que l'armée que vous commandez pourrait faire d'ici à la fin de la campagne, dans lequel vous parlez du siége de Strasbourg, sur quoi il a plu au Roy de me commander de vous répéter ce que je vous ai déjà mandé de ses intentions, qui est que S. M. ne veut pas penser à cette entreprise cette année (1). » Le 21 suivant, le ministre réitérait une fois de plus le *veto* du souverain : « Je vous dirai que le Roy persiste à ne vouloir point que vous attaquiez Strasbourg cette campagne (2). » La prudence dictait cette résolution. En effet, malgré la conclusion de la paix avec quelques uns des belligérants, le chef du cabinet français craignait, si le siége avait lieu, d'être entraîné à trop dégarnir la vallée de la Meuse (3). Force fut donc à Créquy de se retirer vers une autre partie de l'Alsace et d'abandonner la proie qu'il avait rêvée. Toutefois il ne leva point son camp sans tirer contre la ville un coup de canon, mais un seul, le 17 octobre 1678, vers dix heures et demie du matin. Les Strabourgeois conservèrent longtemps, presque comme une relique, la marque du boulet.

L'hiver se passa ainsi. Le comte d'Arc commandait en chef au nom de l'Autriche dans Strasbourg. Le baron de Mercy, qui « fut régalé par MM. de la ville d'un diamant considérable (4), » et M. de Mansfeld vinrent l'y rejoindre avant la fin de l'année, et y prolongèrent plus ou moins leur séjour. Avant l'arrivée de la mauvaise saison, on fit de grandes réparations au fort du Péage (5). Vers le milieu ou la fin de décembre, M. d'Arc convoqua tous les bourgmestres des villes de la basse Alsace, espérant obtenir

---

(1) *Dépôt de la Guerre*, volume 608, p. 245.
(2) *Dépôt de la Guerre*, volume 608, p. 291.
(3) *Dépôt de la Guerre*, volume 608, p. 141.
(4) Lettre de M. Charvel, de Nancy, 20 décembre 1678. *Dépôt de la Guerre*, volume 609, p. 177.
(5) Lettre de Louvois à Créquy, 16 novembre 1678. *Dépôt de la Guerre*, volume 609, p. 103.

d'eux des contributions de guerre dont ses troupes paraissent avoir eu le plus grand besoin (1). A Ratisbonne, « on traitait continuellement du secours de la ville de Strasbourg. » Il était question de lui accorder sur la cassette de l'Empire du canon, des vivres, beaucoup de munitions de guerre, et, ce qui était moins vraisemblable, jusqu'à de grosses sommes d'argent (2). En attendant, les Impériaux menaient la guerre au nom de Strasbourg avec la plus grande animosité. Lorsque les troupes royales envoyèrent un détachement à Barr pour s'y approvisionner de fourrage, le détachement fut accueilli par une fusillade meurtrière (3). De la part de la France cependant les hostilités se bornaient à couper autant que possible les vivres à la garnison. Intercepter les communications et entraver le commerce de la ville, tel était surtout le mot d'ordre donné aux commandants des quartiers français (4), ce qui du reste n'empêchait pas les habitants de faire entrer chez eux beaucoup plus de vin notamment que les Français ne l'auraient souhaité. Néanmoins il régnait dans Strasbourg une grande misère, partant un grand mécontentement. Les Impériaux n'ayant rien reçu en fait de paye depuis leur entrée dans la place, les bourgeois, sans aucune exception, étaient obligés de subvenir à leur entretien de la manière la plus complète. « Plusieurs », dit grossièrement Frischmann, « crevaient à la peine. » Il en était d'autres qui, d'après lui, eussent bien voulu « se mettre en la protection du Roy dans quelque ville de son obéissance (5). »

---

(1) Lettre de Montclar à Louvois, 3 janvier 1679. *Dépôt de la Guerre* volume 631, p. 3.

(2) Lettre de Lagrange à Louvois, 22 novembre 1678. *Dépôt de la Guerre*, volume 609, p. 121.

(3) Lettre de Montclar à Louvois, 28 janvier 1679. *Dépôt de la Guerre*, volume 631, p. 33.

(4) Lettre de Montclar à Louvois, 18 janvier 1679. *Dépôt de la Guerre*, volume 631, p. 19.

(5) Lettre de Frischmann du 24 décembre 1678. *Dépôt de la Guerre*, volume 609, p. 190. Le même Frischmann, vindicatif comme un Allemand,

Le moment était enfin venu où la diplomatie allait accomplir son œuvre réparatrice et rendre au continent l'inappréciable bienfait de la paix. Après sept années de luttes héroïques, après la prise de Valenciennes, de Cambrai, de Fribourg, de Gand, d'Ypres, de Saint-Omer et de Puycerda, Louis XIV, le *poliorcète* invincible, restait bien le maître de la situation. A la fin de 1678, l'Angleterre, qui lui offrait sa médiation, n'était plus pour lui une gêne, pas plus que la Suède, associée encore cette fois à ses succès. Il avait fait la paix avec la Hollande le 10 août,

---

avait envoyé le 1er novembre 1678, *proprio motu*, et uniquement afin de satisfaire sa basse et lâche rancune contre certains de ses concitoyens, jusqu'à quatre *Mémoires* " concernant le traité ou composition qu'on fera avec la ville de Strasbourg étant rendue au Roy par accord ou prise par assaut. „ Dans le premier, on lisait : " 1º ne lui pas accorder ni laisser libres indifféremment tous ses priviléges sans les bien faire examiner et distinguer auparavant, étant les uns directement contraires à l'intérêt des États du Roy en Alsace; les autres, au libre commerce d'autres villes; les tiers, à la justice même; 2º y recevoir des banquiers et marchands français avec toute liberté de trafiquer comme les bourgeois, d'y établir un consul pour les Français et leurs affaires.... comme aussi un maître des postes, pour les lettres de France, sans que l'autre s'en mêle plus; 3º abattre l'orgueil de cette ville, non seulement par les puissants moyens accoutumés, mais aussi affaiblir et châtier ses bourgeois par une taxe d'argent mise sur eux, et non pas sur le public, qui est pauvre maintenant et endetté; 4º y laisser toute franche, libre et exempte entièrement et à jamais ma maison, ma personne et ma famille, comme une maison et gens du Roy, me resarcir *(sic)* par les bourgeois de tous les dommages et intérêts, frais et dettes faits dans mon exil, affronts reçus de la populace dans ma première et seconde sortie et retraite. „ Le deuxième *Mémoire* indiquait les voies et moyens nécessaires pour obtenir de Strasbourg une taxe totale de 369 mille écus, dont une partie au moins " pouvait bien être doublée, „ assurait l'honnête Frischmann. Le *Mémoire* suivant, odieux chef-d'œuvre de délation, donnait le nom et jusqu'à l'adresse précise des Strasbourgeois " mal affectionnés aux Français „ qui devraient payer la taxe. Le dernier concernait exclusivement " le juste resarciement „ des pertes subies par le même Frischmann depuis quatre ans et au sujet desquelles il invoquait le témoignage de M. Dupré. Ces divers *Mémoires* sont au *Dépôt de la Guerre* en original, dans le volume 609, p. 79. C'est l'honneur de la politique française et son trait caractéristique par rapport à la race allemande que d'avoir méprisé ces honteuses excitations au pillage. On comparera sans préjudice pour la France les conditions proposées par Frischmann à celles que Louvois accepta de la République strasbourgeoise.

avec l'Espagne, le 17 septembre. Depuis le 27 mai 1677 il possédait un traité d'alliance avec le prince de Transylvanie, chargé de prendre à revers les Impériaux, auxquels d'ailleurs la grande insurrection hongroise, à la fois politique et religieuse, qu'avait déchaînée Tököli, donnait déjà fort à faire. Diplomatiquement, le roi de France était donc à ce moment tout puissant en Europe, et la Cour de Vienne, qui, à la paix de Westphalie, pouvait encore compter sur l'Espagne pour essayer d'une revanche, n'avait plus à Nimègue qu'à subir la loi du prince si inconsidérément attaqué par elle en 1672.

Cette loi du vainqueur, heureusement pour le vaincu, ne devait pas être bien dure, puisque Louis XIV ne songeait point à traiter sur la base de l'*uti possidetis*, mais uniquement sur celle des actes de Münster et d'Osnabrück, dont il se contentait de réclamer la loyale et complète exécution. Plus, par exemple, le terrain qu'il choisissait était modestement choisi, plus le roi devait s'y montrer ce qu'il avait toujours été, ferme et inébranlable. En ce qui concernait spécialement la question d'Alsace, même au moment où la fortune des armes semblait le trahir, il n'avait jamais consenti à modifier sa manière de voir et à promettre quelque concession que ce fût. En avril 1672 comme en novembre 1673, il avait défendu à ses négociateurs d'entrer à ce sujet dans aucune discussion, de recevoir jusqu'à une simple ouverture. Cette netteté et cette persévérance, soutenues à travers des crises difficiles, n'empêchèrent pas la diplomatie austro-allemande de mettre encore plus d'une fois à l'épreuve durant les conférences de Nimègue la patience de nos diplomates (1). Le 13 septembre 1678, partant de cet axiome que rien en Alsace ne nous

---

(1) Nous emprunterons ce qui va suivre à un travail qui figure dans la correspondance de M. de Verjus aux archives des affaires étrangères et porte ce titre assez long : *Remarques sur les conférences de Nimègue pour servir à l'éclaircissement et à la preuve de ce qui est contenu dans la lettre du Roy à la Diète de Ratisbonne*, 10 octobre 1680,

appartenait que ce que les mailles très serrées de leur dialectique en laissaient çà et là échapper, les plénipotentiaires de l'Empereur firent proposer par l'ambassadeur de Hollande, M. de Beverningk, l'échange de Fribourg, qu'occupait l'armée française, contre Schlestadt, dont l'armée impériale n'était nullement maîtresse. Après un refus très net, M. de Beverningk revint offrir Colmar. — « Pourquoi pas Corbeil? » — répliquèrent les ambassadeurs français. Les Impériaux se résignèrent donc à proposer les dix villes toutes ensemble. Le marquis de Los Balbazes, représentant de l'Espagne, et l'auditeur du nonce vinrent même trouver MM. d'Estrades, d'Avaux et Colbert, afin de savoir si S. M. se trouverait satisfaite par la cession pleine et entière des droits de souveraineté sur la noblesse de la basse Alsace, outre l'abandon des dix villes. L'auditeur du nonce alla jusqu'à faire entendre qu'il était assuré d'obtenir l'une et l'autre renonciation des négociateurs autrichiens. Il ne s'en heurta pas moins à un nouveau refus. Le cabinet de Vienne se décida alors à remettre à la France, le 7 décembre, une proposition formelle d'arbitrage embrassant tous les litiges qui divisaient les deux Couronnes. Cette stipulation, qui à la fin visait particulièrement les différends existant entre la France et Strasbourg, eût fait l'objet d'un article spécial qu'on aurait inséré au traité sous le n° VIII [1]. Les trois ambassadeurs français dans les

---

[1] Il était ainsi conçu : " Comme, pour raison des différends survenus entre S. M. Très-Chrétienne et les dix villes libres de l'Empire situées en Alsace, certains arbitres ont été nommés de la part de S. M. Impériale et de l'Empire et de la part de S. M. Très-Chrétienne, lesdits arbitres auront un plein pouvoir de procéder sommairement dans l'espace de huit ou dix mois après que cette paix sera ratifiée, ou, s'ils ne le peuvent faire dans cet espace de temps, le plus tôt qu'il leur sera possible, et qu'ensuite l'on s'en tienne fermement et inviolablement de part et d'autre à ce qui aura déjà été décidé ou le sera à l'avenir par lesdits arbitres... L'on observera la même chose touchant les différends entre S. M. Très-Chrétienne et les vassaux des trois Évêchés, la noblesse relevant immédiatement de l'Empire en Alsace, l'évêque et diocèse de Bâle, l'abbé de Murbach et la ville de Strasbourg. „

réunions des 29 et 30 du même mois s'opposèrent à l'introduction de cet article VIII. Ils déclarèrent très catégoriquement aux médiateurs « qu'ils n'admettraient jamais aucune clause, expression ni terme qui pût faire le moindre préjudice aux droits de souveraineté que S. M. avait à prétendre sur toute l'étendue de la haute et de la basse Alsace » La discussion recommença le 20 janvier 1679, sans faire un pas en avant. Enfin le 2 février, jour de la conclusion du traité, les Impériaux, revenant à la charge, soutinrent leur demande d'arbitrage avec plus d'énergie que jamais. Les Français ripostèrent que « S. M. continuerait plutôt la guerre vingt années que d'admettre un article si contraire à la souveraineté qu'elle avait le droit d'exercer dans toute l'Alsace. » Vaincus par cette inflexible modération du grand roi, les Autrichiens se désistèrent d'une partie de leur demande et la réduisirent à l'insertion d'une clause portant qu'une fois la paix conclue « on conviendrait des moyens amiables pour terminer les différends de S. M. avec les villes d'Alsace. » Cette transaction ne fut pas jugée plus admissible que la première formule, et, les mandataires de la France « demeurant fermes à l'entière suppression de cet article, » cette suppression leur fut finalement accordée. Toutefois, le médiateur anglais, Jenkins, les prévint que les Impériaux entendaient annexer une protestation au protocole ou même l'y insérer. « Il lui fut répondu par les trois négociateurs français que cette protestation leur ferait prendre quelque résolution qui ne plairait pas aux Impériaux et qu'ils pourraient bien voir déchirer le traité au lieu de le signer. » Les ministres de l'Empereur gardèrent donc un silence obligé, et apposèrent le lendemain leur signature sur le traité sans y joindre leur protestation, encore moins leur article VIII.

Leur dernier mot cependant n'était pas dit. Le jour même, ils rédigèrent un document destiné à exposer leurs griefs contre celui-là même auquel ils venaient de donner officiellement une validité internationale définitive. Ce nouveau recueil de doléances personnelles ne pouvait avoir évidemment en droit public aucune portée. Mais, recevant la même date exactement que le traité, on pouvait aussi supposer qu'il faisait corps avec lui, et possédait comme lui la sanction d'un consentement mutuel. Néanmoins on ne le livra à la publicité que le 5. En somme le système qu'on édifiait sur cette base fragile était assez misérable. Les ambassadeurs de S. M. Impériale affirmaient qu'ils avaient toujours supposé que ceux de S. M. Royale ne feraient aucune difficulté de déférer à des arbitres le règlement de toutes les questions pendantes. Mais, le jour de la signature arrivé, en présence d'un refus que rien ne leur avait permis de prévoir et dont rien n'avait pu triompher, ils « avaient mieux aimé omettre l'article inséré dans leur projet que de voir d'autres obstacles à la paix si ardemment souhaitée de tout le monde. » Un peu plus tard, au printemps, on trouva moyen de donner lecture en pleine Maison de Ville à Colbert-Croissy de cette pièce bizarre, aux assertions de laquelle les procès-verbaux des conférences infligeaient le démenti le plus complet. De leur côté, les États de l'Empire, en adressant à l'Empereur leur ratification de la paix de Nimègue, ajoutèrent à cette ratification une requête en date du 23 mars où on lisait, entre autres :

« S. M. I. est encore très humblement priée par la présente d'employer son zèle et ses soins paternels conjointement avec les Électeurs, princes et États de l'Empire, afin que,... comme on voit par les deux pièces qui ont été communiquées en même temps, que S. M. I. a fait réserver et respectivement déclarer par son ambassade le 3 et 5 février, touchant les dix villes impériales et divers autres États de l'Empire situés en Alsace,... de même qu'à l'égard de l'évêché et du diocèse de Bâle, des abbayes de Murbach et de Ludre avec la ville de Strasbourg et de la noblesse immédiate de l'Empire, comme aussi au regard du péage de Varnemonde, des droits des ducs de Mecklembourg, de la ville de Brême et *autres intérêts de l'Empire qui sont demeurés indécis,* l'immédiateté desdits États qui leur a été confirmée par la paix de Münster leur puisse être conservée sans lésion (1). »

Que prouvaient en résumé la protestation des représentants de la Cour de Vienne et cette requête des États? Absolument rien, sinon qu'à Nimègue on n'avait pas plus qu'à Münster obtenu de la France ce qu'on prétendait obtenir d'elle, et qu'on ressentait fort vivement cette désillusion. C'était un aveu indirect que, sans y songer, on livrait encore à l'histoire. Toute cette dépense d'opiniâtreté n'avait d'autre avantage que de tenir la porte ouverte à de perpétuelles contestations. Mais la bonne foi germanique avait tenu en 1679 à donner une fois de plus le spectacle dont elle avait déjà étonné le monde après 1648.

V

La paix de Nimègue enfin signée, Louis XIV, à l'apogée de sa puissance, n'était pas prince à laisser une seconde fois les Allemands lui retirer un à un les fruits de sa victoire. Après le rejet de la proposition d'arbitrage, la France ne s'étant obligée qu'à exécuter les traités de Westphalie, sans qu'il fût rien changé directement ou indirectement à son interprétation personnelle de ces mêmes traités, tout, au regard de l'Allemagne, lui appartenait dorénavant en Alsace, tout, y compris Strasbourg, véritable prix d'une lutte dont Louis XIV à Nimègue venait de sortir vainqueur. Les péripéties de cette lutte avaient d'ailleurs suffisamment démontré que la neutralité d'une place telle que Strasbourg n'était et ne pouvait être qu'une chimère. Trop faible pour continuer de se suffire à elle-même, il fallait inévitablement qu'elle finît par devenir tout à fait française ou tout à fait allemande. Ne pas l'attirer à soi, c'était l'abandonner à l'Empire, c'était l'exposer du moins

---

(1) *Dépôt de la Guerre*, volume 632.

à tous les retours offensifs de la politique impériale. La période de l'incertitude et la ressource de l'équivoque avaient cessé pour ce petit État, pierre détachée depuis des siècles du grand édifice de la maison d'Autriche.

Il existait aussi des exemples, des précédents, si l'on veut, presque contemporains et d'une frappante analogie, qui devaient être pour Louis autant d'encouragements ou de tentations de suppléer, à son tour, par un coup d'audace, à ce qui pouvait lui manquer en fait de droit. Sans rappeler encore ici le sort de Besançon, si facilement livré par les Impériaux eux-mêmes aux Espagnols, la récente dénationalisation de Brême devait être un avertissement et une menace à la fois pour Strasbourg. Ville impériale également et ville libre au même degré, Brême avait été cédée à la Couronne de Suède en 1648 dans des termes et et sous des conditions qui n'offraient pas de caractère plus précis que la cession française. Au mois de décembre 1654, Brême n'en avait pas moins été obligée de rendre hommage à la Suède, qui lui promit seulement que ses coutumes et ses magistrats seraient conservés par ses futurs maîtres. Cette restriction ne convint même pas longtemps à la dynastie suédoise. Vers la fin de 1666, le connétable de Wrangel avait supprimé les armes à la main, et malgré l'opposition très vive des habitants (1), l'immédiateté de Brême pour une durée de trente-quatre ans, soit jusqu'à la fin du siècle, ce qui ne laissait que bien peu d'espoir pour les suivants. Si Louis XIV était resté jusqu'en 1678 plus timide ou plus discret que ses alliés, désormais il n'existait plus réellement aucune raison pour qu'il persistât dans la politique d'expectative et de déception à laquelle il s'en était tenu avant cette date.

Par malheur aussi pour Strasbourg, ses rapports avec la France ne devaient guère prendre un tour plus favorable

---

(1) V. la correspondance de M. de Vautorte (1655) et celle de M. de Gravel (1666). *Archives des affaires étrangères.*

à la suite de la paix. Bien que le 21 novembre 1676 son député eût reçu un passeport royal pour se rendre à Nimègue et participer aux négociations (1), non seulement la République était restée sous les armes jusqu'à la fin de la guerre, mais encore, après avoir reçu la nouvelle de la conclusion définitive du traité, elle avait eu la malencontreuse idée de faire brûler, en même temps que deux autres, le château de Schiffelsheim qui appartenait au baron de Wangen, et auquel sa situation donnait une certaine importance militaire. « Je crois », ajoutait Montclar en informant Louvois de cette vengeance attardée, « qu'il y a de la malice de l'avoir fait brûler, à cause que ledit sieur baron de Wangen et son beau-frère sont dans le service de M. l'évêque de Strasbourg et affectionnés pour le service de S. M. (2) » Louvois répondit le 17 que « S. M. trouvait bon que Montclar mandât à la Régence de Strasbourg qu'aucun des leurs ne jouirait des terres qu'ils avaient en Alsace qu'ils n'eussent donné de quoi rétablir ces trois châteaux (3). » Cette affaire devait avoir des suites, ainsi que la réédification des forts de la ville, qui fut ordonnée le 26 avril par le gouvernement de la République. L'imprudence des Strasbourgeois était d'autant plus fâcheuse qu'on pouvait à la rigueur se demander s'ils étaient bien compris dans la paix signée par l'Empereur, paix à laquelle tous les princes de l'Empire n'avaient pas adhéré. En effet l'armistice leur avait été signifié et avait été accepté par eux en dehors de la « généralité » impériale. Mais surtout la neutralité qu'ils avaient tant de fois invoquée pendant la guerre les laissait si peu dans l'Empire qu'ils semblaient à peine appelés à profiter encore d'un contrat signé par l'Empereur. De toute évidence, la même ville ne pouvait être à la fois État fédéral et République neutre. Le traité particulier qui fut fait un peu plus

---

(1) V. Kentzinger, t. II, p. 239.
(2) Lettre du 11 février 1697. *Dépôt de la Guerre*, volume 631, p. 46.
(3) Même volume, p. 55.

tard pour l'exécution de la paix mit encore davantage Strasbourg à la portée, sinon à la merci de la France, car il y était expressément stipulé que la place serait évacuée par les troupes impériales (1), tandis qu'aucune prescription du même genre n'en écartait pour l'avenir les troupes françaises (2). L'omission de Strasbourg sur la liste des restitutions imposées à la France ajoutait encore quelque chose à la force de ses prétentions, et surtout à sa liberté d'action.

Aussi les Impériaux devaient-ils mettre toute la mauvaise volonté possible à évacuer une ville où leur retour devenait si problématique. A Nimègue, les plénipotentiaires français avaient reçu pour instructions de se montrer très larges sur la date à fixer pour l'évacuation. On était convaincu à Versailles que les Strasbourgeois seraient plus intéressés et plus habiles que qui que ce soit à se débarrasser de leur garnison étrangère (3). Le calcul cette fois

---

(1) *Imperator exercitus suos et copias quantociùs deduci curabit ex omnibus Imperii ditionibus ad domum austriacam jure hæreditario non spectantibus et nominatim ex Circulis Sueviæ et Franconiæ, uti ex Circulis Rhenano Electorali et Rheni Superioris urbibusque et fortalitiis in iis sitis, Bonnâ,* Argentina, *Offenburg, Hochberg, Kronweissenbourg, necnon generaliter ex quibuscunque aliis locis neque pace Monasteriensi neque Neomagensi Sacræ Majestati competentibus.*

(2) *Rex Christianissimus exercitus suos et copias quantociùs etiam revocabit bonâ fide ex omnibus Imperii ditionibus et nominatim ex archiepiscopatibus Moguntino, Trevirensi, Coloniensi, Palatinatu Rheni, Episcopatu Leodensi et ducatu Juliacensi, urbibusque et fortalitiis in iis sitis, uti et ex totâ Brisgoviâ omnibusque locis quæ domui austriacæ virtute pacis Westphalicæ competunt, excepto solo castro et oppido Friburgensi Galliæ cessis, necnon generaliter ex quibuscunque aliis locis neque vigore tractatus Monasteriensis nec pacis Neomagensis sacræ regiæ Majestati Christianissimæ competentibus.*

(3) " S. M. ne vous prescrit rien à l'égard de Strasbourg parce qu'elle est persuadée que les habitants solliciteront bien eux-mêmes les troupes de l'Empereur d'en sortir, et qu'elle appréhenderait que, si l'on faisait des instances pour cela, l'on ne pût croire que dans le voyage qu'elle va faire elle voulût entreprendre quelque chose contre cette ville, ce qui lui fait juger à propos que vous la laissiez sous le terme général. „ Lettre de Louvois à MM. les plénipotentiaires, 15 mars 1679. *Dépôt de la Guerre*, volume 630, p. 76.

ne se trouva pas juste, et Louvois en réalité fut joué par les magistrats de la ville, car, de l'aveu de Strœbel, ce furent eux qui, par méfiance envers la France, ou dans l'espoir peut-être aussi de se faire payer leurs dettes par les Impériaux, en leur laissant tout le crédit et tout le temps nécessaires, retinrent chez eux ces derniers, au lieu de les éloigner, comme on y avait compté (1). Le 22 avril, ayant appris qu'on ne cessait d'augmenter la garnison « sous prétexte de recrues, » le cabinet de Versailles se décida enfin à changer de politique. Louvois écrivit à Nimègue pour qu'on exigeât que « l'Empereur fît rentrer entièrement ses troupes dans ses Etats héréditaires, » sous peine de voir S. M. continuer d'occuper tout ce qu'elle détenait par ses armées. « Quelques-uns des bourgeois les plus considérables de la ville avaient » aussi, à ce qu'il paraît « fait témoigner aux principaux officiers qui servaient le roi en Alsace l'appréhension où ils étaient que, sous prétexte de la conservation de leur ville, l'Empereur n'eût le dessein d'attenter à leur liberté (2). »

On comprend, après cette attitude du gouvernement strasbourgeois, que Louvois, en parcourant l'Alsace au mois de juin 1679, afin de juger par lui-même des avantages qu'on y pouvait tirer de la paix, ait fait un accueil assez froid aux députés de la République venus à sa rencontre. Ces députés avaient dû cependant prendre un ton des plus obséquieux, si l'on en juge par deux fragments de la correspondance ministérielle qui nous ont conservé le

---

(1) *Der Rath, den die in der Provinz noch befindliche französische Armee unruhig machte, bewirkte dass der Kaiserliche Hof die bisherige Besatzung noch längere Zeit in Strasburg verweilen liess, als durch den Frieden ausgemacht war, obgleich der Unterhalt derselben die Stadt schwere Summen kostete; als aber Louvois duch den Feldherrn Montclar der Stadt-Obrigkeit erklären liess, dass ehe Strasburg geräumt wäre, die französischen Truppen ebenfalls ihre vorigen Standpunkte beibehalten würden, so fügte man sich in die Umstände.* — Strœbel, *Vaterländische Geschichte des Elsasses*, t. V, p. 120-121.

(2) *Dépôt de la Guerre*, volume 630, p. 102.

souvenir de cette entrevue. Les deux lettres sont datées du 14 juin et de Schlestadt. Louvois disait d'abord au roi :

« Je vis hier les députés de Strasbourg. Je ne rends point compte à V. M. de toutes les belles paroles dont ils me chargèrent pour assurer V. M. de leur bonne conduite à l'avenir. Je leur dis que, V. M. ayant promis par la paix un oubli général de ce qui avait été fait contre son service, ils ne devaient point appréhender qu'elle en gardât du ressentiment contre eux, pourvu que la conduite qu'ils tiendront à l'avenir ne l'en fît point ressouvenir (1). »

Avec les Strasbourgeois eux-mêmes, Louvois avait tenu à rester très évasif et à ne leur rien promettre, pas même la probabilité d'un pardon banal. Il prit simplement acte de leurs propres assurances.

« Messieurs, j'ai appris avec plaisir par les députés que vous avez envoyés ici la disposition où vous êtes de mériter par votre conduite les bonnes grâces du Roy. Je ne manquerai pas d'en rendre compte à S. M., lorsque je serai auprès d'elle. Au surplus, comme je ne pourrais vous répéter que ce que je leur ai dit, je vous prie de trouver bon que je me remette à ce qu'ils vous en apprendront. »

Est-ce à ce moment, ainsi que le suppose M. Camille Rousset (2), que commencèrent certaines négociations secrètes qui auraient eu lieu avec certains magistrats de Strasbourg afin de permettre aux troupes de la France d'y entrer sans coup férir? Nous dirons en temps et lieu ce que nous pensons de la réalité des négociations. Quant à présent, hâtons-nous d'affirmer que nous n'avons pu découvrir aucun document qui précise et justifie pareille hypothèse à l'époque de ce voyage. Il existe bien, jointe aux deux pièces précédentes, une note ou réponse de Louvois « au

---

(1) *Dépôt de la Guerre*, volume 621, p. 51. Cette pièce se retrouve dans plusieurs autres volumes.
(2) *Histoire de Louvois*, t. III, p. 35-36.

doyen et Chapitre de Strasbourg », où il est question d'une lettre écrite le 19 et apportée par les « officiers » de ce Chapitre. Il résulte de cette lettre que le ministre a expliqué auxdits officiers « l'intention du Roy sur ce qu'ils ont proposé de la part dudit doyen et Chapitre de Strasbourg (1). » Mais, sur une phrase aussi vague, il serait bien téméraire de vouloir reconstruire ou prouver un complot. Selon toute vraisemblance, il ne s'agissait que de quelque affaire de détail. Il vaut mieux admettre en somme que Louvois, pendant ce voyage ou plutôt ce passage en Alsace, se borna à étudier mentalement les voies et moyens les plus simples pour donner Strasbourg à la France sans effusion de sang, lorsque les circonstances rendraient cette conception facile à réaliser.

La grande affaire de l'évacuation n'était pas cependant oubliée. Au mois de juin le régiment de Mörsburg avait quitté la ville. Mais le lieutenant-colonel, nommé Haffner, fut assassiné en chemin par ses propres soldats, « ce qui fit un méchant effet parmi les officiers » appelés à s'en aller à la suite, car le bruit se répandit que l'assassinat n'avait eu lieu que parce que « la victime avait promis de l'argent à ses soldats et n'en avait point donné (2). » La détresse de ces malheureux régiments ne portait naturellement point la Cour de Vienne à les retirer d'une province aussi riche. Il fallut patienter jusqu'à la fin de juillet pour obtenir, traité en main, un vrai commencement ou simulacre de retraite. Encore les autorités françaises n'arrivèrent-elles à leurs fins qu'en intéressant directement au départ des Impériaux la bourgeoisie strasbourgeoise, qui sollicitait en ce moment une garnison de trois mille hommes de la Diète provinciale d'Ulm (3). » On mit en effet sous séquestre,

---

(1) *Dépôt de la Guerre*, volume 621.

(2) Lettre de Montclar à Louvois, 14 juin 1679. *Dépôt de la Guerre*, volume 631, p. 169.

(3) " M. M. de Strasbourg croient que les Cercles de l'Empire leur bailleront trois mille hommes pour la garde de leur ville, mais cela n'est

jusqu'à l'évacuation, une partie de ses domaines dans la banlieue. De là des réclamations très vives que Montclar s'annonça comme tout prêt à entendre, si on voulait bien prendre la peine de venir les lui exposer. Le Sénat dépêcha Güntzer le 22 juillet. Le représentant militaire de la France en Alsace lui exprima son sincère désir de vivre désormais avec ses concitoyens « plus familièrement que du temps passé (1). » Mais il ne put faire plus. Au reste, dès le 20, les magistrats de la République avaient pris la résolution d'écrire à Versailles pour y demander la main levée du séquestre mis sur leurs biens. Louvois leur répondit le 31 qu'il n'aurait rien de plus pressé que de déférer à leur désir, dès que les troupes en garnison dans leur ville, et qui n'étaient point à leur solde, en seraient sorties (2). Ce fut alors qu'en vertu du récent traité d'exécution de la paix certains détachements impériaux se résignèrent enfin à repasser le Rhin. Au dernier moment toutefois, le comte d'Arc, qui venait de vendre ses voitures pour payer tout ou partie de ses dettes (3), prétendit ne donner l'ordre de départ à ses troupes que si celles du roi avaient préalablement abandonné les terres de la ville et de l'évêché de Strasbourg (4). Cette mesure avait déjà été prise

---

pas encore résolu à la Diète d'Ulm. „ Lettre de Frischmann à Louvois du 30 juillet 1679. *Dépôt de la Guerre*, volume 631, p. 202.

(1) Lettre de Montclar à Louvois, 24 juillet 1679. *Dépôt de la Guerre*, volume 631, p. 196.

(2) " J'ai reçu la lettre que vous avez pris la peine de m'écrire le 20e de ce mois au sujet de la main levée des biens qui appartiennent aux habitants de Strasbourg dans les terres de l'obéissance du Roy. L'ordre en a été envoyé il y a quelques jours pour être exécuté aussitôt que les troupes qui sont dans votre ville, lesquelles ne sont pas à votre solde, en seront sorties. Ce que ne doutant pas qu'il ne soit exécuté prochainement, vous ne tarderez pas à jouir de la grâce que vous me chargez de solliciter auprès de S. M. „ Lettre de Louvois à la République de Strasbourg, *Dépôt de la Guerre*, volume 622, p. 681.

(3) Lettre de Montclar à Louvois, 24 juillet 1679. *Dépôt de la Guerre*, volume 631, p. 196.

(4) Louvois à Montclar, 31 juillet 1679. *Dépôt de la Guerre*, volume 622, p. 722.

à St-Germain spontanément, et l'ordre expédié par Louvois antérieurement au 28 juillet (1). Mais, en présence des exigences du commandant impérial, le ministre envoya le 31 une nouvelle dépêche pour rappeler à Montclar et à M. d'Arc les termes précis du réglement d'évacuation et surtout de la dernière paix (2). Les Impériaux se mirent enfin en marche, et, le 4 août, le Sénat de Strasbourg faisait part à Montclar de la sortie du bataillon autrichien de Grana, rapatrié après un certain nombre d'autres (3). Néanmoins, le 5 août, le même Montclar mandait à Louvois : « Je reçois une lettre du sieur de Lorgerie du 3, de Strasbourg, qui me dit que, depuis que le bataillon d'Eisenach est sorti, il n'y a point d'autre troupe qui ait marché de ladite ville, et ils disent qu'ils ne partiront point que le Roy ne fasse évacuer quelques châteaux ou places de ceux où il y a garnison en Alsace (4). » La rentrée des soldats impériaux dans les États héréditaires de la maison d'Autriche se fit en somme avec la plus grande lenteur possible, d'après le témoignage du bourgmestre de Brisach, Dischinger, que Montclar avait envoyé en Allemagne pour lui rendre compte des mouvements de ces troupes et le mettre à même de déjouer les surprises agressives qu'on pouvait lui ménager (5). Les confiscations et contributions n'en furent pas moins remises aux Strasbourgeois avant la fin du mois, car le 24 ils rédigèrent une lettre de remerciement à Louvois (6).

Une fois les Autrichiens hors de Strasbourg, la situation cependant, loin de se détendre, ne fit que s'aigrir davantage

---

(1) Louvois à Colbert, 28 juillet 1679. *Dépôt de la Guerre*, volume 630, p. 205.

(2) Louvois à Montclar, 31 juillet 1679. *Dépôt de la Guerre*, volume 622, p. 722.

(3) *Dépôt de la Guerre*, volume 629.

(4) *Dépôt de la Guerre*, volume 629. Ce volume est particulièrement riche en lettres des autorités strasbourgeoises.

(5) Lettre de Louvois au Roy, 30 août 1679. *Dépôt de la Guerre*, volume 630, p. 222.

(6) *Dépôt de la Guerre*, volume 629. Ce volume est aussi un de ceux dont les pièces ne sont ni numérotées ni paginées.

M. de Lorgerie, dont nous venons de mentionner la présence dans la ville, y avait en réalité une mission qui portait sur trois points principaux, la grande question de souveraineté et de docilité n'étant pas encore abordée. Ces trois points étaient, d'abord « la liberté de commerce » à convenir entre la République et le reste de l'Alsace, en second lieu, l'indemnité à attribuer au baron de Wangen pour son château incendié, enfin la reconstruction des défenses militaires du pont. Sur la « liberté de commerce », on céda assez vite du côté de Strasbourg, du moins en principe, car, bien loin de permettre aux autorités françaises d'acheter dans la ville ce qui leur manquait à Brisach et à Colmar, le Sénat refusa à la fin d'août de laisser sortir des outils dont les entrepreneurs de travaux de Phalsbourg y avaient fait l'emplette (1), et en novembre il prohiba également une livraison de mèches qu'avait offert de fournir un marchand strasbourgeois (2). Il imagina aussi de faire escorter par un valet de ville un capitaine français du nom de Planche, afin de le mettre dans l'impossibilité d'enrôler aucune recrue (3). Ce n'était pas là du tout les relations faciles et cordiales qu'on s'était promises de part et d'autre. Sur le second point, l'indemnité du baron de Wangen, les Strasbourgeois prétendirent que la demande du baron était tout à fait déraisonnable et se refusèrent à payer quoi que ce fût avant une expertise contradictoire. Les réclamations de la France étaient pourtant bien modérées, puisque Louvois, dès le 21 juillet, écrivait à Montclar, de Saint-Germain : « Il n'est pas juste que les gens de Strasbourg donnent vingt mille écus à M. le baron de Wangen ; il ne lui faut pas toute cette somme pour remettre sa maison en

---

(1) Lettre de Louvois à Montclar, 30 août 1679. *Dépôt de la Guerre*, volume 623, p. 378.

(2) Lettre de Louvois à Lagrange, 15 novembre. *Dépôt de la Guerre*, volume 626, p. 366.

(3) Lettre de Louvois à Montclar, 21 juillet. *Dépôt de la Guerre*, volume 626, p. 506.

l'état qu'elle était avant d'être brûlée (1). » L'affaire n'en traîna pas moins jusqu'à l'hiver sans recevoir la moindre solution. Enfin Strasbourg désigna pour arbitre un officier de la maison de Würtemberg, nommé Manteuffel. Mais, le jour fixé pour la réunion, personne ne se présenta au rendez-vous, parce que l'un des arbitres avait eu un accès de goutte (2). L'année devait s'achever sans que ce deuxième litige eût abouti à la transaction désirée. Toutefois ce ne fut rien encore à côté du troisième, le maintien ou le rasement des fortifications réédifiées aux abords du pont. Le désaccord sur cette alternative fut la véritable pierre d'achoppement entre Strasbourg et la France. A cet égard cependant la Cour de Versailles ne songeait pas davantage à dépasser son droit, car Louvois écrivait à Montclar le 17 juillet.

« L'article du traité de Münster dont copie est cy-jointe portant expressément qu'il ne pourra être construit aucune fortification audelà du Rhin entre Bâle et Philipsbourg, l'on ne peut sans contrevenir au traité faire aucune fortification au fort de Kehl. C'est ce qui a donné lieu au commandement que j'ai reçu de S. M. de vous faire savoir que son intention est que vous mandiez des députés de Strasbourg pour leur donner copie de cet article, et leur demander qu'en vertu de ce traité il ne soit fait aucune fortification ou fort sur le pont du côté dudit fort de Kehl. Ils vous répondront peut-être qu'ils y avaient une fortification lors de la signature du traité de Münster. En ce cas, vous leur demanderez le plan de la fortification qui y était, afin que vous puissiez renvoyer à S. M. qui s'expliquera si elle trouvera bien que ces fortifications soient rétablies, car, pour celle qui y avait été faite depuis cette guerre, l'intention du Roy est que vous leur expliquiez que S. M. ne souffrira pas qu'elle soit rétablie ni que, si elle était rétablie par eux, elle subsistât. Et, comme ils vous pourraient répondre que c'est

---

(1) *Dépôt de la Guerre,* volume 622, p. 568.
(2) Lettre de Montclar à Louvois, 17 décembre 1679. *Dépôt de la Guerre,* volume 629.

l'affaire de l'Empire, et non pas la leur, vous leur ferez comprendre que, comme il n'y a qu'eux qui aient intérêt à cette affaire, c'est à eux que le Roy s'en prendra de l'inexécution du traité (1). »

Montclar répondit le 22, au reçu de la lettre de Louvois :

« Je me suis informé de la fortification qu'il y avait en l'an 1648 à Kehl. Tout le monde assure qu'il n'y en avait point du tout, et qu'il n'y avait que le village avec des ponts pour passer le bras du Rhin, et que là où était dernièrement la fortification étaient des mares où ils faisaient tremper leurs chanvres. J'ai consulté ensuite le résident du Roy qui est en la ville de Strasbourg, lequel me rend réponse comme vous verrez cy-joint. J'avais dit en même temps à MM. du Magistrat de m'envoyer quelqu'un de leur part à qui je puisse dire les intentions de S. M., qui m'ont mandé qu'ils m'enverraient un homme aujourd'hui. Je leur donnerai une copie de l'article et vous rendrai compte de ce qu'ils m'auront répondu (2). »

La même demande de renseignements avait été déjà adressée à M. de Lagrange, quoique moins bien placé pour en recueillir d'exacts, puisqu'il n'était pas sur les lieux. Le 10 juillet il avait répondu à Louvois :

« Je me suis informé de ce que vous désiriez savoir sur le sujet du fort de Kelle. Les personnes de Brisach qui sont fort âgées et qui sont du lieu même m'ont dit qu'il y avait plus de cinquante ans qu'il y était et qu'ils y ont vu une garde, mais qu'ils se souviennent qu'il n'était point si grand et que de temps à autre on a pu prolonger cette fortification (3). »

Montclar continua l'enquête le 22 en recevant la visite de Güntzer, délégué par le gouvernement strasbourgeois.

---

(1) *Dépôt de la Guerre*, volume 622, p. 377.
(2) Lettre datée de Schlestadt. *Dépôt de la Guerre*, volume 648, p. 39.
(3) *Dépôt de la Guerre*, volume 618, p. 87. Comparer avec ce qu'en dit plus haut le maréchal de Gramont, p. 88, et Colbert, p. 86.

Le 24, il confirma ainsi les témoignages qu'il avait déjà transmis au ministre.

« M. Güntzer me fut trouver avant-hier de la part de M. M. de Strasbourg, auquel j'ai donné la copie de l'article de la paix de Münster. Il m'a confessé qu'il n'y avait quasi rien de fortification à Kehl quand la paix se fit, et que l'intention de ses maîtres n'était autre que de n'y rien faire aussi. Il m'a promis de faire une réponse par écrit à tout ce que je lui ai dit, conformément à ce que vous m'avez ordonné par la lettre du 17 (1). »

On voit, d'après ces extraits, quel scrupule la France mettait à ne rien demander au Sénat strasbourgeois qui ne fût justifié par les conventions internationales. Le Sénat répondit à Montclar le 24 juillet :

« Nous avons appris par le sieur Güntzer, notre secrétaire d'État, ce que vous lui avez proposé touchant les fortifications de Kehl. Nous ne manquerons pas de vous en faire avoir tous les éclaircissements que vous pourrez désirer, et vous ferons connaître en cet article comme en toutes autres rencontres que nous n'avons point d'autre dessein que de nous conformer au traité de paix de Nimègue et à celui d'Osnabrück et de Münster. Nous attendons la même chose de votre côté (2). »

Le 26, Montclar expédia cette lettre à sa Cour, en l'accompagnant des réflexions suivantes :

« Je vous envoie, Monseigneur, la lettre que les magistrats de Strasbourg m'ont envoyée, qui ne dit rien. Je leur ai écrit de s'expliquer mieux et de me faire savoir positivement ce qu'était, l'année 1648, ce bout du pont de Kehl et la manière qu'ils veulent le laisser présentement. Afin que je puisse vous en rendre un compte juste, j'ai chargé le sieur de Lorgerie qui est à Strasbourg de leur

---

(1) *Dépôt de la Guerre*, volume 631, p. 196.
(2) *Dépôt de la Guerre*, volume 629.

demander réponse. Il est assuré, quand la paix fut conclue, qu'il n'y avait aucune fortification, à ce que disent tous ceux à qui je m'en suis informé (1). »

Le 29 Montclar reçut une nouvelle missive des Strasbourgeois, qui n'était pas plus concluante que celle du 24. Il la transmit à son supérieur hiérarchique avec cette note :

« Je vous envoie la réponse de MM. de Strasbourg avec le plan du fort de Kehl qui est justement comme quand nous l'avons pris. Tous ceux à qui j'en ai parlé m'ont dit qu'il n'y avait point d'enveloppe à l'entour du village (2). »

Louvois répondit à Montclar, de Saint-Germain, le 2 août :

« J'ai reçu la lettre que vous avez pris la peine de m'écrire le 29 du mois passé et celle de MM. de Strasbourg et le plan du fort de Kehl qui l'accompagnait. Le roi désire que vous leur répondiez que, le traité de Münster portant qu'il n'y aura point de fort entre Bâle et Philipsbourg, ils ne peuvent point faire travailler à celui-là, et que, s'ils en ont intention, il faut qu'ils en fassent solliciter la permission auprès de S. M., parce que vous avez des ordres qui ne vous permettent pas de le souffrir (3). »

Le Sénat se décida à profiter de la voie que lui ouvrait le roi de France pour arriver au but de ses désirs, si difficiles qu'ils fussent à concilier avec les traités. A la fin du mois d'août, il envoya des députés à Versailles. Güntzer devait être du nombre, et il paraît que Louvois ne le connaissait pas encore, car Montclar, sur sa demande, lui avait remis une lettre de recommandation pour le tout-puissant ministre

---

(1) *Dépôt de la Guerre*, volume 629.
(2) *Dépôt de la Guerre*, volume 629.
(3) *Dépôt de la Guerre*, volume 623, p. 23.

de Louis XIV ⁽¹⁾. M. de Lorgerie quitta donc Strasbourg, où sa mission avait à peu près complètement échoué, puisque c'était à la Cour même que devaient se dénouer toutes les questions pendantes. Il s'en fallut toutefois que ce voyage de la députation strasbourgeoise rétablit l'harmonie entre la France et la République à l'agonie qui l'avait accréditée. Dans l'une des entrevues que Louvois lui accorda à Chaville, la députation eut même le mauvais goût « de désavouer le sieur Güntzer et de soutenir qu'il n'avait jamais eu ordre de dire que l'on satisferait à la dette de Strasbourg envers le baron de Wangen. » Quant au fort de Kehl, les délégués se bornèrent à répondre qu'ils transmettraient au Sénat la défense qui leur fut réitérée de la part du roi de rien ajouter à ses ouvrages. Louvois, en rendant compte de cet entretien à Montclar ⁽²⁾, lui prescrivit d'envoyer une fois tous les mois un de ses officiers voir ce qui se passait à ce pont où l'on s'obstinait à braver la volonté royale. Le 24 octobre, le ministre réclamait cependant encore de son subordonné « le plan de l'état auquel était le pont de Kehl et le profil du retranchement qui s'y trouvait ⁽³⁾. » Le document fut envoyé ou l'était même déjà, mais l'obstination strasbourgeoise avait en partie vaincu la fermeté du roi, car le 30 octobre Louvois, après avoir accusé réception à Montclar de ce plan, le prévenait en ces termes du résultat des obsessions dont le souverain avait été entouré :

« Le Roy a fait dire aux députés de Strasbourg qui sont ici que son intention était que leurs maîtres fissent raser ce que l'on avait relevé à ce fort, et, sur ce qu'ils ont représenté à S. M. qu'ils n'y

---

(1) « Il m'a demandé une lettre pour vous pour demander votre protection dans ses affaires particulières. J'ai cru ne devoir pas lui refuser. C'est un homme de qui l'on se sert ordinairement pour correspondre. » Montclar à Louvois, 30 août 1679. *Dépôt de la Guerre*, volume 629.

(2) Louvois à Montclar, 26 septembre 1679. *Dépôt de la Guerre*, volume 623, p. 599.

(3) *Dépôt de la Guerre*, volume 625, p. 470.

prétendaient tenir aucune fortification que celle qui était nécessaire pour fermer le bout de leur pont, j'ai eu ordre de S. M. de leur répondre qu'ils pouvaient construire au bout dudit pont un redent de douze ou treize toises de face, et rien plus. Vous me manderez, s'il vous plaît, de quelle manière ils satisferont au désir de S. M. et ferez lever un plan de l'ouvrage que l'on y tracera, lequel je vous prie de m'envoyer (1). „

Les députés de Strasbourg mirent, à ce qu'il paraît, infiniment de temps à rentrer chez eux avec cette preuve de la condescendance royale, car, lorsque Montclar vint visiter leur ville du 20 au 22 novembre, ils n'y étaient pas de retour, et leur absence servit au Sénat de prétexte pour retarder encore l'examen et l'accord définitif des différends qui se prolongeaient entre lui et le gouvernement français (2). Le 15 décembre, Montclar attendait toujours à Fribourg M. M. de la République ou leurs députés, chargés de terminer avec lui l'affaire du rasement des forts et celle du baron de Wangen (3). Pour comble d'imprudence ou d'audace, Strasbourg, durant ce même mois de décembre, donna asile à un sujet français accusé de détournement grave, et dont il fallut que Louvois réclamât humblement l'extradition (4). Cette année si tourmentée ne pouvait guère plus mal finir.

---

(1) *Dépôt de la Guerre,* volume 625, p. 599.
(2) *Dépôt de la Guerre,* volume 629.
(3) *Dépôt de la Guerre,* volume 629. Lettre de Montclar à Louvois du 15 décembre.
(4) " Le Roy a été informé que le sieur Duverger s'est retiré dans votre ville après avoir dissipé l'argent de S. M. et pris de force une somme assez considérable chez le trésorier, ce qui a donné lieu à l'ordre qu'elle a donné au sieur Frischmann de vous convier de sa part de faire arrêter le dit Duverger pour le faire remettre à ceux de ses officiers qui vous le demanderont. De quoi elle m'a commandé de vous faire part et de vous dire qu'en satisfaisant à ce dont vous serez requis en son nom, vous ferez chose qui sera agréable à S. M. et la conviera à vous donner dans la suite des marques de sa bienveillance. „ Lettre de Louvois à M. M. de Strasbourg, 11 décembre 1679. *Dépôt de la Guerre,* volume 627, p. 260.

Elle avait d'ailleurs été fort activement mise à profit par les ministres de Louis XIV pour implanter la domination française dans le reste de l'Alsace. C'était encore une façon détournée de travailler à la chute de Strasbourg, puisqu'ainsi on l'isolait dans sa propre banlieue, tout en l'enveloppant à distance d'un réseau d'influences envahissantes. A la date du 10 juillet 1679, Montclar avait déjà reçu du roi la patente de la préfecture d'Haguenau (1). Le 31, Louvois lui expédiait l'ordre d'aller prendre possession de Wissembourg et de Landau (2), villes frontières et clefs des deux lignes défensives de la Lauter et de la Queich. La formule du serment à faire prêter aux dix villes ne fut toutefois envoyée de Saint-Germain que le 1ᵉʳ septembre. Elle était ainsi conçue : « Vous promettez et jurez à Dieu d'être fidèles et obéissants au roi votre (3) très gracieux seigneur et souverain protecteur, et de reconnaître M. de Montclar pour votre grand bailli et de lui être obéissants en toutes choses dues et raisonnables ; aussi vray que Dieu vous aide (4). » On avait évité avec soin de faire allusion à cette immédiateté vis-à-vis de l'Empire qui depuis tant d'années était la source d'inextricables démêlés entre la monarchie française et l'Allemagne. Ce fut par Schlestadt que Montclar commença sa tournée pour recevoir le serment des dix villes. Les habitants se soumirent sans difficulté à ce qu'il désirait d'eux. Mais à Colmar, où il se rendit ensuite, la municipalité, moins bien inspirée, se mit en tête de refuser tout engagement qui ne serait pas libellé de la même façon que celui qu'elle avait jadis juré au duc de Mazarin. C'était par trop méconnaître combien les temps étaient changés. Le grand bailli quitta la ville sans avoir rien obtenu, et s'en alla à Turckheim

---

(1) *Dépôt de la Guerre*, volume 622.

(2) *Dépôt de la Guerre*, volume 632.

(3) On a effacé *souverain seigneur* après *votre* pour y substituer les expressions qui suivent.

(4) *Dépôt de la Guerre*, volume 624, p. 27.

où les députés de Keisersberg et de Münster, conjointement avec les magistrats de Turckheim, prêtèrent entre ses mains un serment identique à celui des citoyens de Schlestadt. La portée de ce bon exemple fut considérable. Avant que Montclar eût quitté Turckheim, des envoyés de Colmar vinrent en effet le trouver « pour lui demander pardon de leur refus, lui dire qu'ils voyaient bien qu'ils étaient déchargés du serment qu'ils avaient fait à l'Empereur et à l'Empire, et qu'ils ne devaient plus reconnaître de maître que S. M. » Sur leurs instances, Montclar retourna à Colmar où la cérémonie s'accomplit « de fort bonne grâce » et de manière à entraîner l'adhésion de tout ce qui restait dans le pays de petites villes impériales à assermenter (1). Presque en même temps le maréchal d'Humières enlevait, moins par l'emploi que par le seul déploiement de la force, la modeste place de Hombourg et celle de Bitche. Le gouverneur de la première se contenta de « demander en grâce qu'on lui tirât dix ou douze volées de canon afin qu'il se pût disculper auprès de l'Électeur de Trèves, qu'ensuite il ferait un signal de trois coups de canon et qu'il remettrait la place (2). » Celui de Bitche déclara à peu près dans les mêmes termes qu'il ne pourrait se rendre « sans souffrir le canon et sans voir l'armée (3). » L'apparition des forces royales et la vue d'un camp suffirent effectivement pour provoquer la reddition de l'une et de l'autre forteresse. La facilité de cette double reddition est à noter, car elle devait mettre tout naturellement Louvois en humeur de s'emparer aussi de Strasbourg par les mêmes procédés de pseudo-violence.

L'année 1680 ne s'ouvrit pas sous de meilleurs auspices

---

(1) Lettre de Louvois au Roy du 17 septembre 1679. *Dépôt de la Guerre*, volume 632.

(2) Lettre du maréchal d'Humières à Louvois, 16 septembre 1679. *Dépôt de la Guerre*, volume 630, p. 236.

(3) Lettre du même au même, 19 septembre 1679. *Dépôt de la Guerre*, volume 630, p. 241.

pour la ville, où Frischmann restait toujours chargé de la défense des intérêts français. L'affaire du baron de Wangen finit par s'arranger, Louvois en ayant rendu la solution des plus faciles. « Il faut l'accommoder à l'amiable le moins mal qu'il se pourra », écrivait-il à Montclar le 9 janvier, « étant juste que le baron se relâche à ce que vous estimerez raisonnable. » Mais le rasement du fort de Kehl constituait une difficulté beaucoup moins aisée à aplanir. Dans la même lettre du 9 janvier, Louvois ajoutait : « S. M. trouve bon que vous fassiez entendre aux magistrats de Strasbourg que si, avant le 20 de ce mois, ils n'ont satisfait à ce que leurs députés ont promis au Roy à l'égard dudit rasement, vous remplirez les villages qui leur appartiennent de troupes du Roy qui y vivront à leurs dépens jusqu'à ce que cela soit exécuté (1). » Trois jours plus tard, le ministre prévenait encore Montclar et l'intendant Lagrange que, d'après ses informations particulières, les Strasbourgeois faisaient plus de fortifications qu'il n'y en avait sur le plan convenu avec Montclar (2). Le 30 janvier, il se trouvait obligé de réitérer la même menace, l'obstination demeurant sans doute toujours la même. « La lettre que vous avez pris la peine de m'écrire le 23 de ce mois ne désire de réponse que pour vous dire que l'intention du Roy est que MM. de la République de Strasbourg satisfassent à ce qu'ils ont promis à l'égard de leur fort de Kehl, sinon que vous répandrez des troupes dans tout le pays de leur dépendance qui n'en bougeront jusqu'à ce que cela soit exécuté (3). » Au milieu de février toutefois, les Strasbourgeois donnèrent avis au roi de la suppression des ouvrages de leur fort. On envoya à Montclar l'ordre d'aller examiner sur place jusqu'à quel point la nouvelle était vraie (4), et il ne

---

(1) *Dépôt de la Guerre*, volume 637, p. 192.

(2) *Dépôt de la Guerre*, volume 637, p. 326 et 327.

(3) *Dépôt de la Guerre*, volume 637, p. 757.

(4) Lettre de Louvois à Montclar, 20 février 1680. *Dépôt de la Guerre*, volume 638, p. 384.

paraît plus avoir été question de cette affaire. Une quinzaine de jours auparavant, le même Montclar avait reçu aussi pour instructions, à l'occasion du passage par Strasbourg de la princesse de Bavière destinée à devenir Madame la Dauphine, de n'aller au-devant d'elle avec son escorte qu'à une demi-lieue de la ville et de se tenir toujours hors de la portée de son canon. On tenait à ne manquer envers Strasbourg ni de respect ni de prudence (1). Il s'en fallut cependant que la République reconnût cette attention en cessant de donner à la France des motifs de se plaindre de sa conduite. Non-contente de livrer aux agents français des grains de mauvaise qualité (2), sans parler d'autres fournitures achetées à beaux deniers et qui n'en valaient pas mieux (3), elle prétendit entretenir à Colmar un bureau de poste pour faire concurrence à la poste royale, et ce ne fut pas de trop de la fermeté de Louvois pour couper court à cet abus (4). Mais un incident beaucoup plus grave, qui ne tarda pas à survenir, allait précipiter les événements.

Le 22 mars 1680, la Chambre souveraine de Brisach, en présence de jurisconsultes strasbourgeois, qui, à la vérité, n'étaient chargés que de soutenir les droits de tierces personnes, et non ceux de leur ville, rendit un arrêt par lequel, à propos spécialement du *mundat* de Wissembourg et de divers bailliages du voisinage, le principe de la souveraineté absolue du roi était établi aussi bien dans la basse Alsace que dans la haute. Par voie de conséquence, la capitale du pays, déjà proclamée à Nimègue par les négociateurs français partie intégrante des cessions consenties

---

(1) V. le *Mémoire* adressé à Montclar le 6 février 1680. *Dépôt de la Guerre*, volume 650, p. 14.

(2) Louvois à Lagrange, 19 janvier 1680. *Dépôt de la Guerre*, volume 637, p. 509.

(3) Louvois à Lagrange, de Barèges, 31 mai 1680. *Dépôt de la Guerre*, volume 642, p. 226.

(4) Louvois à Lagrange, 7 avril 1680. *Dépôt de la Guerre*, volume 640-641, p. 114. Ces deux volumes 640-641 n'en font qu'un.

en 1648 (1), Strasbourg en un mot, se trouvait, en vertu de cet arrêt, officiellement réuni à la monarchie française. Il est à croire que cette décision de la Cour de Brisach produisit la plus vive émotion dans le Sénat strasbourgeois, car précisément à cette date il adressa à M. de Lagrange, pour la faire parvenir au roi, une lettre dont le ton ne permit pas l'envoi à son véritable destinataire. Après en avoir pris seul connaissance, Louvois répondit à M. de Lagrange le 22 mars :

« J'ai vu la lettre que le Magistrat de Strasbourg vous a écrite. Vous lui devez mander que vous l'avez reçue *(mot illisible)*, seulement la date de la lettre sans marquer de quoi elle parle, et y ajouter que vous n'en avez point voulu donner part à S. M. pour ne pas rendre à cette République de mauvais office, et que, si elle désire que vous receviez des lettres d'elle à l'avenir, il faut qu'elles soient plus mesurées et écrites en termes plus convenables que celle dont vous accusez la réception (2). „

Malgré le principe posé par ses officiers judiciaires, le gouvernement français ne songea pas à tirer immédiatement parti du droit qu'il venait de se faire reconnaître. Il agit de son mieux seulement pour que M. de Mansfeld, dont, au mois d'avril, on annonçait le retour en France par Strasbourg, choisit une route moins inquiétante de toutes façons, la peste ayant éclaté en Bohême et dans d'autres pays relevant de l'Empereur (3). Louvois fit aussi tout ce qu'il put pour se procurer un manifeste strasbourgeois qui, à ce qu'il paraît, courait alors au-delà du Rhin et n'était sans doute pas élogieux pour son maître (4).

---

(1) V. Hallez-Claparède, *Réunion de l'Alsace à la France*, p. 310.

(2) Louvois à M. de Lagrange, 28 mars 1680. *Dépôt de la Guerre*, volume 639, p. 485.

(3) Louvois à Montclar, 21 avril 1680. *Dépôt de la Guerre*, vol. 640-641, p. 511.

(4) Louvois à Lagrange, 17 mai 1680. *Dépôt de la Guerre*, volume 642, 2ᵉ partie, p. 46. On y lit, il est vrai, M. et non M. M. de Strasbourg. Mais

Le printemps et l'été se passèrent ainsi, jusqu'au moment où la Chambre de Brisach, par un autre arrêt rendu le 9 août, vint confirmer à propos de quelques nouveaux domaines la doctrine générale qu'elle avait consacrée cinq mois plus tôt, afin d'attribuer définitivement au roi de France la pleine souveraineté en Alsace. Cette fois encore la République de Strasbourg ne se trouvait pas nominalement désignée dans la sentence, mais ses « préteur, consuls et Sénat » s'étaient fait représenter au débat par J. L. Imlein, l'un des secrétaires de la ville, assisté de Jost, son avocat, qui avait déjà figuré à l'audience lors du premier arrêt. Si réservé qu'eût été à son égard le cabinet de Versailles, la République ne s'en abstint pas moins de renouveler cette année sa démarche polie du mois de juin 1679 et d'envoyer une députation à Louvois, lorsqu'il vint à la fin d'août 1680 faire un court voyage d'inspection dans les Vosges et au-delà. Toute sa courtoisie se borna à l'expédition d'une lettre, contenant probablement une demande de neutralité, à laquelle le ministre répondit en ces termes :

« J'ai reçu la lettre que vous avez pris la peine de m'écrire le 5 de ce mois. Le Roy a si peu de dispositions à troubler par une guerre la paix que S. M. a bien voulu procurer à toute l'Allemagne que je ne saurais croire qu'elle voulût en vous accordant ce que vous demandez donner lieu à tous ceux qui en auraient envie d'ajouter foi aux bruits de guerre que quelques gens malintentionnés ont essayé de répandre. Mais je vous puis assurer que, si, contre toute apparence, la guerre venait à se rallumer, S. M. ne ferait aucune difficulté de vous l'accorder. La surprise où vous me marquez être des quartiers de guerre qu'il a plu au Roy de mettre dans les bailliages qui vous appartiennent ne me paraît guère

---

on ne voit pas quel manifeste injurieux l'évêque aurait pu lancer, et le copiste ordinaire de Louvois a d'ailleurs une écriture dont l'extrême rapidité est le moindre défaut.

fondée. Je crois que vous ne pouvez guère ignorer que ces lieux-là ne soient de la souveraineté de S. M. (1). »

Tout en sollicitant du roi une nouvelle faveur, la République n'en continuait pas moins ses agissements hostiles à la France, en donnant asile chez elle à une Diète, complète ou incomplète, de la noblesse de la basse Alsace. A la nouvelle de cette réunion, l'irritation fut grande à Versailles. On y commanda sur le champ de faire poursuivre les principaux meneurs par le procureur général de Brisach (2). Une pareille assemblée impliquait en effet résistance aux arrêts de réunion, et ouvrir une place forte à une ligue de ce genre, c'était s'associer à ses manœuvres, de manière à les rendre dangereuses. On se contenta néanmoins de transporter par un édit expédié en décembre le Directoire de la noblesse de la basse Alsace à Niederehenheim. On ne songea pas non plus à demander compte au Sénat du passage ou du séjour d'officiers lorrains, dont on pouvait d'autant plus suspecter les intentions qu'à ce moment il se faisait outre-Rhin, en Souabe notamment, des préparatifs de guerre d'une nature peu rassurante. On surveilla les allées et venues des agitateurs, et ce fut tout (3).

Il paraît qu'au début de l'année 1681, la dernière de son autonomie politique, la République de Strasbourg fit une nouvelle démarche pour se mettre à l'abri des éventualités militaires qu'elle redoutait, et dont elle se sentait évidemment le principal enjeu. Le 16 janvier, Louvois, de Saint-Germain, chargea Montclar de répondre par des paroles vagues au sujet de cette neutralité qu'on sollicitait si instamment, après l'avoir si souvent violée.

---

(1) Louvois à M. M. de Strasbourg, 18 septembre 1680. *Dépôt de la Guerre*, volume 644, p. 182.

(2) Louvois à Montclar, 30 septembre 1680. *Dépôt de la Guerre*, volume 644, p. 497. V. aussi p. 499.

(3) Louvois à Lagrange, 20 novembre 1680. *Dépôt de la Guerre*, volume 646, p. 368 et 383.

« Vous pouvez assurer le Magistrat de Strasbourg que le Roÿ ne pense point à faire la guerre en Allemagne et que, les apparences demeurant seules pour que l'Empereur puisse la commencer, il paraît inutile à S. M. de prendre (quant à présent (1)) des mesures pour leur neutralité, et ce, d'autant plus que les gens qui veulent rallumer la guerre en Allemagne ne manqueraient pas de se servir de ce que S. M. aurait fait en cette occasion pour fomenter les bruits qu'ils font courre de mois en mois qu'elle pense à faire quelque entreprise de ces côtés-là (2). »

Ce refus n'était de la part de la France qu'un acte de sagesse politique, et non une marque de mauvais vouloir contre Strasbourg. Une lettre de Louvois à M. M. de la République, en date du 19 mars, montre que M. de Lagrange avait déjà rendu justice à une réclamation de la ville, avant même qu'elle eût eu le temps de la faire parvenir personnellement au ministre (3). Les litiges ne s'en multiplièrent pas moins durant les mois suivants. Nous ne mentionnerons qu'en passant la gêne considérable que Strasbourg, avec ses monnaies municipales, apportait à l'introduction en Alsace des monnaies royales. En persistant à frapper des florins de 35 sols, elle empêchait la mise en circulation des florins de 32 sols que le gouvernement français destinait à la province (4). Toutefois, reconnaissons-le, elle ne faisait qu'user de son droit. Il en était de même dans l'affaire d'un ci-devant commis, nommé Deschauffour, qui avait dérobé des sommes considérables au trésor provincial, et se trouvait en relations d'affaires avec un banquier strasbourgeois, Zizolphe. Pour obtenir la comparution et les éclaircissements de ce banquier, il fallut solliciter auprès du Sénat (5), formalité

---

(1) Ecrit au-dessus de la ligne dans le texte.
(2) Lettre du 16 janvier 1681. *Dépôt de la Guerre*, volume 651, p. 243.
(3) *Dépôt de la Guerre*, volume 653, p. 442.
(4) Louvois à M. de Lagrange, 27 janvier 1681. *Dépôt de la Guerre*, volume 651, p. 392.
(5) Louvois à M. M. de la République de Strasbourg, 11 février 1681. *Dépôt de la Guerre*, volume 652, p. 186.

toujours pénible en pareille circonstance. En revanche, la République ne semble pas avoir été sans torts à propos d'un « fermier de chevaux » de Fribourg, le sieur Duval, qui réclamait la restitution d'une somme de 2174 livres volée deux ans auparavant à son préjudice par les habitants de Vasselonne, vassaux de Strasbourg. Les autorités françaises ne prétendaient cependant rien pour lui au-delà de « ce qui lui était légitimement dû (1). » Louvois, le 18 juin, recommandait encore à M. de Lagrange de bien examiner, avant d'agir, si la réclamation était juste et si l'à-compte déjà reçu par le réclamant « ne suffisait pas à son dédommagement (2). » On était aussi fort mécontent de ce que les imprimeurs de Bâle et de Strasbourg répandissent partout en Alsace des almanachs dont le moindre inconvénient était de nuire à l'industrie de leur confrère établi à Brisach (3). La plus grave cause d'irritation toutefois, c'est que Strasbourg accueillait dans son enceinte fortifiée ou laissait s'échapper par son pont les déserteurs de l'armée royale. Cette faute avait plus vivement impatienté que le reste. Malgré tout, Louvois avait prescrit à Montclar « de ne pas menacer les habitants de l'indignation du roi », mais seulement de faire en sorte qu'ils rendissent les déserteurs, et de témoigner qu'on leur « en savait gré », s'ils les rendaient (4). A propos également de M. de Mercy et de sa présence à Strasbourg, le gouvernement royal avait voulu qu'on n'en témoignât aucune inquiétude, bien qu'elle se prolongeât depuis plusieurs semaines (5). Tout semblait donc en suspens, et pourtant tout était déjà prêt pour le dénouement. Mais, avant de le raconter, il convient de jeter un coup d'œil sur les négociations qui le précédèrent immédiatement.

---

(1) Louvois à Lagrange, 25 mai 1681. *Dépôt de la Guerre*, volume 654 bis, p. 556.

(2) Lettre à Lagrange. *Dépôt de la Guerre*, volume 655, p. 367.

(3) Louvois à Lagrange, 9 avril 1681. *Dépôt de la Guerre*, volume 654. p. 55.

(4) Lettre du 22 juillet 1681. *Dépôt de la Guerre*, volume 656, p. 328.

(5) Louvois à Montclar, 7 juillet 1681. *Dépôt de la Guerre*, volume 656, p. 78.

VI

Le principe posé par la Chambre de Brisach et qui visait Strasbourg sans le nommer, les premières applications surtout qu'on avait faites de ce principe, n'avaient pas laissé, on le comprend, que d'émouvoir beaucoup les hommes d'État de l'Allemagne. On s'attendait d'un jour à l'autre outre-Rhin à la réunion effective de Strasbourg. Le commissaire principal de l'Empereur à la Diète de Ratisbonne allait même jusqu'à interroger directement sur ce point un agent sans titre de notre diplomatie [1]. D'un autre côté, les plaintes et les récriminations affluaient à la Diète. Tous les princes atteints ou menacés par les deux Chambres souveraines imploraient l'assistance du saint-empire, trop affaibli hélas! par ses propres divisions pour être à même de se rendre utilement à leurs désirs. En juillet 1680, il circulait à Ratisbonne une lettre des directeurs, conseillers et députés de la noblesse de la basse Alsace en réponse au premier arrêt de réunion du 22 mars. M. Verjus était obsédé de réclamations. Une lettre du roi, datée d'Ypres et du 31 juillet 1680, lui traça sa ligne de conduite, sinon afin de calmer les esprits, du moins afin de faire connaître loyalement les intentions de son maître.

« Vous n'avez qu'une réponse générale à faire, qui est que je prétends jouir de tout ce qui m'appartient en conséquence des

---

« [1] M. l'évêque d'Eychstätt a demandé à M. Frischmann s'il était donc vrai que V. M. eût le dessein d'assiéger Strasbourg, comme tout le monde l'assurait, et il lui a témoigné être fort en peine de ces bruits. „ Lettre de M. Verjus, de Ratisbonne, 14 mai 1680. *Archives des affaires étrangères.* M. C. Rousset a très bien résumé cette situation et ces pressentiments de l'opinion publique : " On peut bien s'avancer à dire qu'il n'y avait pas un homme sensé en Europe qui ne s'attendît à la réunion de Strasbourg. ....Elle avait jusqu'à la fin trahi la France au profit de l'Allemagne, et toujours essayé de couvrir ou d'excuser sa trahison par mille protestations mensongères et indignes. Les magistrats n'expliquaient leur impuissance à tenir leurs engagements au-dehors que par leur impuissance à gouverner au-dedans. L'anarchie servait à justifier le parjure. „ — *Histoire de Louvois*, t. III, p. 33.

traités de Münster et de Nimègue, que, dans les conférences tenues entre mes ambassadeurs et ceux de l'Empereur et de l'Empire pour la conclusion de ce dernier traité, les Impériaux ont voulu apporter des restrictions à mes droits, qu'ils ont même donné pour cet effet des projets d'articles en faveur de plusieurs villes et communautés et pays de la haute et basse Alsace et des Trois Évêchés, (ils ont aussi posé la voie d'arbitres (1)), que, quelque injustes qu'avaient été leurs contestations, ils les ont soutenues jusqu'à ce qu'ayant reconnu qu'encore que je voulusse bien sacrifier au repos de l'Empire tous les avantages que je pouvais espérer dans la continuation de la guerre, ils ne devaient pas se flatter que la paix se pût faire par la diminution des droits de ma Couronne. Ils se sont entièrement rendus à la juste interprétation que mes ambassadeurs ont fait connaître que je donnais au traité de Münster, et en conséquence ils ont supprimé l'article qu'ils avaient projeté (ils se sont désistés de la proposition d'arbitrage), et ont abandonné la demande qu'ils avaient faite d'une restitution des lieux qu'ils prétendent remettre aujourd'hui en question (2). »

Très désireuse de combattre plus efficacement les conséquences de cette doctrine, où il n'y avait d'inexact que la bonne volonté des négociateurs impériaux à l'accepter, la Cour de Vienne résolut de faire faire une démarche officielle à Paris. Au mois de septembre, le comte de Mansfeld en prit donc le chemin de nouveau, en s'arrangeant encore de manière à passer par Strasbourg. Une fois en présence du ministre des relations étrangères, M. de Colbert-Croissy, il se plaignit très vivement à lui de ce qu'il appelait l'inexécution du traité de Nimègue, c'est-à-dire des arrêts de réunion. Colbert-Croissy, conformément aux instructions adressées d'Ypres à M. Verjus, soutint avec une inébranlable fermeté qu'il fallait s'abstenir tout d'abord « de

---

(1) Les mots placés ici entre parenthèses sont écrits à la marge dans l'original.

(2) *Archives des affaires étrangères*, correspondance de M. Verjus, comte de Crécy, 1630.

toucher à la thèse principale, la souveraineté du roi en Alsace », mais que, ce principe admis, il serait facile d'obtenir le redressement des griefs particuliers qui se pourraient justifier. A une seconde entrevue succéda une troisième, dans le cours de laquelle l'interlocuteur de M. de Mansfeld se vit obligé de lui signifier que, puisque l'Empereur ne cherchait à donner satisfaction aux plaintes formulées çà et là qu'en détruisant la souveraineté royale en Alsace, « S. M. saurait la maintenir en toute manière, cette souveraineté lui ayant été cédée solennellement (1). » Et, ce qui prouve bien que cette façon de voir du ministre français était la vraie, c'est que, dans une lettre adressée au même comte de Mansfeld le 14 décembre 1680 par l'évêque de Gurk, autre diplomate autrichien, se trouvait cet aveu : « L'article VIII de notre projet n'a pas été admis à Nimègue, S. M. Très Chrétienne ayant déclaré par le médiateur Jenkins qui nous l'apporta le 30 décembre 1678 que la France ne prétendait aucun droit nouveau sur ces lieux, qu'elle se contentait du droit acquis par les traités de Westphalie et que, partant, cet article ne devait pas être inséré dans le traité (2). » Il était bien évident d'après cela que la France avait prévenu les Impériaux de ce qu'elle voulait, que ses anciennes prétentions, suffisamment connues par la résistance des dix villes, lui avaient été adjugées, et que la paix de Nimègue avait consacré son interprétation de la paix de Westphalie.

La Cour de Versailles cependant eût été fort à plaindre si elle n'avait eu pour elle à Ratisbonne que la seule force de son droit. Mais elle avait eu aussi la bonne fortune d'y rencontrer un point d'appui des plus utiles pour résister aux subtiles et opiniâtres contestations de la diplomatie

---

(1) Lettre de M. de Mansfeld du 21 septembre 1680, lue à la Diète de Ratisbonne. On la trouvera dans la correspondance de M. Verjus, *Archives des affaires étrangères*.

(2) Cette lettre figure également dans la correspondance de M. Verjus, année 1680.

impériale. Ce point d'appui, c'était la coopération assurée de l'envoyé brandebourgeois, docile et fidèle interprète d'ailleurs des intentions de son maître. Après la rude leçon que le maréchal de Créquy lui avait infligée à Minden, le *Grand-Électeur,* ayant reconnu que la France était décidément la plus forte, avait en effet pris parti pour Louis XIV avec un excès d'enthousiasme qui pouvait parfois ressembler à la servilité la plus basse. On ne saurait le nier, l'ancêtre des rois de Prusse remboursa fort libéralement en condescendances de toute espèce le cadeau de trois cent mille écus que son riche voisin, après l'avoir châtié, avait accordé à ses flatteries besogneuses (1), « pour lui faire connaître le plaisir avec lequel il le voyait rentrer dans son alliance. » Nul prince allemand en somme ne devait plus contribuer que lui à faire tomber définitivement Strasbourg au pouvoir de la Couronne de France. Son mandataire à Ratisbonne, le D^r d'Iéna, connu depuis longtemps de plus d'un dispensateur des bonnes grâces royales (2), était en toute circonstance le confident, le collaborateur, l'interprète, l'espion même de l'ambassadeur français. Non-content de solliciter l'intervention du grand roi pour le règlement de ses affaires de famille les plus délicates et d'encaisser aussi le produit de quelques gratifications, bien modestes, il est vrai, M. d'Iéna augmentait avec le plus grand plaisir aux dépens du roi son argenterie

---

(1) V. la piteuse lettre du *Grand-Électeur* que M. Mignet a reproduite à la page 700 du tome IV de son *Introduction aux négociations relatives à la succession d'Espagne* : elle est datée de Postdam, 16-28 mai 1679, et adressée à Louis XIV. " Il est impossible que V. M., selon les lumières de ce grand esprit dont Dieu l'a douée, ne comprenne aisément la modération et la justice de mes prétentions (?) et, cela étant, qu'elle fasse violence à cette générosité et grandeur d'âme qui est née avec elle... V. M. trouvera-t-elle son avantage dans la ruine d'un prince qui a un désir extrême de la servir?... Certes V. M. en me détruisant s'en repentirait la première, puisqu'elle aurait de la peine à trouver dans tout le monde un prince qui fût plus véritablement que moi et avec plus de respect et de zèle etc. „

(2) V. *Mémoires de Gramont*, t. II, p. 90-92, édition de 1767, Amsterdam.

domestiqué de chocolatières en argent, *zum Andenken*, tandis que le secrétaire de l'Électeur, témoignant d'aptitudes non moins décidées à suivre les lucratives traditions de son souverain, collectionnait aux mêmes sources les petites cuillères et les fourchettes d'argent (1). Aussi est-ce dans l'intimité du commerce quotidien noué peu à peu entre le diplomate français et l'envoyé brandebourgeois qu'on peut observer au jour le jour la marche et le progrès des préliminaires diplomatiques, qui à Ratisbonne annoncèrent ou amenèrent l'occupation de Strasbourg.

Dès le mois d'août 1680, M. d'Iéna assurait M. Verjus « qu'il avait réussi à faire retrancher des dispositifs de la conclusion de la Diète faite l'avant-veille tous les termes odieux de contravention de paix, entreprises, attentats, etc. (2) » Le 22, il ajoutait qu' « il se rendait caution auprès de S. M., avec la fidélité sincère et constante qu'il lui avait vouée, que cette conclusion ne serait interprétée d'aucun Allemand autrement qu'il ne le disait, et qu'elle ne laissait pas seulement de lieu à l'Empereur de rien faire pour M. l'Électeur palatin et pour les autres que par des offices et remontrances auprès de S. M. royale. » Quatre jours plus tard, M. Verjus affirmait de son côté qu' « il était certain que M. d'Iéna seul avait empêché l'Empire en cette rencontre de prendre une résolution précise, selon les souhaits des ministres de l'Empereur et de la cour d'Angleterre et conformément aux instances de M. l'Électeur palatin. » Au mois d'octobre, lorsque le député de Strasbourg, Binder, mettait de nouveau en circulation le bruit que l'armée française allait se présenter devant sa ville pour en faire le siége, M. Verjus informait encore le roi

---

(1) V. le compte fait par M. Verjus et placé à la suite de sa lettre du 2 juin 1681. Le prince recevait aussi les menus dons en nature, voire les comestibles. Dans le volume 636 du *Dépôt de la Guerre* (p. 64) il existe un " passeport pour deux hommes de l'Électeur de Brandebourg retournant à Berlin avec un mulet chargé de cent couples de perdreaux rouges. „

(2) Lettre de M. Verjus, 19 août 1680. *Archives des affaires étrangères.*

« de la hauteur avec laquelle l'Électeur de Brandebourg avait écrit, tant aux États de l'Empire assemblés qu'à chacun des Électeurs, et de la fermeté avec laquelle le sieur d'Iéna secondait les intentions de son maître (1). » En décembre, au moment où la Diète faisait saisir chez l'imprimeur même un *Mémoire* publié pour justifier les prétentions de la France, tandis précisément qu'on lançait en toute liberté sous ses yeux un « libelle furieux » contre les titres du roi, M. d'Iéna, après avoir causé avec M. Verjus des raisons qui établissaient les droits de S. M., assurait celui-ci à plusieurs reprises qu'à défaut d'une publication tout-à-fait officieuse comme celle qui venait d'être confisquée, « il croyait absolument nécessaire pour le service de S. M. d'en faire courir un petit *Mémoire* sans être avoué ni autorisé de personne. » Selon lui, « un écrit de cette nature bien pris et bien tourné dissiperait assurément la plus grande partie des méchants artifices dont on se servait pour aigrir les esprits contre la France et pour cacher la justice des droits de S. M. (2). » Un autre jour il renouvelait « plus fortement et plus positivement que jamais les assurances de son zèle et de sa fidélité pour le service de S. M., avec les expressions les plus positives et plus grands serments de vouloir même plutôt quitter tout et se retirer que de jamais servir en rien contre elle (3). » L'Électeur de Brandebourg suivant lui-même à pareille époque, vis-à-vis des « chanoinies » comprises dans les diocèses de Magdebourg, Halberstadt et Minden, la politique de Louis XIV en Alsace, et faisant nettement entendre qu'il prendrait ce qu'il demandait, si on ne le lui accordait pas (4), l'appui prêté par M. d'Iéna à M. Verjus provenait encore plus de la logique forcée d'un égoïsme

---

(1) Lettre du 25 octobre 1680. *Archives des affaires étrangères.*
(2) Lettre du 19 décembre 1680. *Archives des affaires étrangères.*
(3) Lettre du 12 décembre 1680. *Archives des affaires étrangères.*
(4) Lettre du 6 février 1681. *Archives des affaires étrangères.*

cupide, mais conséquent envers autrui, que d'un fonds désintéressé de complaisance anti-patriotique.

- Néanmoins, au début de cette année 1681, la France et la paix se trouvaient également compromises à Ratisbonne, où l'armement général avait été décidé en principe dès le 19 août 1680. Dans le courant du mois d'octobre suivant, le ministre de l'Électeur de Saxe avait réuni ses collègues des Cours électorales de confession luthérienne et les avait déterminés à faire une démarche collective, pour se plaindre de ce que l'évêque de Metz eût rétabli le culte catholique dans quelques-uns des lieux annexés depuis peu par la France. Cet Électeur, qui avait adopté une politique incontestablement plus nationale que son voisin du Brandebourg, était tout particulièrement surexcité contre la France par son propre ministre, M. Schott (1). M. Schott se trouvait être précisément le beau-père de Binder, ce député gallophobe que Strasbourg avait choisi pour son représentant à la Diète et dont nous parlions tout à l'heure. L'Électeur palatin surtout, le plus lésé de beaucoup par les arrêts de réunion des Chambres de Brisach et de Metz, ne cessait pas d'agir avec toute l'activité dont il était capable pour qu'on en vînt à une rupture ouverte. Il était question d'une coalition contre la France où seraient entrés l'Empire, l'Angleterre et les États-Généraux (2). On ne désespérait même pas d'y entraîner l'Espagne en raison des différends analogues qui existaient entre les

---

(1) L'origine de l'animosité de M. Schott contre le gouvernement français était toute personnelle et ne provenait pas de mobiles bien élevés. Il paraît qu'au moment où les troupes royales étaient entrées dans Colmar, sa patrie, il avait fait " la perte d'une assez grande quantité de vins et de blé „ qu'il évaluait à plus de vingt mille florins. La Cour de Vienne, spéculant sur son ressentiment, lui avait donné avec une pension le titre de *Hofrath* et l'avait fait entrer au service de l'Électeur de Saxe. V. la lettre du 6 juin 1682 de MM. de Saint-Romain et de Harlay, *Archives des affaires étrangères*.

(2) Lettre de M. Verjus du 14 novembre 1680. *Archives des affaires étrangères*.

deux monarchies à propos de leurs territoires limitrophes (1). Une foule de petits princes avaient été touchés en même temps que les grands par la nouvelle jurisprudence politique du cabinet de Versailles. Si la maison de Würtemberg, souveraine dans le comté de Montbéliard, avait annoncé avant la fin de 1680 qu'elle se décidait à prêter hommage à Louis XIV pour ce comté, en revanche le duc de Parme, encore en janvier 1681, ne pouvait se résoudre au sacrifice de Virton, saisi par ordre du roi. Le plus grave, ce fut que le 6 janvier de la nouvelle année, l'évêque d'Eychstätt, au nom de l'Empereur, pressa la Diète « d'armer pour la sûreté de l'Empire. » Or ce n'était pas des Turcs que dépendait cette sûreté de l'Empire, les Turcs ne s'attaquant qu'à l'Autriche, laquelle bénéficiait d'ailleurs vis-à-vis d'eux d'une trêve encore valable pendant trois ans. Le péril pour l'Allemagne ne venait pas non plus de la Hongrie, où la Chancellerie de Vienne restait libre de supprimer l'insurrection d'un trait de plume, en supprimant les mesures oppressives qui en étaient la véritable origine. Aucun doute au surplus ne restait possible : le rescrit de l'Empereur et le décret de la commission impériale pour l'armement de l'Empire désignaient assez clairement la France comme l'ennemi public auquel il s'agissait de faire face (2). En mars, l'armement était plus que jamais la grande préoccupation du moment, malgré tous les atermoiements que le Brandebourg faisait subir en pleine Diète aux propositions impériales (3). M. d'Iéna

---

(1) Lettre du Roy à M. Verjus, Versailles, 22 mai 1681. *Archives des affaires étrangères.*

(2) Lettre de M. Verjus du 6 mars 1681. Le 22 mai, il ajoutait : " Quelque crainte qu'on ait de V. M. et quelque retenue qu'on affecte de faire paraître à son égard, il échappe toujours, non-seulement dans les délibérations, mais aussi dans les résolutions publiques, bien des sentiments et des expressions qui montrent assez que c'est contre la France qu'on destine cet armement. „ *Archives des affaires étrangères.*

(3) " Il est certain que la manière dont M. d'Iéna parle et dont il agit et la crainte qu'on a de son esprit est ce qui arrête principalement la

jouait avec un zèle incontestable le rôle du nain qui retient un colosse par le pan de son vêtement pour l'empêcher de se battre, et qui y réussit en effet. On se proposait même à Berlin d'organiser une grande ligue anti-impériale, dessein grandiose dont la Cour de Versailles avait la loyauté de dissuader le despotique et belliqueux souverain du Brandebourg [1]. Cependant, on faisait des levées « dans toutes les villes impériales et partout où l'on pouvait [2]. » Quarante mille hommes allaient être mis sur pied par les États de l'Empire [3]. Vingt mille autres devaient suivre, sans préjudice du contingent spécial de l'Empereur [4], qu'on pouvait évaluer à cinquante mille fantassins et dix ou douze mille chevaux [5]. Le ministre du Cercle de Bourgogne annonçait en outre que le roi d'Espagne, son maître, fournirait décidément « un nombre de troupes bien entretenues [6]. » L'inquiétude qu'il avait pour le Luxembourg avait entraîné le faible Charles II dans le camp des ennemis de la France, et son ambassadeur à Vienne poussait à présent à la guerre de tout son pouvoir [7].

L'orage eût donc sans doute immédiatement éclaté, si Louis XIV n'avait accepté l'idée d'ouvrir de nouvelles conférences pour résoudre à l'amiable les dissentiments relatifs à l'exécution du dernier traité. Encore bien moins qu'en 1665, il ne pouvait s'agir d'arbitrage, puisque les parties en litige devaient seules figurer dans les négociations. Tout ce à quoi consentait la Cour de France, c'était

---

résolution du Collége électoral pour l'armement, et ce qui fait que tous les autres ministres de ce Collége vont à tâtons. „ *Lettre chiffrée de M. Verjus du 1er mai 1681. Archives des affaires étrangères.*

(1) Lettre du Roy à M. Verjus, de Saint-Germain, 24 avril 1681. Correspondance de M. Verjus. *Archives des affaires étrangères.*
(2) Lettre de M. Verjus, 15 mai 1681. *Archives des affaires étrangères.*
(3) Même lettre du même.
(4) Lettre de M. Verjus, 22 mai 1681.
(5) Lettre de M. Verjus, 9 juin 1681.
(6) Lettre de M. Verjus, 26 juin 1681.
(7) Lettre de M. Verjus, 10 juillet 1681.

à rechercher en commun avec les Impériaux un terrain de conciliation, peut-être de compromis. Aussi repoussa-t-elle avec sa fermeté accoutumée la proposition de choisir Strasbourg comme lieu des conférences. Le cabinet de Vienne avait pensé avec beaucoup de finesse que, si Strasbourg était agréé par la France et avait la bonne fortune de devenir le siége des pourparlers, il se trouverait protégé par une sorte d'inviolabilité diplomatique (1). On devina aisément le piége à Versailles et l'on prit garde d'y tomber. Entre les quatre villes allemandes indiquées par le gouvernement français, Francfort obtint la préférence. De Ratisbonne, le centre de l'action conciliante et pacificatrice se trouva donc transporté sur les bords du Mein.

Les négociateurs chargés de représenter la France dans cette assemblée de Francfort furent M. M. de Saint-Romain et de Harlay. Prévenus de leur mission dès le mois de mai 1681, ils ne reçurent cependant leurs pouvoirs que le 26 juillet. Il n'y avait pas au fond de temps perdu, puisque le comte de Mansfeld avait annoncé seulement le 20 ou le 21 juin que sa Cour acceptait enfin la désignation de Francfort. Au reste, MM. de Saint-Romain et de Harlay partirent même avant que la Chancellerie impériale leur eût fait parvenir leurs passeports. Chemin faisant, ils purent constater un peu partout qu'on s'entretenait ouvertement du changement de destinées qui semblait s'apprêter pour la République de Strasbourg. « Nous sommes obligés d'ajouter », écrivaient-ils le 9 septembre, « qu'en venant nous avons trouvé au-delà du Rhin presque tout le monde persuadé que, si V. M. voulait, par des bienfaits à quelques particuliers et par des espérances générales de conservation de priviléges, il lui serait aisé de faire désirer

---

(1) Lettres de M. Verjus du 27 février et du 3 mars 1681. Le 10 mars, il ajoute : " Je vois clairement par tout ce qui se dit et se fait ici que l'Empereur souhaiterait passionnément Strasbourg pour le lieu de l'assemblée des commissaires par des raisons qui peuvent porter V. M. à ne le vouloir pas. „

par toute l'Alsace et par la ville de Strasbourg même de ne dépendre que de V. M. (1). » Une fois le Rhin franchi, grand fut l'étonnement des deux ambassadeurs d'apprendre qu'aucun commissaire autrichien n'avait encore paru à Francfort, bien qu'ils fussent tous partis de Ratisbonne le 28 août, et que M. de Stratmann passât pour être en route depuis cinq semaines (2). M. de Stratmann en réalité s'était arrêté à peu de distance de Francfort, dans diverses maisons de plaisance. Le 19 septembre, il écrivait de Bornbourg, où se prolongeait sa villégiature, une lettre latine aux deux envoyés de Louis XIV, lettre dans laquelle il leur disait, entre autres : *Liberiore interim aere hìc ruri proximè Francofurtum fruor* (3). Afin de ne point jouer le rôle assez sot de gens qui en attendent d'autres sans les voir venir, et surtout en sachant qu'ils ne viendront que le plus tard possible, MM. de Saint-Romain et de Harlay prirent le parti de rester eux-mêmes à Höchst, petite ville placée presque aux portes de Francfort et l'une des plus coquettement étalées dans cette riante plaine de verdure et de vignobles qui s'étend le long du Mein jusqu'à Mayence. Au fond ils voyaient parfaitement clair dans le jeu des Impériaux, et à Versailles on ne se faisait pas d'illusions non plus sur le but de cette politique si spontanément expectante. A tout prix, la Cour viennoise voulait se débarrasser de Tököli et de ses bandes en traitant avec la Diète de Hongrie réunie à cet effet, puis se rejeter de la Leitha sur le Rhin avec toutes ses forces (4). De là, la nécessité de gagner du temps avec la France. On estimait aussi que l'armement général n'était pas assez

---

(1) Correspondance de MM. de Saint-Romain et de Harlay, 1681-1682. *Archives des affaires étrangères.*

(2) Lettre de MM. de Saint-Romain et de Harlay, 16 septembre 1681. *Archives des affaires étrangères.*

(3) Cette lettre est reproduite dans la correspondance de MM. de Saint-Romain et de Harlay.

(4) C'était aussi l'avis de M. d'Iéna. V. lettre de M. Verjus, du 3 juillet 1681 dans sa correspondance.

avancé (1). D'un autre côté, le voyage du prince d'Orange et ses démarches en Angleterre n'avaient pas réussi comme on l'espérait à Vienne : on signalait même des troubles dans Londres à cause de sa présence (2). C'était encore un échec à réparer. Rien ne pressait d'ailleurs, au moins en apparence, Louis XIV ayant fait annoncer de son plein gré que la Chambre de Metz ne procéderait plus à de nouvelles réunions, ce qui, il est vrai, ne signifiait nullement qu'il s'engageait à ne pas faire exécuter les sentences prononcées en pareille matière par la Chambre de Brisach. L'ambassade française resta donc les bras croisés à Höchst, attendant le bon plaisir des Allemands, et uniquement appliquée à empêcher l'admission aux conférences des députés que la noblesse de la basse Alsace eût pu être tentée d'envoyer à Francfort (3), ainsi que celle de M. Schott, qui, étant né à Colmar, devait être considéré comme sujet français, et incapable par conséquent de défendre dans une réunion de ce genre les intérêts de l'Électeur de Saxe (4). Ce ne fut en définitive qu'un mois seulement après la reddition de Strasbourg, le 30 octobre 1681, que les délégués de l'Empereur firent leur entrée dans Francfort. Encore les envoyés de Louis XIV avaient-ils trouvé moyen de les y devancer de deux jours.

Il y avait un troisième point de l'échiquier européen où le cabinet de Versailles avait posté un observateur destiné par son concours à lui rendre plus certain en même temps

---

(1) « Il paraît en effet qu'il y a quelque chose qui retient tous les députés et persuade à tout l'Empire que rien ne presse et qu'on peut attendre en sûreté le succès de la Diète de Hongrie et que l'armement résolu à Ratisbonne soit plus avancé. „ Lettre de MM. de Saint-Romain et de Harlay, Höchst, 16 septembre 1681. *Archives des affaires étrangères.*

(2) Lettre du Roy à M. Verjus, 21 août 1681. Correspondance de M. Verjus. *Archives des affaires étrangères.*

(3) Lettre du Roy à MM. de Saint-Romain et de Harlay, Fontainebleau, 19 septembre 1681.

(4) Lettre du Roy à MM. de Saint-Romain et de Harlay, Fontainebleau, 5 septembre 1681.

que moins sanglant « l'accommodement » de Strasbourg. Ce troisième point, c'était la Cour impériale elle-même. Le marquis de Sebeville, le mandataire de la France auprès du chef de la maison d'Autriche et de l'Allemagne, ne pouvait nullement passer pour un diplomate de grandes allures ni pour un esprit politique hors ligne. Officier dans la gendarmerie du roi, il ne paraissait pas né pour jouer en diplomatie les premiers rôles, et, lorsqu'il était parti de Paris pour aller prendre possession de son poste, on avait été prévenu à Vienne par la famille de Mansfeld que le choix d'un ambassadeur aussi médiocre devait être considéré comme une bonne fortune pour la politique impériale. Au reste, M. de Sebeville, par dessus la tête duquel devaient passer les préparatifs secrets et militaires de l'annexion de Strasbourg, n'avait reçu qu'une mission des plus simples, et des plus honnêtes surtout : « Vous devez toujours régler votre conduite », lui écrivait-on en Hongrie, de Fontainebleau le 26 septembre 1681, « d'une manière qu'elle ne donne aucun juste sujet à l'Empereur et à ses ministres de s'en plaindre et qu'il leur paraisse même que votre but est d'entretenir la bonne intelligence entre moi et l'Empereur, et non pas d'entrer dans les intrigues et brouilleries qui se pourraient former dans ses États (1). » L'emploi de M. de Sebeville, obligé ainsi de travailler un peu en aveugle à compléter la carte du royaume, n'allait qu'à renseigner son gouvernement sur ce qui se faisait ou se tramait autour de lui, sur les forces disponibles ou déjà engagées de l'Autriche, sur le caractère et les talents des principaux personnages qui dirigeaient l'Empire, bref sur tout ce qui pouvait éclairer la direction de la politique française et permettre de bien discerner le moment opportun. Aussi M. de Sebeville, sous l'inspiration de la mystérieuse princesse Pio, son Égérie ordinaire, nous a-t-il laissé

---

(1) Correspondance de M. de Sebeville, Vienne, 1681-1682. *Archives des affaires étrangères.*

dans sa correspondance une série de portraits à la plume fort curieux, où son pessimisme inné s'est donné assez beau jeu aux dépens de tous ces grands dignitaires et conseillers auliques, plus ou moins atteints « des gouttes », et d'une caducité qui frise parfois le comique. Si poussé au noir cependant et si assombri que paraisse le tableau de cette Cour sénile constamment errante tout le long du Danube, de Lintz jusqu'en Hongrie, avec quelques arrêts à Vienne, ce tableau n'en reste pas moins le meilleur titre historique de cet officier transformé en diplomate et qui n'était, à le bien prendre, qu'un simple attaché militaire auprès d'un chef de service perpétuellement absent.

Il y a pourtant plus d'une note utile à recueillir dans cette correspondance. Un des premiers traits qu'on y rencontre concorde parfaitement avec le premier renseignement que nous avons relevé dans celle de MM. de Saint-Romain et de Harlay. « Je ne sais si une nouvelle qui arriva hier ici que V. M. s'allait rendre maître de Strasbourg ne retardera pas mon audience, car ils en paraissent inquiets. » Voilà ce que le marquis écrivait aussitôt après son arrivée à Lintz, le 11 janvier 1681 (1). Le 18, le prince de Schwartzenbourg *(sic)*, dans une conversation avec notre ambassadeur, remarquait en outre « qu'à Strasbourg ils craignaient fort la puissance de S. M. et croyaient que l'orage allait tomber sur eux. » Ce qu'au reste on redoutait, ce que du moins on affectait de redouter le plus, soit à Lintz, soit à Vienne, c'était que Louis XIV ne se contentât pas de Strasbourg et de ses dépendances alsaciennes. En ce qui les concernait, la partie était regardée comme à peu près perdue. Le 22 février, M. de Sebeville mandait dans sa dépêche : « J'entends dire par le public que, si V. M. ne poussait pas ses prétentions au-delà du Rhin, on lui accorderait volontiers celles qu'elle

---

(1) Correspondance de M. de Sebeville. *Archives des affaires étrangères.*

a déjà. » Et le 21 mai, il ajoutait, à la suite d'une entrevue avec le ministre du prince Charles de Lorraine, dont l'opinion était conforme à la sienne : « J'ai déjà pris la liberté de mander à V. M. que l'on craignait ici qu'elle ne voulût étendre ses droits en-deçà du Rhin (1), et qu'on comptait comme perdu pour l'Empire tout ce qui était au-delà dans l'Alsace, et que même on était presque résolu de le céder à V. M., pourvu qu'elle en voulût demeurer là et ne pas passer ce fleuve. » A cause de ces craintes ou pour toute autre raison, le représentant du cabinet de Versailles devait dès le début être mis en suspicion, abreuvé même d'humiliations, sur le caractère desquelles il n'y avait pas à se méprendre. Ainsi on lui refusa l'autorisation de suivre la Cour impériale, lorsque Léopold alla rendre visite à l'Électeur de Bavière et lui remit une épée dont celui-ci promit de n'user qu'à son service (2). On l'eût même empêché d'accompagner l'Empereur à la Diète hongroise de Soprony ou d'Œdenbourg, si l'on n'avait jugé qu'une pareille exclusion, qu'il était d'ailleurs impossible d'infliger à tous les ministres étrangers, ne pouvait demeurer isolée sans devenir une offense par trop provocatrice (3). On comprend qu'après ces puériles taquineries les rapports de M. de Sebeville sur la situation politique et militaire ne devaient avoir rien de bien rassurant pour la France. D'après lui, en juillet et déjà même en juin, « on faisait publier sous main qu'on se préparait à la guerre (4). » Bien des faits de détail justifiaient cette appréhension. Le régiment impérial de Foucher campait dans le Brisgau, ceux de Starenberg occupaient Philipsbourg, ceux de Stadel et de Neubourg attendaient en Souabe, la moitié de celui de Taaf, dans le Tyrol. L'éventualité d'une invasion ottomane

---

(1) La conversation, qu'on ne l'oublie pas, avait lieu de l'autre côté du Rhin.
(2) Lettre du 22 mars 1681.
(3) Lettre du 21 mai 1681, de Neustadt.
(4) Lettre du 10 juillet 1681, de Neustadt.

ne préoccupait donc pas exclusivement les Habsbourg. Du moins, pour peu qu'on en crût M. de Sebeville, devait-on le penser à Versailles. Dès le 15 mars en effet, il y avait écrit, en parlant des ministres de l'Empereur : « Ils ont nouvelles de leur résident en Turquie qui leur mande que la Porte leur fait espérer une continuation de la trêve pour vingt ans. » Il confirmait nettement la même pensée le 26 juin : « Ils sont persuadés ici que le Turc n'entreprendra rien cette année sur eux, et, dans cette espérance, ils sont tranquilles et ne mettent ordre à rien de ce côté-là. » Ces appréciations avaient naturellement leur contrecoup à Versailles. Aussi, le 18 juillet, le roi faisait-il écrire à M. de Sebeville : « Le peu d'inquiétude qu'on témoigne au lieu où vous êtes des entreprises que les Turcs pourraient faire cette campagne marque bien que l'Empereur a pris ses sûretés de ce côté-là. »

Tel était l'état des relations internationales de la France tant à Vienne qu'à Ratisbonne et à Francfort, lorsque le marquis de Sebeville qui, le 4 septembre, avait fait savoir à sa Cour que tout était sur le point de s'arranger en Hongrie (1), fut averti de Fontainebleau par deux dépêches datées l'une et l'autre du 29 septembre que la solution définitive de la question strasbourgeoise était imminente. La première de ces dépêches servait d'introduction naturelle à la seconde.

« J'ai reçu ici votre lettre du 11 de ce mois avec le *Mémoire* des demandes auxquelles la Diète de Hongrie s'est retranchée et des régiments d'infanterie, cavalerie et dragons que l'Empereur a présentement dans ce royaume. Ce nombre de troupes serait suffisant pour empêcher que le Turc ne rendît tributaire tout ce royaume

---

(1) " Je vois par votre lettre du 4 de ce mois que la jonction des Turcs aux mécontents d'Hongrie a fait cesser toutes les difficultés qui arrêtaient la conclusion de la Diète d'Œdenbourg, et qu'après qu'on y est convenu des huit principaux articles, tous les autres ont été remis à celle qui se doit tenir à Presbourg dans deux ans. „ Du Roy à M. de Sebeville, Fontainebleau, 26 septembre 1681.

qui s'en était garanti jusqu'à présent. Mais il paraît assez que le penchant de la Cour de Vienne est de s'assujétir plutôt à ce tribut pour s'opposer à la juste possession que j'ai prise des droits qui appartiennent à ma Couronne, en conséquence des traités de Münster et de Nimègue, que d'employer la force et la vigueur pour protéger ses sujets contre l'oppression de l'ennemi commun de la chrétienté... Pour ne rien vous laisser ignorer de ce qui regarde l'Allemagne, je vous envoie la copie de la lettre que j'écris à mes ambassadeurs à Francfort qui vous informera des raisons que j'ai d'obliger sans un plus long retard les habitants de Strasbourg à me rendre l'obéissance qu'ils me doivent (1). »

Nous laissons au lecteur le soin ou l'embarras de conjecturer jusqu'à quel point les dernières informations de M. de Sebeville, relatives à l'apaisement prochain des troubles de la Hongrie et à la grande quantité de forces militaires dont l'Autriche allait pouvoir disposer, avaient pesé sur les décisions, ou plutôt sur l'indécision, du gouvernement français, et rendu enfin inévitable un événement qui n'était que trop facile à prévoir. Ce point de détail aurait besoin d'être élucidé avec un soin tout particulier. Il n'est pas après tout impossible que les utiles avis envoyés par M. de Sebeville aient été quelque chose de plus que le prétexte spécieux de la grande résolution proclamée le 29. Le fait que le départ prochain de la Cour pour Chambord était déjà annoncé et que des préparatifs y avaient été commencés pour sa réception (2) donnerait quelque poids à cette hypothèse, pour peu qu'on suppose Louis XIV et Louvois capables un instant de sincérité. Quoi qu'il en soit de l'origine qu'il convient d'assigner à cette résolution, elle va nous être suffisamment révélée en elle-même par la seconde dépêche du même jour, dépêche adressée à un grand nombre de nos agents diplomatiques.

---

(1) Correspondance de M. de Sebeville. *Archives des affaires étrangères.*
(2) V. L. Ranke, *Histoire de France*, t. III, p. 463.

« La souveraineté absolue qui m'est acquise en conséquence des traités de Münster et de Nimègue sur toute l'étendue de la haute et basse Alsace ne laissant aucun lieu de douter que la ville de Strasbourg qui en est la capitale ne me doive la même obéissance que toutes les autres villes et lieux qui composent cette province, ainsy que je m'en suis expliqué dans ma réponse à la lettre de la Diète de Ratisbonne, je n'aurais pas tant différé à faire exécuter l'arrêt qui a été rendu pour cet effet par ma Cour souveraine établie à Brisach, si je n'avais eu tout sujet de croire que les habitants de cette ville, étant aussi pleinement convaincus qu'ils le doivent être de la justice de mes raisons, se seraient portés d'eux-mêmes à s'y soumettre. Mais, comme j'apprends que ceux qui croient trouver leur avantage dans le trouble font les derniers efforts pour porter les habitants de cette ville à en être les principaux auteurs, qu'ils leur font entendre que le consentement que la Cour de Vienne a donné aux conférences de Francfort n'est que pour cacher d'autant mieux le dessein qu'elle a de renouveler la guerre aussitôt que l'Empereur aura achevé ses levées, qu'elles auront pris des quartiers dans la plupart des Cercles, et que la ville de Strasbourg aura reçu les troupes que la maison d'Autriche y veut introduire pour porter ses armes dans l'Alsace avec tout l'avantage que ce poste lui peut donner, j'ai cru devoir apporter d'autant plus de diligence à prévenir tous les désordres que l'exécution de ce dessein pouvait causer dans l'Empire que j'ai été bien averti que les intrigues et séductions du baron de Mercy et toutes les offres et promesses qu'il a fait au nom de l'Empereur aux habitants de cette ville avaient déjà fait de si fortes impressions sur les esprits crédules qu'ils étaient tous disposés à recevoir les troupes autrichiennes et que le prince de Lorraine se préparait à y faire entrer celles qui sont sous son commandement.

C'est ce qui m'a fait résoudre d'aller moi-même dans ladite ville de Strasbourg recevoir le serment de fidélité qu'elle me doit, et comme je ne doute pas qu'elle ne satisfasse promptement à ce que je demande d'elle avec tant de justice, vous pouvez donner des assurances positives (1) au lieu où vous êtes que les troupes que j'ai fait

---

(1) Le mot *positives* est au-dessus de la ligne.

assembler pour réduire les habitants à ce qu'ils me doivent, au cas que, contre mon opinion, ils le refusassent, s'en retourneront incessamment dans leurs quartiers, et que mon intention est d'entretenir toujours une bonne et perpétuelle correspondance avec tous les États de l'Empire.

Je veux bien même donner en même temps des preuves convaincantes à toute l'Allemagne de la sincérité de mes intentions pour le maintien de la tranquillité dont elle jouit à présent, et lui faire voir que ce n'a été que la nécessité absolue de prévenir les mauvais desseins de ceux qui la voulaient troubler et les avis certains de la résolution qu'on avait fait prendre à quelques esprits turbulents de ladite ville d'y recevoir des garnisons de l'Empereur pour pouvoir me refuser ce qu'ils me doivent qui m'a obligé de m'y transporter moi-même, pour y faire reconnaître mes droits auxquels une plus longue patience aurait pu porter de grands préjudices; et, comme les ministres autrichiens tâchent d'alarmer tout l'Empire des desseins qu'ils publient que j'ai de porter mes armes au-delà du Rhin pour y soutenir mes prétentions, non-seulement je veux bien que vous donniez de ma part (1) des paroles précises que je me contenterai toujours de ce qui me doit appartenir en-deçà de ce fleuve, mais même vous pouvez vous avancer de dire que je consentirai dès à présent à l'entière démolition de toutes les murailles et fortifications de Fribourg aussi bien qu'à la restitution de cette ville capitale du Brisgau à l'Empereur, à la condition qu'il ne pourra jamais en réparer les fortifications ni en faire aucune autre sous quelque prétexte que ce soit, et qu'il fera pareillement raser celles de Philipsbourg et le rendre à l'évêque de Spire. Ainsi il ne tiendra qu'à l'Empereur de faire cesser de part et d'autre tous sujets d'inquiétude et de défiance, même d'ôter pour l'avenir toute occasion de renouvellement de guerre et affermir pour toujours une parfaite correspondance entre ma Couronne et l'Empire (2). »

---

(1) Les trois derniers mots sont dans le manuscrit au-dessus de la ligne.
(2) Cette pièce se retrouve dans plusieurs correspondances aux *Archives des affaires étrangères*.

Le contenu et le ton de cette circulaire disaient assez que l'heure suprême, après un tiers de siècle, avait sonné pour la République de Strasbourg. Sa chute, on va le voir, avait été préparée de main de maître.

VII

Quels mobiles, quels instruments, quels personnages avaient été mis en œuvre dans les derniers temps, sinon depuis fort longtemps, pour préparer à Strasbourg la domination de la France et la rupture de ses dernières attaches nominales avec le monde politique d'au-delà du Rhin ou d'au-delà du Jura? Ce mystère historique a beaucoup préoccupé l'érudition germanique et française. Il est hors de doute que de fort longue date il existait dans Strasbourg un parti français, français dans ce sens du moins qu'en toute occasion ce parti inclinait vers la France, et ne se souciait pas même du saint-empire comme le noyé s'intéresse à la branche qu'il voit flotter à sa portée et d'où lui peut venir encore la délivrance. La lettre si curieuse que la Loubère écrivait le 23 juin 1679 fait suffisamment foi que le parti plongeait ses racines ou du moins étendait ses ramifications jusque dans les Conseils de la République. Les circonstances avaient favorisé son accroissement. La neutralité, dont Strasbourg s'armait si souvent pour détourner d'elle le juste ressentiment des généraux français, permettait à ces derniers d'y entretenir, sans manquer aux lois de l'honneur international, tel qu'on le concevait alors, un assez grand nombre de correspondants chargés d'un service d'informations politiques et militaires dont il nous est parvenu de très nombreux échantillons [1]. Parmi ces correspondants nous voyons figurer, à côté d'un fonctionnaire municipal, Hammerer, le tout dévoué Heiss, qui

---

[1] V. entre autres au *Dépôt de la Guerre* les volumes 607, 608, 615, 668 et 671.

paraît s'être fait de son fils un collaborateur (1), tout comme Frischmann avait fait du sien, en attendant le moment de lui transmettre officiellement son titre. On y trouve encore un nommé Fried (2), celui probablement qui fut syndic et mourut en avril 1678, enfin un certain Imlein (3), qui pourrait bien avoir été l'un des secrétaires de la ville ayant comparu en son nom à la Chambre de Brisach. Le secrétaire interprète de cette Chambre, Klinglin, devait sans doute être aussi le même que le Klinglin qui devint plus tard magistrat royal à Strasbourg et légua sa charge à son fils. Tous ces agents, qui formaient depuis un certain temps le noyau du parti français dans la cité, ne pouvaient manquer de prévenir de plus en plus leur entourage en faveur du monarque au service duquel ils s'employaient si volontiers. Au premier rang dans cette agence de publicité se faisait remarquer Güntzer, tant par l'ancienneté de ses rapports avec certaines autorités françaises que par son aptitude à ces sortes d'affaires, aptitude fondée principalement, à ce qu'il semble, sur une connaissance des deux langues un peu moins imparfaite chez lui que chez les autres. Dès 1675 et 1676, il avait parlementé, au nom de sa ville, il est vrai, avec Turenne et Luxembourg, auprès desquels il avait fait, en quelque sorte, fonctions de ministre ambulant (4). Le jeune Frischmann dit de lui, non seulement qu' « il ne manquait ni d'activité ni d'habileté », mais encore qu'il lui paraissait parmi ses concitoyens « le seul homme qui eût la hardiesse de pousser une chose. Il me semble même que ses maîtres le craignent », ajoutait Frischmann (5), quitte à forcer un peu la note exacte pour mieux faire l'éloge d'un ami.

---

(1) " Vous savez que moi et mon fils nous sommes tout à vous. „ *Dépôt de la Guerre*, volume 671, p. 83.
(2) V. *Dépôt de la Guerre*, par exemple, volume 615, lettres des 10, 17, 31 janvier et 3, 7 et 10 février 1678.
(3) V. *Dépôt de la Guerre*, volume 668, lettre du 4 septembre 1681.
(4) V. Kentzinger, t. II, p. 191 et 236-237.
(5) Lettre de Frischmann du 10 juillet 1681. V. Coste, p. 90.

Avec l'aide de ces partisans éprouvés, il n'était pas besoin de beaucoup d'efforts du dehors pour préparer peu à peu les meilleurs esprits de la ville et les plus soucieux de son bien à en ouvrir les portes aux armées d'un prince, qui, étant décidément le plus puissant en Alsace comme en Europe, tenait dorénavant entre ses mains la neutralité, c'est-à-dire le repos, et de plus le commerce, partant la prospérité de Strasbourg. La force de la logique et le sentiment de la situation militaient bien assez par eux-mêmes en faveur de la monarchie française pour que des frais extraordinaires d'éloquence ou d'intrigues ne fussent pas indispensables. Sous la mystérieuse pression des événements ou de la nécessité, bien des conversions n'attendaient plus pour éclater que l'heure opportune. Plus d'une même s'était déjà déclarée. L'avocat de la ville, Stœsser, jadis « grand impérialiste », disait Frischmann père, dans une note de 1678, était au contraire signalé le 9 septembre 1681 à MM. de Saint-Romain et de Harlay par Frischmann fils comme tout disposé à faire sa paix avec le roi (1). Le farouche gendre de M. Schott, Binder, devenait lui-même beaucoup moins hostile à Ratisbonne vers le mois d'août et faisait à M. Verjus de grandes protestations de sympathie pour la France (2). Le préteur Zedlitz, « un des plus intelligents et des mieux intentionnés du Conseil », suivant Frischmann fils, mériterait encore d'après son témoignage d'être porté sur la liste des patriciens strasbourgeois réconciliés avec la France par le bon sens de leur patriotisme, et qui pensaient qu'il valait mieux se résigner de bonne grâce à son inévitable suprématie. Le jurisconsulte Obrecht, qui, dans son *Prodromus rerum alsaticarum*, venait de soutenir que la monarchie française n'avait pas de prétentions

---

(1) V. la correspondance de MM. de Saint-Romain et de Harlay, 1681. *Archives des affaires étrangères.*

(2) V. la lettre du 28 août de M. Verjus. *Archives des affaires étrangères.*

à élever sur l'Alsace entière (1), paraît lui-même avoir été l'un des plus prompts à se rallier à cette manière de voir, et à devenir un auxiliaire aussi efficace que sûr pour la France, car il fut le premier préteur royal de Strasbourg. Grâce à ces fortes positions prises d'avance par le cabinet de Versailles au cœur même de la République, il y semblait déjà en bien des moments prépondérant à l'hôtel de ville, et, le 24 juillet 1681, Frischmann pouvait écrire à Louis XIV : « Si je ne savais à n'en pouvoir douter que tous les conseillers de cette ville qui sont au nombre de cinq se haïssent mortellement, je croirais qu'ils eussent concerté ensemble de me venir offrir leur service, puisqu'il n'y en a pas un qui ne l'ait fait depuis deux jours (2). » Avec une telle diathèse psychologique, il devait suffire de déployer inopinément devant les murailles de la ville une force armée qui ne lui permît pas de songer à une résistance sérieuse, pour obtenir sans plus de peine ou d'attente l'acquiescement de la population à un nouvel ordre de choses. L'audace et l'intimidation, voilà les deux alliés véritables qui, avec l'appui du vieux parti français, allaient permettre à Louvois de franchir enfin les fossés de Strasbourg.

Faut-il croire aussi que la corruption ait joué son rôle dans l'entreprise, et décidé de son succès, ainsi qu'on l'a si souvent répété en Allemagne, ainsi qu'on semble l'admettre jusqu'ici en France? Il est on ne peut plus fâcheux que Voltaire, avec une légèreté plus étourdie assurément que patriotique, ait fait de cet événement un récit qui a inspiré et qui jusqu'à un certain point excuse encore aujourd'hui une bonne partie des légendes haineuses d'outre-Rhin. M. de Kentzinger, juge fort compétent en sa qualité de maire de Strasbourg et d'historiographe rétrospectif de sa cité, a relevé vertement la frivole

---

(1) V. p. 171 : " *Nicht das ganze Elsass in Anspruch nehmen dürfe.* „
(2) V. Coste, p. 92.

inexactitude de cette relation, composée sans doute d'après des rumeurs d'origine transrhénane (1). L'examen des documents officiels détruit absolument toute hypothèse de guet-apens concerté, de combinaison machiavélique pour livrer Strasbourg à la France en un moment convenu. Pareille imputation rentre dans le domaine du roman, ou plutôt, de la calomnie. Aucune trace de marché et de trahison, de vénalité provoquée ou consentie, d'achat de consciences en un mot, en vue d'une prompte occupation de la ville, ne se retrouve, soit dans les papiers de Louvois, soit dans la correspondance de notre diplomatie. Qu'il y ait eu chez certains Strasbourgeois beaucoup d'espérances latentes et malsaines de grandeur future, de coupables rêves d'ambition ou de rancunes à satisfaire, chez quelques autres même le tort de cadeaux acceptés et sollicités, comme « marques d'estime et de bienveillance de S. M., » c'est ce qui ne nous paraît pas douteux. Il est prouvé que la Cour de Versailles, sans qu'on lui laissât même le temps de jouer en Alsace le rôle d'ange tentateur, fut accablée par ses partisans ou ses courtisans de demandes de toute espèce, surtout de demandes de fiefs, vacants pour une cause ou pour une autre. C'est ainsi que le baron de Wangen, sans aucun scrupule, réclama le don de celui de Reichentweiler (2) dans le Sundgau, et que Heiss fit présenter au roi dans les mêmes intentions un plan de celui d'Ostein *(sic)* qui se trouvait dans la haute Alsace (3). Nous ne disconvenons pas non plus qu'on ait expédié de Paris à Strasbourg, plusieurs mois après l'occupation, un petit nombre de médailles et de chaînes. Mais les convoitises personnelles sont de tous les temps, de tous les temps de transition surtout, et au XVIIe siècle les princes les plus

---

(1) V. Kentzinger, t. II, p. 292-293.

(2) Louvois à Lagrange, 25 avril 1681, *Dépôt de la Guerre*, volume 654, p. 403.

(3) Louvois à Lagrange, 17 juin 1631. *Dépôt de la Guerre*, volume 655 p. 332.

puissants et les plus riches de l'Allemagne recevaient avec trop de satisfaction « les gages d'amitié » de la France pour qu'on puisse avec justice taxer de corruption chez les modestes bourgeois de Strasbourg le bon accueil, parfois anticipé, fait par eux à quelques objets d'art, voire même, si l'on y tient, à quelques lettres de change, dont il conviendrait pourtant de retrouver la date, le chiffre et le destinataire avant d'en faire le point de départ d'accusations en règle. Des Strasbourgeois pouvaient bien d'ailleurs accepter de Louis XIV et de ses ministres, sans manquer à leur devoir de bons citoyens, des présents que M. de Mercy, nous l'avons vu, ne craignait point de recevoir des chefs de la République. Les menus cadeaux du roi de France s'adressaient souvent aussi à des services ostensiblement rendus et qui n'étaient point inavouables. Enfin nous savons que Heiss, par exemple, au moment décisif, n'était pas à Strasbourg, mais bien à Francfort (1), et que Louvois, juste dix jours avant que Montclar se présentât devant la ville, ignorait si Güntzer lui-même s'y trouvait. « Je vous prie, » mandait-il à Frischmann le 18 septembre 1681, « de vous informer chez les libraires et autres gens curieux de Strasbourg si on ne trouverait point de carte particulière de Hongrie... et, si le sieur Güntzer est à Strasbourg quand vous recevrez cette lettre, je suis persuadé qu'il voudra bien vous aider à faire cette perquisition (2). » M. A. Schmidt a donc eu tout-à-fait tort de répéter d'après Strœbel que Güntzer avait reçu cinquante mille florins pour vendre sa patrie (3). Strœbel du reste avait omis de dire sur quelles preuves ou quels soupçons s'appuyait sa propre allégation, émise d'ailleurs sous toutes réserves, car lui non plus ne croit pas à une trahison préméditée. On nous

---

(1) " Nous avons appris avec grand étonnement la reddition de Strasbourg à la dévotion du Roy. „ *Dépôt de la Guerre*, volume 671, p. 83.

(2) Lettre de Louvois à Frischmann, *Dépôt de la Guerre*, volume 658, p. 468.

(3) *Elsass und Lothringen*, p. 44.

permettra donc d'adopter sur ce point le jugement de M. Ranke, qui ne peut admettre que « quelques magistrats se soient laissé gagner avec de l'argent. » Il y a peut-être un peu trop d'optimisme à poser en principe, comme le fait l'historien en titre de la maison de Hohenzollern, que « les autorités d'une antique ville libre ne pouvaient s'abaisser si bas. » Mais, ce qui est décisif, quand il s'agit de condamner les gens, les preuves de culpabilité manquent absolument, et les présomptions sont défavorables à l'accusation.

Il ne faut pas oublier d'ailleurs que la France avait encore à sa disposition pour forcer les portes de Strasbourg un appui d'une autre nature, une sorte de levier moral qui lui fut surtout d'une utilité incontestable pour affermir et consolider sa domination, je veux parler du catholicisme. Ce n'est pas à dire assurément qu'il y ait eu concert préalable et salarié entre la France et ce Chapitre strasbourgeois, qui, de l'aveu de M. Ranke, formait dans la ville le centre du parti français (1). Les chanoines n'avaient pas en somme assez d'influence personnelle dans cette cité vouée à toutes les ardeurs et à toute l'intolérance du protestantisme pour que le cabinet français pût se croire un intérêt sérieux à leur faire jouer de ses deniers le rôle de Judas. Mais les riches et nobles héritiers des prébendes strasbourgeoises n'étaient point, à beaucoup près, les meilleurs alliés que la foi catholique fournît au roi de France pour entrer dans Strasbourg. Le concours de son évêque, de M. de Strasbourg, comme on l'appelait officiellement, avait pour lui une bien autre valeur. Cet évêque, un peu évêque *in partibus*, ou du moins condamné à un *alibi* perpétuel, le prince François de Fürstenberg, n'était pas autre en effet que le célèbre et infatigable diplomate réfugié tantôt en France et tantôt à Cologne, qui de compte à demi avec son frère, le prince Guillaume, dirigeait la

---

(1) V. *Histoire de France*, t. III. p. 463.

politique de cet important Électorat, et avait été si souvent exposé aux colères, parfois aux pires traitements de la Cour de Vienne. Les deux princes, après la paix de Nimègue, s'étaient mis plus que jamais à la disposition de Louvois et de son maître. Le cabinet de Versailles avait beaucoup fait effectivement pour cette puissante famille en expédiant à Nimègue un *ultimatum* où le roi disait en propres termes : « A l'égard du prince et évêque de Strasbourg, je m'attache formellement à la restitution de ce prince dans tous ses États, biens, honneurs, prérogatives, etc. (1). » Cette générosité n'était peut-être pas d'ailleurs sans arrière-pensée. L'an 1384, à Luxembourg, l'empereur Wenceslas avait conféré le landgraviat entier de la basse Alsace à l'évêque de Strasbourg, Frédéric, et il avait étendu cet abandon ou délégation de ses droits impériaux à tous les successeurs de Frédéric, et, en l'absence d'un évêque, au Chapitre (2). D'un autre côté, en 1647, avant la signature de la paix de Westphalie, le prélat alors en fonctions revendiquait ce titre de landgrave en vertu d'un achat en bonne et due forme datant de l'année 1358 (3). François de Fürstenberg lui-même avait fait présenter au congrès de Nimègue un *Mémoire* pour soutenir qu'il était membre, et non pas sujet, de l'Empire. L'Empereur, qui s'était écrié jadis dans un accès de colère, en chassant l'évêque du territoire allemand : *Abeat Episcopus in Gallias* (4), ne trouva rien de mieux à faire cette fois que de jeter en prison le mandataire envoyé par le prince François à Vienne pour y revendiquer son droit d'être représenté aux conférences comme évêque-landgrave. Ce mandataire, Ducker, passa une année entière dans les

---

(1) V. Mignet, *Introduction aux négociations relatives à la succession d'Espagne.*
(2) V. Laguille, *Preuves*, p. 64-65.
(3) V. *Archives d'Alsace.*
(4) V. Laguille, II, p. 255-256.

cachots viennois, où le prince Guillaume avait fait un plus long séjour. Il y avait là un contraste trop saisissant avec la brillante hospitalité offerte par le roi de France à l'évêque de Strasbourg, d'abord dans la ville de Reims, puis au Louvre même, pour que le cœur des deux Fürstenberg ne fût pas sensible à de si bons procédés, encore bien que, dans ce désir de posséder le prince-prélat à la Cour et de lui faire restituer tout ce qu'il revendiquait en fait d'États et de pouvoir, il y eût sans doute avant tout une intention politique et un acte de haute prévoyance.

Les rapports qui régnaient entre les deux princes et les ministres du roi étaient empreints de toute la familiarité que comportaient les mœurs un peu solennelles du siècle. On écrivait à Louvois pour le consoler de ses deuils les plus douloureux (1), et Louvois, en d'autres temps, poussait la prévenance jusqu'à faire lui-même défense aux officiers de Montclar d'aller tirer du gibier sur les terres de M. de Strasbourg (2). Ce n'était pas toutefois uniquement des compliments de condoléance ou des actes de courtoisie qu'on échangeait par correspondance ou dans des entrevues directes, quoique, malheureusement, les billets très courts qui nous sont parvenus ne nous permettent pas toujours de savoir au juste quels intérêts on s'occupait de régler ainsi à l'amiable. Le 12 décembre 1679, à Saint-Germain, Louvois, en accusant réception à l'évêque de ses deux lettres « du 29 passé et du 5 courant », l'assurait qu'il était prêt à « entretenir » son agent, M. Ducker, lorsque celui-ci viendrait le voir de sa part, et à conférer avec son frère le prince Guillaume, prochainement attendu à Paris, de chacune des matières indiquées dans sa lettre. Le 31, le ministre répondait à une nouvelle lettre de l'évêque datée du 23, en répétant qu'il causerait avec le prince Guillaume de tout ce qui concernait le prince François,

---

(1) *Dépôt de la Guerre*, volume 645, p. 500.
(2) *Dépôt de la Guerre*, volume 648, p. 403.

et que le premier ne pourrait manquer de rendre au second témoignage de son zèle (1). Une lettre adressée le 30 juin, de Saverne, au roi par le prince Guillaume ne nous en apprend pas beaucoup plus sur ce qui se passait entre le ministre et les deux frères. Guillaume de Fürstenberg promet de faire tout ce qu'il pourra « pour porter MM. du Chapitre de Strasbourg à différer la députation qu'ils avaient résolu de faire à S. M., en sorte néanmoins qu'il puisse toujours la leur faire effectuer, lorsqu'elle le trouvera à propos (2). » Le 1er mai de la même année, le prince-évêque était à Paris, voyait le roi et s'occupait du réglement de sa pension (3). Bientôt il partait pour visiter les terres *extra-muros* de son évêché, où le Chapitre venait d'élire pour doyen un prince de Nassau dont Guillaume pouvait écrire : « Je crois entrer assez dans les sentiments du prince pour pouvoir assurer V. M. qu'il ne lui donnera jamais lieu de n'être pas contente de lui (4). » Toutefois, qu'on ne se hâte pas, d'après les lacunes ou le mystère de ces lettres, de croire à quelque complot direct et précis entre l'évêque et son Chapitre, d'une part, et les ministres français, de l'autre. S'il y avait beaucoup d'affaires en commun, rien ne prouve ou n'indique qu'il y ait eu quelque intrigue en jeu. Voici une lettre que, le 15 août 1681, l'évêque François de Fürstenberg écrivait de Spa au roi, et dont le style ainsi que le sujet ne permettent guère de supposer que le pétitionnaire fût de moitié dans l'événement qui se préparait. Tout au plus, sans rien connaître de la date et des moyens, était-il dans la confidence vague du projet ou de l'envie à échéance indéterminée que la France avait de se sentir maîtresse de Strasbourg.

---

(1) *Dépôt de la Guerre,* volume 627, p. 312 et 749.
(2) Correspondance de MM. Lavauguyon et Tambonneau. Cologne, 1681. *Archives des affaires étrangères.*
(3) Même correspondance.
(4) Lettre du 12 mai. Même correspondance.

« Sire, je ne serais point si souvent importun à V. M., si les charges continuelles dont on m'accable, aussi bien que mes pauvres sujets de l'évêché de Strasbourg et ceux de mes abbayes de Murbach et de Lure, ne m'obligeaient à prendre recours à V. M. C'est, Sire, ce qui me fait prendre la hardiesse de la faire ressouvenir en toute soumission de ses grâces dont elle a eu la bonté de m'assurer, non-seulement à l'égard de la protection qu'elle m'a si généreusement accordée pour l'exécution de mon article compris dans les traités de paix de Nimègue, suivant lequel V. M. me remette (sic) dans l'entière jouissance de tous mes droits, prérogatives et dignités, mais aussy de la favorable déclaration qu'il lui a plu de me donner sur les quartiers et logements de ses troupes en Alsace, selon laquelle j'avais lieu d'espérer qu'on ne logerait dorénavant plus dans mesdits États que vingt-cinq dragons seulement pour maintenir la souveraineté que V. M. prétend sur toute l'étendue de l'Alsace (1). »

Les princes de Fürstenberg en réalité se montrèrent surtout utiles à la cause qu'ils servaient en entourant par avance le roi des meilleurs conseils sur la manière de se concilier les sympathies publiques en Alsace. La modération et la douceur, les transitions et les concessions, en un mot le respect aussi large que possible de l'autonomie locale, telle était la politique que le prince Guillaume, tout en attendant son frère à Saverne, engageait Louis XIV à adopter dans sa nouvelle province, contrairement aux suggestions de violence et de rapine que Frischmann prodiguait à Louvois. Donnons tout de suite ici, ne serait-ce que par fidélité à l'ordre chronologique, la fin d'une lettre du 6 juin 1681, qui devait servir de base, d'abord à la capitulation de Strasbourg, et ensuite à toute l'administration française au-delà des Vosges jusqu'en 1789.

« Je crois encore à propos de faire connaître à V. M. le dessein que le grand Chapitre de cet évêché paraît avoir de demander à mon

---

(1) Correspondance de MM. Lavauguyon et Tambonneau. *Archives des affaires étrangères.*

frère comme leur évêque qu'ils puissent envoyer conjointement avec
lui des députés à V. M., non-seulement pour l'assurer de leurs très
obéissants respects et soumissions, mais aussi pour la supplier très
humblement de vouloir les laisser jouir paisiblement dans les terres
de l'évêché, situées en-deçà du Rhin, de la souveraineté desquelles
elle s'est mise en possession, des mêmes droits, exemptions et prérogatives dont ils ont joui sous les Empereurs et l'Empire, et, afin
que V. M. puisse me faire savoir, s'il lui plaît, avant que je parte
de ce pays ici, ses intentions là-dessus, je lui envoie une copie des
instructions que le Chapitre doit donner à ceux qui auront l'honneur
d'être députés vers V. M. Comme je ne saurais lui exprimer assez
quel bon effet a produit dans l'esprit de tout le monde la confirmation qu'elle a accordée à la noblesse de la basse Alsace de ses
anciens droits et priviléges, je prendrai, s'il lui plaît, la liberté de
lui représenter combien de semblables marques de bonté qu'elle
pourrait donner à notre Église seraient à plus forte raison avantageuses à ses intérêts par l'éclat qu'elles feraient dans toute
l'Allemagne et surtout chez les princes ecclésiastiques, lesquels sont
continuellement inquiets et opprimés, faute de protection, et lesquels tous ensemble n'abhorreraient pas, ce semble, la souveraineté
de V. M., s'ils étaient assurés qu'ils dussent garder sous sa domination les mêmes priviléges qu'ils possèdent sous l'Empire, et qu'ils
n'eussent pas à craindre qu'après quelque temps on chargeât leurs
sujets de tailles et d'impositions, en sorte qu'ils n'en pussent plus
tirer rien eux-mêmes. De laquelle appréhension il semble néanmoins
qu'il serait aisé à V. M. de les guérir, s'il lui plait, en accordant
aux princes et États qui lui rendraient leurs soumissions, ainsi que
l'évêque et le Chapitre de Strasbourg ont intention de le faire, des
investitures semblables à celles qu'ils ont reçues des Empereurs,
non-seulement d'y faire insérer dès-à-présent une déclaration des
sommes à quoi pourraient monter les tailles ou impositions que
leurs sujets auraient à payer en temps de paix ou en temps de
guerre, mais aussi d'y spécifier tout ce que V. M. voudrait s'y
réserver, par exemple, l'ouverture de leurs places, le pouvoir de
faire fortifier à ses dépens celles qu'il lui plairait, les passages ou
les quartiers d'hiver pour ses troupes, moyennant un réglement
fixe et stable de ce que V. M. ferait payer aux sujets, tant pour les

étapes que pour la fourniture de l'ustensile pendant les quartiers d'hiver, la permission aux sujets d'appeler à ses Parlements de Metz et d'Alsace dans toutes les causes civiles dont le différend passerait une certaine somme, l'engagement pour tous les princes et États qui se soumettraient à sa souveraineté d'avoir le consentement de V. M. pour établir dans leur pays aucuns péages, outre ceux qui sont établis avant l'année 1620, ou pour exiger de leurs sujets, soit en contributions ou en corvées, plus qu'ils n'ont fait avant la même année. Suivant lesquelles conditions, ces princes et États recevraient leurs investitures et rendraient foi et hommage à V. M. en la même manière qu'ils avaient accoutumé de faire à l'Empereur, en vertu de quoi il faut remarquer que les princes deviendraient bien ses vassaux, mais non pas ses sujets, ainsi que le sont les habitants des pays dont V. M. a acquis la souveraineté par les traités de Münster et de Nimègue. Les choses allant ainsi, je m'assure que non-seulement la ville de Strasbourg, mais plusieurs autres princes et États suivraient l'exemple de l'évêché de Strasbourg, aimant mieux se soumettre de bonne grâce et de leur pur mouvement à V. M. que de s'attendre à la protection de l'Empereur et de l'Empire, et à l'événement incertain des conférences qui se doivent tenir sur les différends qu'il y a présentement entre V. M. et l'Empire (1). »

A cause peut-être du progrès que les amis de la France faisaient de jour en jour dans Strasbourg et des espérances que leur imprudence y pouvait trahir, les partisans quand même de l'autonomie politique de la ville, et par conséquent de l'Allemagne, cherchaient à se rapprocher de l'Empire, qui, certes, n'avait pas su protéger efficacement leurs intérêts matériels, mais qui ne leur en apparaissait pas moins dans l'avenir comme la seule planche de salut de leur indépendance. Les chefs de ce parti autonomiste et germanique, le capitaine Brackenhoffer, l'écuyer Reichshoffer, et « l'impie » Dietrich, ainsi que l'appelait Frischmann

---

(1) Correspondance de MM. Lavauguyon et Tambonneau. *Archives des affaires étrangères.*

père en le signalant comme l'un des adversaires déclarés de la France (1), tous ces membres du patriciat strasbourgeois étaient de leur côté on ne peut plus passionnés. Dans une certaine mesure, leur passion avait porté ses fruits. Obligée de rendre hommage pour ses bailliages de Barr, Wasselnheim, Illkirch et Marlen, tout comme les dix villes impériales l'avaient fait pour elles-mêmes, la République strasbourgeoise, justement inquiète de ses propres destinées, avait à plusieurs reprises envoyé, tant à Vienne qu'à Ratisbonne, le syndic Frantz solliciter des États de l'Empire et de l'Empereur en particulier un secours qu'on ne s'était pas fait faute de lui laisser espérer (2). Montecuculli en mourant avait, paraît-il, laissé à Léopold « un avis par écrit de prévenir l'accablement qui lui viendrait de la France dès que son roi aurait achevé les fortifications qu'il avait commencées, desquelles, à quelque prix ou par quelque moyen que ce pût être, il fallait interrompre les travaux. » M. de Stadion, qui rapportait comme tout-à-fait authentique ce bruit à M. Foucher, l'envoyé du roi à Mayence, ajoutait que « bien des gens remontraient à l'Empereur qu'il devait prendre garde de ne pas attendre trop tard à donner une entière créance aux prophéties du défunt (3). » Les promesses faites au syndic Frantz reçurent du reste au moins un commencement d'exécution. A la fin de mai 1681, peu de temps après le licenciement de la garnison suisse qui avait occupé Strasbourg depuis le départ des Impériaux, M. de Mercy y arriva, et partagea son activité entre « des allées et venues aux Cours de princes voisins » et des intrigues auprès des chefs du parti allemand (4). Ce n'était pas

---

(1) *Dépôt de la Guerre*, volume 609, p. 79.
(2) Laguille, II, p. 264 et Kentzinger, t. II, p. 294 et suiv.
(3) Lettre chiffrée du 21 février 1681. *Archives des affaires étrangères.*
(4) Lettre de Frischmann, 30 juin 1681. V. Coste, *Réunion de Strasbourg*, p. 85.

assez que, suivant l'expression de Frischmann, chacun dans la ville montrât « beaucoup d'égard » pour lui. D'après la rumeur publique, M. de Mercy, avant son retour dans Strasbourg, avait déjà fait offrir une garnison autrichienne à ses magistrats (1). Peu importe que la rumeur publique eût tort ou non en cette circonstance. L'essentiel pour nous, c'est que les démarches faites à Vienne au nom du Sénat strasbourgeois semblaient à ce moment destinées à atteindre leur but, c'est que la nouvelle de cet accord était transmise de divers côtés à Versailles, et que Louvois, aussi bien que son souverain, pouvait et devait en redouter la réalité. Une lettre anonyme les avait informés précédemment que « l'Empereur cherchait les moyens d'introduire une garnison de ses troupes dans la ville de Strasbourg, et que même le baron de Mercy avait été solliciter *incognito* les magistrats de la recevoir (2). » Le prince Guillaume de Fürstenberg lui-même, dans la mémorable lettre écrite à Saverne le 6 juin dont nous avons déjà détaché un passage, confirmait le péril de la situation en ces termes :

« Je dois avertir V. M. qu'il court un bruit sourd que l'on traite sous main de la part de l'Empereur avec les plus zélés pour ses intérêts dans la ville de Strasbourg, afin d'y introduire trois ou quatre mille hommes de ses troupes, avant que V. M. en puisse être avertie. C'est pourquoi, encore qu'une bonne partie de ceux du Magistrat paraisse être portée à maintenir cette ville dans ses anciens priviléges en s'assurant de la protection et bienveillance de V. M., je crois que V. M. doit faire un peu veiller sur leurs actions afin de s'assurer de leur pont, dès qu'elle pourra avoir connaissance qu'il y ait des mesures prises pour faire entrer garnison impériale dans leur ville, d'autant plus que V. M. est en

---

(1) Lettres de Frischmann, 17 et 21 juillet. V. Coste, p. 91.
(2) V. Coste, p. 96-97.

droit de le faire par toute la souveraineté qu'elle exerce dans la haute et basse Alsace (1). »

Vainement Frischmann, sur qui, par extraordinaire, les autorités strasbourgeoises avaient cru devoir essayer la puissance séductrice des cadeaux (2), avait-il pris le parti de menacer à son tour les complices de M. de Mercy de l'envoi d'un corps d'armée français de douze mille hommes pour déjouer les projets autrichiens. A la fin de juillet, M. de Mercy, surveillé d'ailleurs par deux agents français, le baron de Wangen et le Père Montellier, continuait sans scrupules son séjour à Strasbourg, s'entretenant longuement avec le D^r Stœsser, que la République venait de désigner pour la représenter, non plus à la Diète de Ratisbonne, où elle avait laissé son siége vacant (3), mais bien aux conférences de Francfort (4). L'Empereur en outre s'arrangeait de façon à faire passer par Strasbourg les deux députés qu'il envoyait à ces conférences en sa qualité d'archiduc d'Autriche (5). On annonçait aussi la présence sur les bords du Rhin du prince de Lorraine, et lui-même le marquis de Dourlach augmentait la défense de sa forteresse de Hochbourg (6). Au commencement de septembre enfin, il n'était bruit que de l'entrée prochaine dans Strasbourg du régiment impérial de Stadel (7) pour y tenir garnison, et en même temps on y parlait d'une nouvelle

---

(1). Correspondance de MM. Lavauguyon et Tambonneau. Cologne, 1681, *Archives des affaires étrangères*.
(2) Lettre du 7 juillet 1681, V. Coste, p. 88.
(3) " Le vœu *(votum)* de la ville de Strasbourg sera désormais vacant à la Diète de l'Empire. „ Lettre de Frischmann, 8 septembre 1681. *Dépôt de la Guerre*, volume 668, p. 132.
(4) Lettre de Frischmann, 24 juillet 1681. V. Coste, p. 91-92.
(5) Lettre de Frischmann, 4 août 1681. V. Coste, p. 93.
(6) Lettre non-signée. V. Coste, p. 95.
(7) Lettre de Frischmann, 8 septembre 1681. *Dépôt de la Guerre*, volume 668, p. 132.

levée de vingt mille hommes pour le compte de Léopold (1). Bref, si les six mille Autrichiens ne devancèrent pas les troupes royales sur les terres de la République, leur retard, d'après Strœbel, ne tint qu'à des difficultés imprévues ou à une impossibilité matérielle (2). M. A. Schmidt lui-même n'a pas songé à mettre en doute les préparatifs alarmants de l'Allemagne à propos de Strasbourg : " Les États de l'Empire les plus rapprochés de l'Alsace, " dit-il, " se mirent en mouvement, l'agitation la plus vive régna dans toute la Souabe, quelques uns, comme le comte de Dourlach, prirent toutes les mesures nécessaires pour la guerre, levèrent des soldats et fortifièrent leurs châteaux (3). "

En raison même de ce qu'elle présentait de contradictoire, de favorable et de défavorable à la fois, en raison de ces brusques et violentes alternatives, de ces déchirements douloureux qui présagent la violence, une pareille situation ne pouvait plus ne pas aboutir promptement à une crise. Si la France s'abstenait de prévenir l'Autriche, infailliblement elle serait prévenue par son ennemie. L'auteur d'un *Mémoire* purement officieux, qu'on trouvera dans la correspondance de M. M. de Saint-Romain et de Harlay et qui fut composé après coup en novembre 1681, posait le dilemme avec netteté : " Nous savons tous ce que l'Empereur a fait lui-même pour avoir Strasbourg. Nous n'ignorons pas que les allées et venues du capitaine Mercy n'avaient point d'autre but que de persuader aux habitants de recevoir garnison de l'Empereur. Le Roy Très-Chrétien le savait très bien aussi. Il avait de son côté le même dessein, et, comme il l'a su mieux conduire et qu'il a été le plus habile, il a été aussi le plus heureux. Ainsi cela se réduit à dire qu'il a pris une ville que l'Empereur voulait prendre. "

---

(1) Lettre de Frischmann, 4 septembre 1681. *Dépôt de la Guerre,* volume 668, p. 126.
(2) *Vaterländische Geschichte des Elsasses,* t. V, p. 123-124.
(3) *Elsass und Lothringen,* p. 41.

La formule allemande *Du oder Ich*, dans sa précision triviale et son franc égoïsme, justifierait donc à elle seule Louis XIV de ce qu'il allait entreprendre, car Strasbourg aux mains des Impériaux eût été une épine enfoncée dans le flanc du royaume.

Une tradition longtemps en crédit voulait que le signal de l'occupation de leur ville eût été donné par quelques Strasbourgeois, Güntzer ou tout autre, à l'aide d'un émissaire envoyé sur le pont de Bâle pour y frapper la balustrade de trois coups de bâton à un jour et à une heure convenus [1]. Cette légende, beaucoup trop romanesque pour être vraisemblable, s'explique aujourd'hui par ce que nous savons du stratagème réellement employé afin de mettre en jeu tous les ressorts préparés à Versailles, sans que personne pût se douter qu'il s'agissait de prendre Strasbourg et de donner le coup de grâce à son indépendance. Ce fut en effet à la couleur bleue et jaune des rubans de leur chapeau que les quatre messagers partis, deux pour recevoir et deux pour remettre les ordres du roi, se reconnurent au rendez-vous qui leur avait été assigné, et qui n'était autre que le cabaret le plus rapproché de l'abbaye de Lure en Franche-Comté. Les « domestiques » qui venaient de Fontainebleau donnèrent à ceux qui arrivaient d'Alsace un paquet renfermant les dernières instructions [2] pour M. de Lagrange, lequel « avait été informé au voyage fait par lui à Saint-Germain l'hiver précédent de la résolution prise par le Roy de soumettre Strasbourg à son obéissance entre cy et la fin de cette année. » Sous prétexte d'inspecter les fortifications, Lagrange était allé attendre à Belfort le retour de ses gens et la fameuse « boëte » dont ils étaient porteurs. Aucune concentration de soldats ou de munitions ne devait trahir la grande

---

[1] V. *Paris, Versailles et les provinces au XVIIIᵉ siècle* et Kentzinger, t. I, p. 20-21.

[2] V. toutes les instructions de détail dans le volume 657 du *Dépôt de la Guerre*, p. 289-292. Elles portent la date du 14 août.

entreprise avant l'après-midi du 27 septembre. Autant en un mot le roi avait publiquement annoncé son intention de faire valoir tôt ou tard ses droits sur Strasbourg, autant Louvois avait usé d'habileté pour cacher à tous les yeux l'instant et les moyens choisis par sa Cour. Il avait poussé les précautions, par méfiance de l'indiscrétion des Lorrains, jusqu'à faire enfermer les trente mille louis d'or, mis en réserve pour l'expédition, dans des gaines simulant un canon de fusil et sur lesquelles il avait recommandé de peindre effectivement une de ces armes (1). Du côté de la Suisse, on avait pris toutes les mesures de prudence que comportait le souvenir de l'alliance cordiale perpétuée à travers tant de siècles entre la République strasbourgeoise et les cantons helvétiques. M. de Lagrange ainsi que M. Chauvelin avaient ordre de veiller de très près sur tous les mouvements qui pourraient s'y faire. De plus, un corps de cavalerie, composé de plusieurs régiments (2), et placé sous le commandement de M. de Bulonde, prendrait position à Altkirch, afin d'observer certains cantons au moyen d'espions postés à Bâle et à Huningue. En cas d'apparition suspecte, M. de Bulonde avait pour instructions de « charger » toutes les bandes qui, en descendant la vallée, menaceraient de se porter au secours de Strasbourg (3). Il ne paraît pas qu'on ait songé à couper sérieusement ses communications militaires d'un autre côté.

---

(1) Lettre du 22 avril 1681 à M. de la Villeromard. *Dépôt de la Guerre.* volume 663, p. 3bis, 1re partie

(2) " Lumbre, Bulonde, Dauphin, Langallerie, Saint-Aignan, Royal-Piedmont, Colonel général. „ Outre ces régiments de cavalerie, il y avait aussi un peu d'infanterie. V. *Dépôt de la Guerre*, volume 663. Ce volume, consacré exclusivement à Strasbourg, a été presque en entier livré à la publicité par M. Coste, dans l'ouvrage que nous avons déjà si souvent cité.

(3) Le concours de Berne et de Zurich était d'autant plus à redouter que ces deux petites Républiques se trouvaient les débitrices de Strasbourg et auraient pu la payer en lui fournissant des soldats. V. *Dépôt de la Guerre*, volume 673, p. 230. Lettre de Louvois à Güntzer, 12 janvier 1682,

Quelques heures après l'instant fixé pour le commencement des manœuvres et des préparatifs ostensibles, dans la nuit du 27 au 28 septembre, qui se trouvait être un dimanche, trois régiments de dragons français, commandés par le baron d'Asfeld, s'avancèrent jusqu'au pont de Strasbourg, investirent la redoute qui le défendait, et l'occupèrent après cinq ou six coups de fusil, tirés par les quelques hommes qu'on y avait laissés en sentinelles. Aussitôt le tocsin retentit dans la ville, les habitants descendirent dans les rues, beaucoup accoururent aux remparts, et les magistrats se réunirent pour aviser. Le résident de France fut le premier interrogé sur la signification de ce déploiement si matinal de forces si considérables. Mais le malheureux Frischmann n'était rien moins qu'initié aux secrets du cabinet de Versailles. Il ne savait rien, ne répondit rien, et fut gardé à vue pour sa sûreté personnelle. Sans prendre le temps d'en savoir lui-même plus long, le « Magistrat », dès neuf heures du matin, en même temps qu'il écrivait à Montclar pour lui demander la restitution du pont, fit partir des dépêches à l'adresse de l'Empereur à Vienne et de la Diète de Ratisbonne, dont il sollicitait un secours immédiat (1). D'Asfeld

---

(1) " Nous ne pouvons pas nous empêcher de témoigner à V. M. I. l'étonnement dans lequel nous sommes de ce qui est arrivé aujourd'hui à deux heures du matin par les troupes françaises répandues dans les petites villes et bourgs d'Alsace, qui doivent se monter à mille dragons, autant que nous en avons pu apprendre jusqu'ici, lesquels, après s'être assemblés avec beaucoup de secret, se sont approchés de notre ville sans que nous en ayons rien su, et enfin emporté les postes que nous tenons en-deçà et en-delà du Rhin, lesquels nous n'avons pas pu depuis la paix mettre en assez bon état pour pouvoir résister contre une force aussi considérable, desquels postes ils se sont rendus maîtres et se sont logés dedans. Comme nous ne pouvons nous imaginer autre chose d'une si subite entreprise, sinon qu'elle sera suivie d'hostilités plus considérables contre une ville qui, dans le fond, ne les a pas méritées, dans un péril aussi pressant que celui-là, comme nous ne nous trouvons pas assez de force pour prendre sur cela d'assez bons expédients pour pouvoir nous garantir des suites, nous avons cru devoir en informer V. M. I., afin qu'elle pût de bonne heure avec tous les membres de l'Empire et le Collége électoral apporter les

fut assez heureux pour intercepter une partie de cette correspondance, et Montclar, avant la fin de la journée, invita les Strasbourgeois à envoyer au camp des députés « afin d'apprendre les intentions de S. M. » Il leur annonçait également que Louvois et lui avaient « les pouvoirs suffisants pour traiter avec eux de toutes choses à l'amiable. » Il ne paraît pas que Güntzer soit sorti avant le lendemain 29 pour aller conférer avec Montclar et Louvois. Rien n'était plus naturel en réalité que la double sortie qu'il fit ce jour-là, puisqu'il était secrétaire de la ville, savait le français moins mal que la plupart de ses collègues, et ne pouvait manquer de passer pour être en bons rapports avec les autorités françaises. Il y a donc quelque manque d'équité à considérer sa démarche, ainsi qu'on l'a fait (1), comme la preuve d'une connivence antérieure et intéressée. Durant ces négociations, les soldats français s'étaient disséminés par les champs et s'amusaient à cueillir les fruits qui pendaient aux arbres dans le voisinage même des remparts et des glacis (2). De son côté, le résident

---

remèdes nécessaires avec toute la diligence que mérite une affaire aussi pressée et aussi importante. *Addition.* Depuis cette lettre écrite, nous venons d'apprendre par un tambour que nous avions envoyé au sieur baron d'Asfeld, qui était chargé de la conduite de cette entreprise, pour savoir les raisons qui l'ont porté à commettre ces hostilités, qu'il avait été envoyé là sur un avis que M. de Montclar avait reçu que V. M. I. faisait marcher des troupes pour se saisir des postes qu'il venait d'occuper, et pour prévenir lesdites troupes de V. M. I., et que ledit sieur de Montclar l'avait envoyé avec deux mille chevaux et deux mille hommes de pied pour l'empêcher, qu'ils n'auraient point commis aucun acte d'hostilité, si les gens qui étaient commis à la garde desdits postes n'avaient tiré les premiers et blessé quelques uns de ses gens, qu'il s'offrait même de nous remettre les prisonniers qu'il avait faits dans cette action. Si nous apprenons quelque chose dans la suite, nous ne manquerons pas d'en informer V. M. I. „ — *Dépôt de la Guerre,* volume 663, p. 20.

(1) " *Herr Christoff Güntzer musste zweimal hinaus (einige wollen sagen als ob dieses ohne requirirtes Sentiment der Bürgerschaft geschehen sei).* — *Eigentlicher Bericht von Befestigung der Stadt Strassburg* 1683. Bibliothèque de la rue de Richelieu, Lk[7] n° 9427 du catalogue de l'histoire.

(2) C'est du moins ce que rapporte la relation allemande que nous venons de citer : " *Die Soldaten amusirten sich das reife Obst von den fruchtbaren Bäumen auf den Wällen abzuwerfen.* „

impérial, Neveu, — car, par un curieux caprice du hasard, la cause allemande avait à Strasbourg un défenseur d'origine française, tandis qu'à la tête du parti français figurait un nom allemand, — le résident impérial, dis-je, attisait de son mieux la colère populaire et essayait d'amener un soulèvement favorable à son maître. Il ne devait pas y réussir. Dans la journée, Louvois et Montclar avaient promis, conformément aux ordres du roi, que, si Strasbourg ouvrait spontanément ses portes, la France respecterait toutes ses vieilles coutumes et magistratures. Surexcitée par les discours et les largesses du baron Neveu, la populace put bien se répandre en injures grossières ou en vaines menaces. Le parti de la soumission n'en prévalut pas moins et fort vite dans la haute bourgeoisie. Laissons au reste Frischmann, dans une lettre écrite sans doute à Montclar pendant la nuit, nous donner l'impression exacte et comme l'écho de ce qui s'était passé durant cette journée du 29 dans l'intérieur de Strasbourg.

"J'ai déjà vu plusieurs alarmes de cette ville, mais je n'y ai jamais remarqué une si grande tranquillité.... Quoique l'on m'ait assuré que le résident de l'Empereur avec ses adhérents ait fait son possible pour encourager le peuple sous l'espérance de je ne sais quel secours de troupes que Madame de Uhnstett dit avoir vu marcher il y a quelques jours dans les montagnes, je n'y ai pas remarqué la même chaleur qui y a percé autrefois. Il est bien vrai que ces deux jours on a fait tout ce qu'on a pu pour se mettre dans une bonne défense. Mais les magistrats ont eu la prudence de laisser le canon sur les remparts dépourvu de poudre, afin d'ôter à quelques insensés le moyen de commencer un jeu qui finirait mal pour la ville. Comme j'ai été tout aujourd'hui exactement observé, et qu'ayant voulu prendre langue des choses de M. Güntzer, ce dernier m'a fait dire qu'il ne pouvait me venir trouver, parce qu'il était obligé de sortir de la ville, je n'ai pu découvrir que tard les différentes dispositions des esprits dans cette rencontre. J'ai su à la fin que les magistrats avaient assemblé les élus des métiers pour leur déclarer les propositions qu'on dit que vous leur aviez faites, qu'une bonne partie de ces élus avait été d'avis de se jeter entre les bras de S. M. sans aucun retardement, mais que la pluralité des voix avait conclu qu'il fallait faire quelque résistance pour avoir un accommodement plus honorable. Il était environ entre quatre et cinq heures quand on m'a fait ce récit. Depuis ce temps-là, le trésorier de cette ville m'a fait dire secrètement que MM. de Strasbourg avaient pris la dernière résolution de faire entrer demain au soir les troupes de S. M. — *P. S.* Il est minuit, et tout est si tranquille qu'on n'entend pas le moindre bruit dans les rues (1). »

Tout le désaccord paraît avoir été en effet entre ceux qui désiraient sauver les apparences par une attitude énergique et ceux qui trouvaient plus simple, et, en somme, plus digne, d'aller à la docilité par le plus court et le plus droit chemin. Ces derniers avaient beau jeu au reste, Louvois les ayant autorisés à dresser eux-mêmes le projet de capitulation de Strasbourg et les divers articles du traité qui fixerait sa situation privilégiée vis-à-vis de la monarchie française. Aussi, d'après Laguillé, « on ne vit qu'un seul tailleur, petit homme de soixante dix ans, qui fût d'avis de se défendre jusqu'à la mort (2). » Le Sénat et les notables de la République furent, eux, d'un sentiment tout opposé. A en juger d'après un *Mémoire* apologétique que rédigea le syndic Frantz, et qui devait justifier la ville en Allemagne (3), ils ne paraissent pas d'ailleurs avoir cédé uniquement à la brusque et irrésistible pression exercée sur eux par l'armée royale. En général, ils étaient fort désappointés de l'abandon dans lequel les laissait l'Empire, en dépit de toutes les promesses de

---

(1) *Dépôt de la Guerre*, volume 671, p. 71.

(2) V. II, p. 265 et Coste, p. 30. M. Schmidt (p. 44) parle de toute la corporation des tailleurs *(Schneider-Innung)* comme ayant protesté. C'est un peu amplifier.

(3) En voici le titre exact : " *Kurze, jedoch gründliche Erzählung wie und aus was Ursachen die Stadt Strasburg sich der Cron Frankreich Gewalt und Protection untergeben.* On trouvera cette pièce au complet dans Coste.

l'Empereur (1); d'un autre côté, ils n'échappaient point vis-à-vis des Impériaux au ressentiment que le créancier éprouve toujours vis-à-vis d'un débiteur de mauvaise foi. Indépendamment en effet de la garnison impériale, la Cour de Vienne elle-même avait contracté, notamment envers la corporation des bateliers et celle des boulangers, d'assez lourdes dettes dont on ne pouvait obtenir le règlement (2). Ainsi, non-seulement l'Empire n'avait voulu faire aucun sacrifice d'argent pour la protection de Strasbourg, mais encore Strasbourg ne pouvait réussir à rentrer dans les avances pécuniaires que l'Autriche lui avait imposées. Comme pour mettre le comble à cette sourde irritation, le gouvernement viennois n'usait que fort peu d'aménité et de douceur dans ses rapports officiels avec les magistrats de ce petit État libre. Nous ne possédons qu'une lettre de Léopold à MM. de la République, mais elle forme un contraste frappant par son ton de raideur impérieuse avec la courtoisie constante des lettres écrites au nom des rois de France. Ce n'était point de cette façon que les Impériaux avaient dû faire aimer ou désirer la domination de leur maître à Strasbourg (3). Les autorités de la ville

---

(1) " *Bei etlichen Jahren her haben sie ihren Zustand aller gehörigen Orthen aufs beweglichste repräsentirt, an Schicken und Schreiben, welches auch mit unsäglichen Kosten zugegangen, an sich nichts erwinden lassen, aber man wohl hier und dar bezeuget dass man die Gefahr zwar wohl apprehendiren, auch sogar selber dafür gewarnet, nichtsdestoweniger über mitleidische* Contestationes, Sincerationes *und gute Vertröstungen nichts erhalten können, und weilen dann bei denen langwührigen Reichs*-Deliberationibus, *Misshelligkeit und Zergliederung der Reichs-Ständen nirgend kein Rath, Hulff und Succurs zu hoffen gewesen, oder, wann es aufs höchste gekommen, man von einem Ort zum andern gewiesen worden*, etc...

(2) " *Viele Bürger der Statt, ja ganze Zünffte, in* specie *der Schiffleuten und Bäcker um viel Tausend Gulden, die sie guter Meinung denen kaiserl.* Commissarien *auf guten Glauben und hohe betheuerliche Versprechungen geborgt, zurückgesetzt worden und keine Bezahlung erhalten können.* „

(3) " Puisque nous apprenons avec un extrême déplaisir comme quoi vous prenez illicitement l'autorité depuis quelque temps de charger les pauvres réfugiés du plat pays qui se sont retirés dans votre ville de Stras-

prirent donc le parti, dès le lundi 29, de lancer à l'adresse de l'Empereur une nouvelle lettre pour lui annoncer leur résolution définitive de prêter hommage au roi de France. On verra clairement dans ce document, surtout si on le compare à la lettre de la veille, le progrès que la crainte avait fait en peu d'heures dans les esprits et la part qu'il convient d'attribuer à ce mobile dans toute cette affaire.

« Nous nous sommes donné l'honneur d'informer V. M. I. par un courrier que nous lui avons envoyé de ce qui s'est passé la nuit du 27 au 28 de ce mois. Comme nous ne savons point si l'original de notre lettre lui aura été rendu, nous prenons la liberté de lui en envoyer un *duplicata*, et en même temps l'informer de ce qui s'est passé depuis notre dernière lettre, et lui faire connaître l'état pitoyable de nos affaires. M. de Montclar nous ayant fait savoir le 28 au soir qu'il souhaitait que nous lui envoyassions un de nos

---

bourg, qui est aussi une des villes du saint-empire, avec de si énormes impôts et argent que vous appelez entre vous argent de protection qu'il est impossible aux mêmes réfugiés d'avoir de leur propre bien les moyens nécessaires pour subsister, de plus que vous procédiez jusqu'à l'exécution contre les officiers et sujets de l'évêché de Strasbourg, leur prenant du leur, les contraignant à des contributions, à des corvées et en plusieurs autres voies qui ne vous sont pas permises, comme si vous aviez une suprême domination sur eux ou comme si vous aviez à disposer d'eux selon votre propre volonté, et comme nous ne voyons pas de quelle façon vous puissiez vous justifier devant Dieu et devant le monde de semblables impertinences et dures procédures et que désormais nous ne sommes pas intentionnés de souffrir ou de conniver lesdites extorsions, ainsi nous vous faisons en vertu de cet écrit un mandement sévère et sérieux que vous ayez à l'avenir une plus grande compassion avec ceux qui, pour se mettre à couvert des hostilités et d'autres dangers, se réfugient dans ladite ville de Strasbourg, avant tout des capitulaires dudit évêché aussi bien que de leurs officiers et sujets, que vous n'ayez pas à les molester, comme vous le faites, en aucune manière, mais que vous les laissiez en pleine jouissance de ce qu'ils avaient, sans leur donner aucun empêchement, et que même vous leur donniez incessamment satisfaction de ce que vous pouvez leur avoir eu soustrait ou ôté sans raison, et que vous vous conformiez avec obéissance ponctuelle à ce que nous vous ordonnons. Et, si vous le faites, nous vous serons en tout cas bien affectionnés avec grâce impériale. A Vienne, le 18 de mars 1679. „ *Dépôt de la Guerre*, volume 633, p. 92bis. Le germanisme de la traduction garantit surabondamment l'authenticité de la pièce.

députés pour nous faire savoir les intentions de S. M. Très Chrétienne qui sont que, la Chambre souveraine de Brisach ayant adjugé au Roi son maître la souveraineté de toute l'Alsace dont notre ville est un membre, il voulait en vertu dudit arrêt que nous eussions à reconnaître Sadite Majesté pour notre souverain seigneur et recevoir une garnison et mériter par là sa protection, que le Roi y avait d'autant plus songé qu'il était bien informé que V. M. I. cherchait depuis quelque temps tous les moyens d'y en faire entrer une, et que l'on en avait parlé publiquement à la Cour du prince de Bade et que le baron de Mercy avait été envoyé à nous à cet effet par V. M. I., M. le baron de Montclar nous a fait entendre en même temps que, si nous nous accommodions à l'amiable et de bonne heure, nous devions compter sur la conservation de nos droits et de nos priviléges, mais que, si nous nous obstinions au contraire et que nous commettions le moindre acte d'hostilité, le Roi avait présentement le nombre de troupes, l'artillerie et les choses nécessaires pour nous ranger à notre devoir, et que, M. le marquis de Louvois devant arriver aujourd'hui, il nous conviait à prendre promptement des résolutions favorables, afin qu'il lui en pût donner part à son arrivée, qui devait être suivie de celle du Roi Très Chrétien dans six jours. Comme nous nous sentons trop faibles pour pouvoir résister à une puissance aussi grande et aussi terrible que celle de S. M. Très Chrétienne, et que d'ailleurs nous ne voyons pas que nous puissions être assistés d'aucun secours ni d'aucun conseil, nous n'avons point d'autre expédient que de nous remettre à la volonté de Dieu et recevoir les conditions que S. M. Très Chrétienne nous voudra bien prescrire. C'est de quoi nous avons voulu nous donner l'honneur d'informer V. M. I., et, en lui demandant la continuation de ses bonnes grâces, nous sommes avec un très profond respect etc... (1) »

Cette lettre de congé, où il n'était nullement question des droits de l'Empire sur la République strasbourgeoise, ni

---

(1) *Dépôt de la Guerre*, volume 663, p. 22, 2ᵉ partie. V. aussi Coste, p. 102-103.

même des regrets que ses magistrats éprouvaient à s'en séparer, ne montre pas seulement sous la pression de quels sentiments ou de quelle situation ils se résignèrent à céder au plus fort, elle prouve en même temps que dès le lundi la reddition de la place, sans être encore un fait accompli, était déjà un fait imminent. Toutefois on doit croire qu'il y eut, soit quelque tergiversation momentanée de la part des autorités, soit réellement quelque nouvelle délibération populaire, si l'on en juge par cette autre lettre qui fut adressée à Louvois au camp d'Illkirch le mardi matin de très bonne heure :

« Nous avons appris par nos députés qui ont eu l'honneur de faire la révérence à V. Exc. la proposition qu'il lui a plu de leur faire de la part de S. M. Très Chrétienne, et nous n'aurions pas aussi manqué de donner à V. Exc. les assurances touchant la bonne intention que nous avons à l'égard de la souveraine protection de S. M. à eux prescrite, s'il n'eût été qu'au retour de nos députés nous eussions trouvé notre bourgeoisie qui a passé toute la journée sur les remparts en un tel état que nous n'avons pas jugé à propos de leur parler d'une affaire d'une telle importance. C'est pourquoi nous supplions très humblement V. Exc. de nous accorder le temps jusqu'à l'après-midi en considération que notre état démocratique ne permet pas de conclure les choses de conséquence sans participation de toute la bourgeoisie, que nous tâcherons à disposer d'être de même sentiment que nous, c'est-à-dire de rapporter à V. Exc. une réponse qui lui pourrait agréer, puisque nous sommes avec tout le respect imaginable etc. (1). »

Les circonstances n'admettaient plus de nouveaux délais. Il importait que le coup qu'on avait voulu frapper produisît au plus vite son effet. Attendre encore, c'était s'exposer à ce qu'il n'en produisît plus. Louvois répondit donc en hâte au Sénat de Strasbourg.

---

(1) *Dépôt de la Guerre*, volume 663.

« J'ai appris, Messieurs, avec surprise par votre lettre de ce matin que vous ne prétendiez venir ici que sur le midi après m'avoir promis positivement hier que vous y seriez à la pointe du jour. Et comme, si les troupes du Roy n'entrent dans Strasbourg aujourd'hui, je n'ai point de pouvoir de traiter avec vous, si ce n'est de vous recevoir à discrétion et en payant les frais faits pour vous réduire et les dommages causés par votre pont pendant la dernière guerre, je vous conseille de venir promptement, parce que, si les troupes du Roy entrent de bonne heure dans la ville, j'espère y mettre un tel ordre que vos habitants n'en recevront aucun dommage, de quoi je ne répondrais pas, si elles n'y entraient que sur le tard. Profitez de mon avis, et, en vous rendant promptement ici, commencez à mériter la protection et les bonnes grâces du plus grand roi du monde (1). »

Une fois cette lettre reçue, la capitulation fut promptement signée, et Louvois promit à bref délai la ratification royale. Les clauses et conditions de cette capitulation ayant été préparées par les Strasbourgeois eux-mêmes, ainsi que nous l'avons dit, c'est à cette circonstance qu'il convient d'attribuer la connaissance précise et habile des intérêts de la ville qui a paru à M. L. Ranke (2) une preuve d'entente préalable entre le parti français et la Cour de Versailles. M. Ranke sur ce point n'a fait d'ailleurs que se conformer à la relation composée après coup par Ezéchiel von Spanheim, l'envoyé brandebourgeois, qui, le 3 octobre 1681, écrivait à Berlin : « On sut que M. de Louvois avait porté avec lui la capitulation qu'il devait faire insinuer à la ville de Strasbourg, qu'il y avait des articles, entre autres, touchant la religion et par où la cathédrale serait cédée aux catholiques, qu'il y avait même lieu de croire qu'on aurait bon marché du Magistrat. » Mais la date même de ce passage ne permet pas en bonne critique d'y voir une prédiction, puisqu'il est postérieur à l'événement.

---

(1) V. Coste, p. 171. Pièce tirée des archives de Strasbourg.
(2) *Histoire de France*, t. III, p. 452-453.

Assurément Louvois savait ce qu'il était venu faire, et, à la tête de trente mille hommes, il n'était pas d'humeur à laisser trop entreprendre par les Strasbourgeois sur les dispositions qu'il avait préparées *in petto*. Le texte déjà bien des fois imprimé de cette capitulation, que la France accepta des Strasbourgeois, qu'elle ne leur imposa pas, ce texte, dis-je, est d'ailleurs en contradiction formelle avec l'assertion tardive du diplomate brandebourgeois, puisqu'il est intitulé : *Articles proposés par les préteur, consuls et magistrats de la ville de Strasbourg le 30 septembre 1681*. Voici dans son entier ce document, dont le style, lui aussi, semble bien révéler une rédaction strasbourgeoise.

« Nous, François-Michel Letellier, marquis de Louvois, secrétaire d'État et de commandement de S. M., et Joseph de Ponts, baron de Montclar, lieutenant-général des armées du roi, commandant pour S. M. en Alsace, avons, en vertu du pouvoir à nous accordé par S. M. pour recevoir la ville de Strasbourg à son obéissance, mis les *apostils* cy-dessous dont nous promettons fournir la ratification de S. M. et la remettre au Magistrat de Strasbourg, entre cy et dix jours.

I.

La ville de Strasbourg, à l'exemple de M. l'évêque de Strasbourg, le comte de Hanau, seigneur de Fleckenstein et de la noblesse de la basse Alsace, reconnaît S. M. Très Chrétienne pour son souverain seigneur et protecteur.

II.

S. M. confirmera tous les anciens privilèges, droits, statuts et coutumes de la ville de Strasbourg, tant ecclésiastiques que politiques, conformément au traité de paix de Westphalie confirmé par celui de Nimègue.

III.

S. M. laissera le libre exercice de la religion, comme il a été depuis l'année 1624 jusqu'à présent, avec toutes les églises et écoles, et ne permettra à qui que ce soit d'y faire des prétentions aux biens ecclésiastiques, fondations et couvents, à savoir l'abbaye Saint-Étienne, le chapitre de Saint-Thomas, Saint-Marc, Saint-Guillaume, aux Tous Saints et tous les autres compris et non compris, mais les conservera à perpétuité à la ville et à ses habitants.

IV.

S. M. veut laisser le Magistrat dans le présent état avec tous ses droits et libre élection de leur Collége, nommément celui des Treize, Quinze, Vingt et un, grand et petit Sénat, des échevins, des officiers de la ville et chancellerie, des couvents ecclésiastiques, l'Université avec tous leurs docteurs, professeurs et étudiants en quelque qualité qu'ils soient, le collége, les tribus et maîtrises, tous comme ils se trouvent à présent, avec la juridiction civile et criminelle.

V.

S. M. accorde aussi à la ville que tous les revenus, droits, péages, pontonages et commerce avec la douane soient conservés en toute liberté et jouissance, comme elle les a eus jusqu'à présent, avec la libre disposition de la *Pfenningthurn (sic)* et la Monnaie, des magasins de canons, munitions, armes, tant de ceux qui se trouvent dans l'arsenal qu'aux remparts et maisons de la bourgeoisie, des magasins de bleds, vins, bois, charbons, suif et tous les autres, les cloches comme aussi les archives, documents et papiers, de quelque nature qu'ils soient.

VI.

Toute la bourgeoisie demeurera exempte de toutes contributions et autres paiements, S. M. laissant à la ville tous les impôts ordinaires et extraordinaires pour sa conservation.

VII.

S. M. laissera à la ville et citoyens de Strasbourg la libre jouissance du pont du Rhin, de toutes leurs villes, bourgs, villas, maisons champêtres et terres qui leur appartiennent et fera la grâce à la ville de lui octroyer des lettres de répit contre ses créanciers, tant dans l'Empire que dehors.

VIII.

S. M. accorde aussi amnestie de tout le passé, tant au public qu'à tous les particuliers sans aucune exception, et y fera comprendre le prince palatin de Veldence, le comte de Nassau, le résident de S. M. Impériale, tous les hôtels, le *Bruderhof* avec ses officiers, maisons et appartenances.

IX.

Il sera permis à la ville de faire bâtir des casernes pour y loger les troupes qui y seront en garnison.

X.

Les troupes du Roy entreront aujourd'hui 30 septembre 1681 à la ville à quatre heures après-midi.

Fait à Illkirch, ce 30 septembre 1681. Signé : de Louvois, Joseph de Ponts, baron de Montclar, Jean-George de Zedlitz, écuyer et préteur, Dominique Dietrich, Johann Leonard Froreisen, Johann Philipp Schmidt, Daniel Reichshoffer, Jonas Starr, J. Joachim Frantz, Christoffle Güntzer. „

Sur trois points seulement Louvois crut bon d'user du droit éventuel d'amendement qu'il s'était naturellement réservé, avant de signer cet acte de société perpétuelle, j'allais dire ce contrat de mariage, entre Strasbourg et la France. Ces modifications portaient sur les articles III, IV et V. Relativement à l'article III, le roi renonçait bien toujours à poursuivre la pleine et entière exécution du traité de Münster, mais la cathédrale, ou *Dom*, était exceptée de cette règle de tolérance générale, parce qu'on avait l'intention de la rendre au culte catholique. Il fut toutefois entendu que les autorités municipales conserveraient quand même le droit de se servir des cloches pour les fêtes publiques. A la marge de l'article IV, Louvois inscrivit une clause qui permettait aux Strasbourgeois d'en appeler à la Cour de Brisach pour tous les procès d'une importance de plus de mille livres en capital. A propos du Ve enfin, il prévint qu'il prendrait possession de tout le matériel de guerre accumulé dans l'arsenal, en d'autres termes que la ville serait désarmée. Les sept autres articles furent simplement marqués du mot *accordé*.

Vers quatre ou cinq heures, les portes furent ouvertes, et la cavalerie française entra dans la place. L'attitude de la population resta des plus calmes. Il y avait beaucoup de curiosité, un peu d'étonnement, mais point du tout d'indignation ni de colère. Du moins les commandants de la garnison n'eurent-ils qu'à se louer du bon ordre qui continua de régner dans la cité. Louvois ne revint que fort tard au camp d'Illkirch, où M. de Vissac lui écrivit le 1er octobre, dans la matinée, que la nuit s'était passée fort tranquillement et que cette tranquillité durerait certainement, pourvu que le soir les soldats ne s'enivrassent pas trop avec leurs hôtes (1). Le matin, on avait rassemblé les divers « chefs des métiers » afin de leur lire le texte de la capitulation « dont tout le peuple paraissait fort content. » Louvois, du camp d'Illkirch ou de Strasbourg même, passa les jours suivants à expédier des courriers dans toutes les directions, moins encore pour répandre la nouvelle que pour contremander le grand mouvement de concentration stratégique ordonné par lui, et dorénavant inutile. Le 4 octobre, il fit prêter aux sénateurs, préteur et consuls le serment suivant, d'où le mot de sujet avait été soigneusement exclu.

« Vous jurez à Dieu que vous serez fidèles et obéissants au Roi votre souverain seigneur et que vous ne ferez ni permettrez d'être fait quoi que ce soit contre ses services et intérêts, et que vous

---

(1) V. Coste, p. 117-118.

n'aurez aucune correspondance pernicieuse avec ses ennemis. Aussi vrai que Dieu vous aide (1). »

Ce fut à Vitry que Louis XIV reçut la nouvelle de la capitulation. Il la ratifia le 3 octobre, en témoignant sa satisfaction du grand succès obtenu, succès que complétait d'une manière bien brillante l'occupation de Casal, accomplie exactement dans la même journée du 30 septembre, avec le consentement de tous les intéressés, le duc de Mantoue et la duchesse de Savoie. Toutefois un autre personnage devait avant le roi, mais par ses ordres et comme pour consacrer son coup d'audace, entrer dans Strasbourg et y rétablir par sa venue son autorité particulière. Ce personnage, c'était l'évêque même de Strasbourg, le prince François de Fürstenberg, qui, de Cologne, où il se trouvait le 1er octobre, s'était mis sans perdre de temps à la disposition de Louvois.

« En vérité, Monsieur, je ne sais ce que je dois dire à présent. Vous savez, lorsque j'ai eu l'honneur de prendre congé de vous, vous avez eu la bonté de me promettre que vous me feriez avertir de ces affaires-cy, afin que je me puisse trouver à Strasbourg avec deux mulets chargés de chapelets, comme les Hollandais ont écrit dans leurs gazettes. Mais je crois, Monsieur, que vous avez été sûr que votre présence avec trente mille hommes et quarante ou cinquante pièces de canon convertirait mieux ce peuple que je ne pourrais faire avec mes mulets et mes chapelets. Cependant, Monsieur, je me fie tellement à l'honneur de votre amitié que je me flatte déjà que vous voudrez bien soulager et conserver mes sujets de mon évêché, et me conseiller si je me dois y trouver, ou ce qui se pourrait faire pour leur avantage et pour le service de S. M. (1) »

Ce billet démontre péremptoirement qu'on ne s'était pas servi de l'évêque, puisqu'on ne le prévenait pas même du

---

(1) *Dépôt de la Guerre*, volume 668, p. 155. Cité aussi par Coste.

résultat de l'affaire. Néanmoins le moment où il pouvait devenir utile était arrivé, et la réponse de Louvois fut conforme au vœu timide qu'il avait insinué de se rendre lui-même à Strasbourg. Le 18 octobre, le ministre écrivait de Brisach à Chamilly que le prince-évêque devait entrer le lendemain dans sa ville, et que « l'intention du Roy était que l'on obligeât le Magistrat d'aller lui faire des compliments (1). » Ainsi qu'on l'a vu plus haut, le prince de Fürstenberg, en sa qualité d'évêque de Strasbourg, se trouvait être l'héritier des anciens souverains du pays, héritier injustement dépossédé et banni de son petit État par les usurpations incessantes d'une démocratie qui était parvenue peu à peu à la pleine République, mais qui manquait en somme de titres juridiques pour justifier sa complète émancipation. Le roi de France avait donc le plus grand intérêt à ne se présenter aux Strasbourgeois qu'aux côtés et comme sous le patronage historique d'un prince temporel qui, par sa seule présence, semblait transférer à la Couronne de France tous les droits éventuels non-compris dans la cession austro-impériale de 1648 et 1679. Ce prince donnait même ou prêtait ainsi à la monarchie française une raison de ne plus observer aussi scrupuleusement que par le passé vis-à-vis de Strasbourg les prescriptions de la paix de Westphalie, cette ville ayant manqué envers lui-même et envers ses coreligionnaires à toutes les obligations de tolérance religieuse et de restitutions que l'instrument de paix lui avait imposées (2). C'était donc la République qui, la première, avait déchiré les traités destinés à garantir son indépendance politique, et, grâce à l'évêque, l'offense se trouvait

---

(1) *Dépôt de la Guerre*, volume 659, p. 175.

(2) Le Père Mark, capucin, et homme d'État, à ce qu'il paraît, confirmait cette manière de voir en disant à M. de Sebeville. " Ladite ville avait manqué la première au traité de Münster, n'ayant point voulu permettre à l'évêque ni aux chanoines de faire le service divin dans le Dôme, ce qui leur était permis par le même traité de Münster. " Lettre du 7 juin 1682, *Archives des affaires étrangères.*

ainsi rejetée en quelque sorte sur le roi, presque déférée à sa justice.

L'entrée de Louis XIV dans Strasbourg eut lieu le 24 octobre, juste quatre jours après celle de l'évêque, qui reçut le souverain sur le seuil de son antique cathédrale, en prononçant un discours que nous avons encore [1]. Un autre prélat, plus illustre en éloquence qu'en politique, Fléchier, accompagnait le roi [2], ainsi que la reine, le Dauphin, la Dauphine, Monsieur et Madame [3]. De nombreux ambassadeurs ou princes accoururent d'outre-Rhin pour féliciter le tout puissant monarque de son succès et se concilier ses bonnes grâces. Le Directeur de l'Empire, c'est-à-dire l'Électeur de Mayence, dépêcha tout exprès l'un de ses familiers, M. de Birken, d'une des plus grandes familles de l'Électorat et gouverneur de la province d'Eysfeld, avec mission de présenter à S. M. Très Chrétienne une lettre de compliments de S. A. Électorale. M. de Birken revint tout à fait enchanté de ce qu'il avait vu, entendu et reçu [4]. La Chambre impériale de Spire fit porter aussi

---

(1) On le trouvera dans Coste, p. 139, ainsi que le détail du cortége royal.

(2) Fléchier était aumônier de Madame la Dauphine. Il écrivait dès le 21 à Mademoiselle des Houlières : " Quelle ville, mademoiselle! Belles rues, bonnes maisons, riches marchands, beau peuple, tout y sent son bien. Mgr l'évêque de Strasbourg y fit hier son entrée entre deux compagnies de cuirassiers du roi. Il était dans une espèce de char de triomphe, suivi d'un grand nombre de carrosses assez semblables à des chariots et remplis de toutes sortes de gens ramassés ; mais en récompense les trompettes et les tambours faisaient beau bruit. Aujourd'hui il a rebéni la grande église avec autant de bruit pour le moins. „ — Le 24 il ajoute : " Le roi a été ce matin à la grande église. Jamais tant de trompettes, de tambours, de timbales, d'orgues et de toutes sortes d'instruments. „ — V. *De la correspondance de Fléchier avec Madame des Houlières et sa fille*, par A. Fabre. Paris, Didier, 1871, p. 233 et 235.

(3) V. Coste, p. 133.

(4) " M. le baron de Birken chante beaucoup l'affabilité extrême de V. M., sa nombreuse Cour et sur toutes choses là beauté de ses troupes. Après son retour, je trouvai M. l'Électeur dans une grande joie de ce que V. M. avait témoigné à ce cavalier tant de bontés pour lui, ce prince me disant même que V. M. avait marqué être informée qu'il aimait la chasse et qu'elle l'avait plaint d'être sujet à la goutte. Il me parla aussi

une double adresse au roi et à Louvois, afin de leur témoigner à l'un et à l'autre les sentiments de respect, de dévouement et de gratitude dont chacun de ses membres se sentait pénétré en cette occasion (1). Le duc de

---

du beau présent qu'il avait plu à V. M. de faire à son envoyé, se réjouissant d'avoir été le premier des princes du Rhin à rendre ce devoir à V. M. Il m'apprit que M. l'Électeur de Trèves lui avait pourtant mandé qu'il l'avait imité en envoyant son grand maréchal qui ne pouvait se rendre auprès d'elle qu'à son passage à Nancy ou à Metz. „ Lettre de M. Foucher du 3 novembre 1681. V. aussi celles du 20 et 24 octobre. *Archives des affaires étrangères.*

(1) On en pourra vérifier le texte au *Dépôt de la Guerre*, volume 664, p. 33 et 34. Voici d'abord l'adresse destinée au roi : " *Serenissime ac potentissime Rex Christianissime, Domine clementissime, Quàm glorioso sacra Regia et Christianissima Majestas Vestra pro conservatione et incremento justitiæ feratur zelo, non modo ex laudatissimis, in Regnis sibi subjectis, eum in finem promulgatis sanctionibus ubique innotuit, verùm etiam Camera haec Imperialis singulariter experta est, dùm Majestas Vestra Civitatem hanc Spirensem utpotè sedem ac domicilium supremi hujus in Imperio dicasterii clementiâ suâ (cujus memoriam recentem semper conservamus) prosecuta fuit. Pro hâc itaque regiâ benignitate ut hisce debitas ac humillimas Majestati Vestræ rependeremus gratias, ansam nobis præbuit ejusdem in has Rheni partes adventus qui nos pariter ad enixissimè rogandam Majestatem Vestram invitat, ut pro innato suo ergà justitiam fervore dictam hanc Cameram Imperialem ejusque intuitu Civitatem Spirensem cum suis incolis in eâdem gratiâ regiâ conservare, et quam Urbis hujus Magistratui antehàc cum immortali nominis sui gloriâ concessit securitatem, ulteriùs largiri et continuare clementissimè dignetur. Humillimâ hâc fiduciâ freti Majestati Vestræ Christianissimæ uti glorioso conservatori nos et Judicium hoc nobis concreditum humillimè commendantes permanemus, Sacræ Regiæ et Christianissimæ Majestatis Vestræ Humillimi, devotissimi summi in Imperio Tribunalis Spirensis Præsides et Assessores. „* — La lettre à Louvois n'était guère conçue en termes moins soumis et moins pompeux à la fois. " *Illustrissime et Excellentissime Domine Marchio, Ut primùm intelleximus Regem Christianissimum in vicinas Rheni partes advenire, Majestati Suæ hasce litteras, quarum copiam Excellentiæ Vestræ exhibemus, humillimè offerre statuimus. Cùm itaque, Illustrissime et Excellentissime Domine, pro singulari suâ et antehàc comprobatâ ergà hanc Cameram propensione, nemini efficaciùs quàm Excellentiæ Vestræ eas concredi posse existimemus, obnixè rogamus, ut earumdem tenorem pro Cameræ hujus Imperialis ejusque domicilii, Civitatis nimirùm Spirensis, securitate, eâ quâ apud Regiam Suam Majestatem pollet autoritate, sibi commendatum habere placeat. Cedet hoc in maximum obligationis quâ Excellentiæ Vestræ jamdudùm obstricti sumus augmentum quod omni studio atque conatu promptissimis*

Würtemberg, Frédéric-Charles, administrateur du duché au nom de son neveu en bas âge, vint en personne à Strasbourg « confirmer de bouche les marques qu'il avait déjà données de son affection au service du roi », et obtint une audience royale à cet effet (1). Le marquis de Dourlach également « se donna l'honneur d'aller saluer à Strasbourg S. M. Très Chrétienne, et conserva si chèrement le souvenir des grâces qu'il en avait reçues » que, suivant ses propres expressions, il sentait bien « qu'il n'aurait jamais de plus forte passion que de lui rendre ses très humbles services (2). » Une princesse allemande, l'Électrice palatine, avait devancé de sa présence tous ces princes et toutes ces adresses (3). Le commerce de Strasbourg se ressentit de ces visites et de ces fêtes. La Cour fit diverses commandes d'argenterie qui durent ravir les orfèvres. Louvois notamment donna ordre de lui fabriquer un service de vermeil, et, un peu plus tard, des assiettes (4). On comprend aisément, après cela, que l'accueil de la population strasbourgeoise ait été excellent. « Louis XIV », dit M. L. Ranke, « se fit dès lors admirer personnellement des Allemands, en se montrant lui-même partout et en laissant partout des instructions dont la réalisation commençait le lendemain (5). » Un Français, M. Tarade, confirmait cette assertion dans sa lettre à Louvois du 23 novembre : « Tous les bourgeois et magistrats de cette ville », disait-il, « sont surpris de voir avancer ce travail

---

servitiis nostris demereri pro viribus adnitemur, utpotè Excellentiæ Vestræ humillimi servitores, summi in Imperio Tribunalis Spirensis Præsides et Assessores. — Les deux pièces sont datées : *Spiræ 15 Octobris 1681.*

(1) Instructions de M. de Bourgeauville, 24 février 1682. *Archives des affaires étrangères.*
(2) Lettre de M. de Bourgeauville du 27 mai 1682. Même correspondance.
(3) V. Coste, p. 136.
(4) Lettre de Güntzer à Louvois, 18 novembre 1681. *Dépôt de la Guerre*, volume 668.
(5) *Histoire de France*, t. III, p. 455.

aussi vite et le vont voir souvent par admiration (1). » Une médaille fut frappée pour perpétuer le souvenir d'un événement dont la portée historique devait bien dépasser encore les prévisions des contemporains. On y lisait la devise : *Clausa Germanis Gallia* (2). Il était impossible de mieux résumer les impérieuses considérations de politique défensive qui avaient inspiré les chefs de la monarchie française.

Le roi parti, Chamilly, qui avait été appelé de Brisach dès le début, fut laissé pour gouverneur à Strasbourg et installé par la municipalité elle-même dans l'hôtel du marquis ou margrave de Bade-Dourlach. Ce prince prit la peine d'envoyer à Chamilly son grand-maréchal pour « lui marquer mille choses obligeantes », et lui dire « qu'il était bien aise qu'il fût dans sa maison », d'où son hôte lui avait en effet offert de sortir, pour peu qu'il le désirât (3). Il fut même question d'acheter cette maison, afin de l'assurer au gouverneur comme résidence fixe. A côté de lui, Güntzer reçut le titre et les fonctions de syndic, et les conserva deux années environ, durant lesquelles il entretint avec Louvois une correspondance régulière et active. Le ministre le chargeait sans façon de ses commissions personnelles pour lui ou pour ses amis, lui faisant acheter jusqu'à de la graine de choux du pays (4). Pour ne plus revenir sur ce sujet, ajoutons encore, à l'occasion de cette correspondance, qu'elle rend de plus en plus improbable, sinon insoutenable, l'hypothèse de la corruption antérieure et conditionnelle de Güntzer. Le nouveau syndic semble n'avoir été récompensé de tous

---

(1) *Dépôt de la Guerre*, volume 670, p. 117.
(2) Henri Martin, *Histoire de France*, t. XIII, p. 583.
(3) Lettre de Chamilly à Louvois, 14 décembre 1681. *Dépôt de la Guerre*, volume 670, p. 162.
(4) Lettre du 9 mars 1682. *Dépôt de la Guerre*, volume 675, p. 207. V. aussi au volume 660, la lettre du 8 décembre 1681 relative à une commande de M. de Seignelay.

ses services, officiels ou privés, que par les émoluments attachés à sa charge, tout au plus par quelques petits cadeaux. Il y a mieux d'ailleurs. Lorsque Güntzer sollicita la permission de « faire faire quelques glacières pour l'utilité publique et le privilége de vendre seul de la glace, afin de pouvoir retirer son argent avec quelque peu de profit (1) », il reçut la réponse suivante, qui ne trahit guère de la part de Louvois l'embarras ou l'obligation confuse d'un ministre suborneur envers un traître acheté à beaux deniers : « Comme le roi a cru qu'il appartenait au Magistrat de Strasbourg de donner la permission de vendre de la glace à qui bon lui semblerait, il est à propos que vous vous adressiez au même Magistrat pour l'obtenir (2). » Le sot jeu de mots latins d'un mauvais versificateur, où M. Rousset a cru deviner qu'entre Louvois et Güntzer il s'agitait parfois des questions d'argent assez mystérieuses, ne prouve rien en somme ni contre l'un ni contre l'autre. On s'en convaincra en relisant avec soin le passage de Güntzer : « Quant à l'explication de vers latins que j'ai pris la liberté d'envoyer à V. Exc., je crois que l'auteur a voulu faire une allusion entre *Argentina*, ou la ville de Strasbourg, et *argina argenti*, ou le mal de gorge qui provient de l'argent ; puisque ce mal incommode ordinairement la gorge de la sorte qu'on ne puisse point crier haut ou parler fort, il a voulu reprocher à la ville de Strasbourg que l'argent qu'elle doit avoir reçu, *selon le bruit commun dans l'Empire,* pour se soumettre à l'obéissance du Roy, l'empêche de parler et l'oblige à se taire (3). » Il y a dans tout cela beaucoup plus d'obscurité que de bon goût, mais à coup sûr aucun élément de conviction, encore moins de condamnation. Resterait d'ailleurs à expliquer cette phrase d'une lettre de Lagrange, du

---

(1) Lettre du 12 novembre 1681. *Dépôt de la Guerre*, volume 667, p. 81.
(2) Lettre du 21 novembre 1681. *Dépôt de la Guerre*, volume 659, p. 237.
(3) V. la lettre du 12 novembre 1681.

19 novembre 1681, à propos d'une difficulté que le même intendant cherchait à aplanir avec les autorités municipales : « Je ne vois pas que M. Güntzer s'y porte plus que les autres et qu'il renonce à la République (1). »

Grâce à la haute surveillance de Chamilly et à l'entremise, en général docile, de Güntzer, la « tranquillité surprenante » dont Louvois parlait déjà au roi en lui annonçant l'entrée de ses troupes dans la ville ne se démentit pas un instant. Le bruit courut bien quelque temps que le Sénat avait envoyé deux de ses membres à Francfort afin de se disculper auprès de M. de Stratmann, le représentant le plus en vue de l'Autriche. Si innocent après tout qu'eût été l'envoi de ces explications orales, Güntzer tint à détruire cette rumeur dès l'origine. Il réunit donc *in-promptu* le Conseil tout entier devant M. de Chamilly, de manière à ce que ses concitoyens pussent protester sans retard par leur présence contre l'accusation dont ils étaient l'objet, et la réduire à néant. Il fut prouvé en effet séance tenante que, dans tout le Conseil rassemblé à la hâte, « il n'y avait qu'un manquant, Wencker, parti notoirement la veille pour Barr », possession strasbourgeoise du voisinage (2). Si une démarche avait eu réellement lieu à Francfort, il devenait ainsi à peu près certain que ceux qui l'avaient faite ne tenaient en tout cas leur mission que d'eux-mêmes et de leur excès d'attachement au saint-empire. On ne saurait guère au reste concilier la supposition d'une attitude contraire à la capitulation avec la fin de la supplique adressée en octobre par la municipalité de Strasbourg, très probablement à Louvois, et où on lisait : « Le Magistrat et toute la bourgeoisie de Strasbourg ne cherchent son repos et son bonheur qu'en la protection de V. Exc., ils la supplient avec toute

---

(1) *Dépôt de la Guerre*, volume 670, p. 110.
(2) Lettre de Güntzer à Louvois, 2 novembre 1681. *Dépôt de la Guerre* volume 671, p. 142.

la soumission possible de la lui accorder et de lui permettre qu'il ait son refuge auprès d'elle (1). » Le cabinet français persista en effet sur ces assurances à faire la part la plus large à l'esprit d'indépendance et à l'autonomie administrative de la ville. Le 19 décembre, Louvois mandait à Güntzer : « Le Roy trouvera bon que l'élection du Magistrat de la ville de Strasbourg se continue comme à l'ordinaire, concertant les assemblées qui se feront pour cela avec M. de Chamilly, et réformant du serment que les habitants prêtent ordinairement au Magistrat non-seulement ce qui n'est plus propre à l'état présent de la ville, mais y jurerait encore au serment particulier de se conformer avec fidélité à celui qu'ils ont prêté entre les mains de M. de Montclar (2). » L'élection eut lieu en effet, sans que Chamilly ni Lagrange eussent été mis d'avance au courant du nom des candidats et de leurs antécédents, ce qui mécontenta même un peu la Cour (3).

Il était à craindre que certaines innovations d'ordre religieux ne déplussent beaucoup plus au rigorisme assez étroit de la population strasbourgeoise. Lorsque, pour la première fois, le Père Montellier porta, par exemple, à travers les rues le saint sacrement qu'avait réclamé un officier mourant, on pouvait avoir lieu de redouter quelque manifestation irréfléchie et irritée du sentiment populaire. C'est à tort cependant qu'on eût pris des mesures sévères sous l'empire de cette crainte. Chamilly, qui s'était mêlé au cortége « pour empêcher les zèles indiscrets et qu'on ne maltraitât ceux qui ne seraient pas dans le respect nécessaire, » Chamilly, dis-je, constata « que pas un seul bourgeois n'avait perdu ce respect. » Au passage du prêtre, « bien loin de se retirer, tous accouraient en foule pour le voir, ôtant tous leurs chapeaux de loin comme de près,

---

(1) *Dépôt de la Guerre*, volume 671, p. 140.

(2) *Dépôt de la Guerre*, volume 661, p. 100.

(3) Lettre de Louvois à Güntzer, 21 janvier 1682. *Dépôt de la Guerre*, volume 673, p. 417.

et plusieurs se mettant à genoux sans qu'on les y obligeât (1). " Louvois du reste eut le bon goût (on n'en était pas encore à la révocation de l'édit de Nantes) de tenir la main à ce que les excès de la propagande catholique fussent réprimés. Chamilly renvoya les capucins, qui désiraient s'établir dans Strasbourg, aux autorités municipales, lesquelles leur firent en toute franchise un accueil des moins empressés (2). En outre il défendit expressément aux mêmes capucins d'annoncer que « l'intention du Roy était que les habitants de la ville changeassent de religion. » A ce sujet, il reçut la plus vive approbation du ministre, qui ajoutait au nom du souverain : « S. M. veut bien qu'on les prêche, mais elle ne désire pas qu'on emploie aucune violence pour les convertir (3). " Sur les réclamations du Sénat, Chamilly consentit aussi à ce que les catholiques, toutes réserves faites pour certains grands personnages, fussent inhumés dans des cimetières bénits hors de la ville, et non pas dans l'intérieur même, comme il avait d'abord été ordonné (4). Il n'y eut en réalité d'inquiété dans l'ex-République que l'intolérance jalouse et haineuse de certains magistrats de confession protestante, qui menaçaient d'en chasser quiconque se convertirait au catholicisme. « S. M. veut que la liberté de conscience soit entière dans Strasbourg, » écrivait Louvois à Güntzer de Saint-Germain, le 11 décembre (5). Pour la première fois, on se borna à avertir les auteurs de ces menaces des conséquences fâcheuses que dorénavant leur conduite pourrait avoir et qu'ils seraient les premiers à ne point trouver de leur goût. La

---

(1) Lettre du 27 novembre 1681. *Dépôt de la Guerre*, volume 671, p. 164.

(2) Lettre de Chamilly à Louvois, 14 décembre 1681. *Dépôt de la Guerre*, volume 671, p. 162.

(3) Lettre de Louvois à Chamilly, 24 décembre 1681. *Dépôt de la Guerre*, volume 661, p. 210.

(4) Lettres de Louvois à Güntzer, 4 décembre 1681 et de Lagrange à Louvois, 25 novembre 1681. *Dépôt de la Guerre*, volume 660, p. 111 et volume 670, p. 124.

(5) *Dépôt de la Guerre*, volume 660, p. 319.

délivrance du pasteur Gross, qui languissait en prison depuis dix-huit ans pour avoir attaqué publiquement le *Stattmeistre* Zorn, et qui le 25 janvier 1682 redevint enfin libre (1), fut le seul acte d'ingérence ou d'autorité en matière religieuse que se permit le gouverneur français. Il attesta une fois de plus par là la supériorité des intentions libérales de sa Cour sur l'obstination vindicative d'une certaine partie de la population.

Le désarmement des habitants, quoiqu'en leur causant un chagrin véritable, n'eût pas été en somme une œuvre plus ardue que la réhabilitation du culte catholique, si Chamilly n'avait jugé lui-même beaucoup plus sage de laisser leurs épées et leurs pistolets à tous ces paisibles bourgeois dont il ne pouvait se lasser d'admirer la placidité d'humeur (2), quoiqu'il fût en Alsace depuis assez longtemps et familiarisé par conséquent avec le tempérament alsacien. Aucun symptôme inquiétant n'obligeait à des précautions de ce genre. Le tir d'automne, le *Vogelschiessen* traditionnel, fut célébré comme d'habitude, sinon avec un redoublement d'allégresse et de toasts (3). On y but largement à la santé du nouveau protecteur de Strasbourg, et M. de Chamilly trois semaines plus tard put mander à Louvois que, " sur le pied où il voyait

---

(1) V. Strœbel, t. IV, p. 135.

(2) " Tout ce peuple-ci me paraît bon et doux, et je ne vois rien de plus soumis. „ Lettre du 2 novembre 1681. — " Ce peuple-ci me paraît en tout fort doux et fort soumis, le menu est content. „ Lettre du 21 novembre 1681. — " Ces gens-ci sont timides, ignorants et craignant tout. „ Lettre du 23 décembre 1681. Cette dernière appréciation était immédiatement postérieure à une réprimande reçue par Dietrich qui, à ce qu'affirme Chamilly, " en avait besoin. „ *Dépôt de la Guerre*, vol. 671, p. 143, 155 et 177.

(3) " Il y a deux jours que le menu peuple tira à la cible, où je me trouvai, qui est cette grande maison qui est hors la ville... C'est une joie pour les bourgeois complète. Le lendemain le Magistrat tira dans un autre lieu où j'assistai et dînai avec eux. Il y eut beaucoup de vin répandu à la santé du Roy. Ces gens-cy tirent de miracle et sont ravis de ces petites libertés. „ — Lettre de Chamilly, 27 novembre 1681. *Dépôt de la Guerre*, volume 671, p. 164.

les habitants, quand le Roy n'y aurait que trois cents hommes de pied et cent chevaux, il en serait autant le maître que de Paris (1). » L'annexion était sans plus d'efforts un fait accompli au point de vue psychologique. Aussi les épées et les pistolets furent-ils restitués presqu'aussitôt après avoir été déposés (2). Il est vrai qu'à la fin de décembre, au moment de la grande foire de Noël qui se tint comme d'ordinaire durant trois semaines, et à la suite d'un assassinat commis sur une femme par un soldat allemand dans des circonstances assez tragiques (3), Louis XIV ordonna, ou plutôt fit exprimer « le désir que Güntzer sollicitât le Magistrat d'ordonner » à tous les habitants de rapporter à l'Hôtel de ville les épées et les pistolets qui ne leur servaient pas pour leur usage particulier (4). Il ne resta ainsi en réalité de désarmé que les femmes, les gens sans aveu et surtout les amis du désordre. Il y avait bien loin d'une semblable mesure de prudence à cet « ordre rigoureux de livrer les armes, » dont parle sans plus d'explications M. A. Schmidt, et qui ferait croire que chaque citoyen eut à subir l'injure d'un désarmement personnel et impitoyable (5).

L'établissement dans la nouvelle cité française de marchands et d'artisans français fut une affaire plus délicate

---

(1) Lettre du 23 décembre 1681. *Dépôt de la Guerre*, vol. 671, p. 177.

(2) " S. M. a bien voulu avoir égard au désir des habitants de la ville, concernant les épées et les pistolets qu'on leur avait ordonné de porter à l'Hôtel de ville, et vous apprendrez par M. de Chamilly les favorables résolutions qu'il a plu à S. M. de prendre sur ce sujet. „ Lettre de Louvois à Güntzer, de Soissons, 13 novembre 1681. *Dépôt de la Guerre*, volume 659, p. 135.

(3) Louvois à Güntzer, 22 et 25 décembre 1681, et Chamilly à Louvois, 21 décembre 1681. *Dépôt de la Guerre*, volume 661, p. 141 et 248, et volume 671, p. 173.

(4) Lettre de Louvois à Güntzer, 23 janvier 1682. *Dépôt de la Guerre*, volume 673, p. 454. A la suite (p. 455) se trouve une lettre de Louvois à Chamilly datée de la veille dans laquelle on lit : " L'intention de S. M. n'ayant été que de laisser à chacun de ceux qui en ont une épée et une paire de pistolets, elle désire que vous sollicitiez le Magistrat d'ordonner aux habitants de rapporter à l'Hôtel de ville ce qu'ils auront au-delà. „

(5) " *Der scharfe Befehl die Gewehre abzuliefern*; „ p. 46.

à traiter, parce que cette fois des intérêts matériels très positifs se trouvaient ou se croyaient en jeu. Ce n'était pas que le courant de l'immigration fût bien considérable. A la date du 30 novembre 1681 (1), Güntzer affirmait à Louvois qu'il ne s'était encore présenté qu'un aventureux « confiturier, » premier pionnier anonyme et bien oublié de notre industrie nationale à Strasbourg. Cela n'empêchait pas, d'après les rapports de M. de Lagrange, que la mauvaise volonté des magistrats n'eût déjà trouvé plus d'une occasion de se manifester, « en apportant tant de difficultés sur le loyer des maisons, » ajoutait Lagrange, « que nous n'en avons point encore (2). » Les autorités françaises firent de leur mieux pour vaincre à l'amiable, en quelque sorte, cette résistance qui paraît avoir été des plus tenaces. Le Sénat prétendait absolument interdire la ville et son territoire au travail français. Il fallut toute la fermeté de Louvois pour briser ces nouvelles barrières que l'âpreté et la jalousie mercantiles s'entêtaient à ne point ouvrir encore. « S. M. toutefois trouva bon que le Magistrat observât les mêmes formalités pratiquées auparavant le mois de septembre dernier », à l'égard des marchands étrangers qui voudraient s'établir dans Strasbourg (3). On ne pouvait plus équitablement concilier les prétentions surannées de la municipalité avec les exigences de la situation nouvelle, car la France, de cette façon, ne demandait rien de plus aux Strasbourgeois que de ne pas redoubler de rigueur envers la production et la concurrence du dehors.

Sur quelques points de détail encore, il y eut entre la Cour de Versailles et le Sénat un petit nombre de désaccords de peu d'importance, qui produisirent de légers

---

(1) *Dépôt de la Guerre*, volume 668.
(2) Lettre à Louvois, 19 novembre 1681. *Dépôt de la Guerre*, vol. 670, p. 110.
(3) Lettre de Louvois à Güntzer, 10 février 1682. *Dépôt de la Guerre*, volume 674, p. 202.

froissements dès le début. Mais tout se termina par des réclamations qui furent accueillies de la manière la plus bienveillante, qui même le plus souvent obtinrent gain de cause. La ville, par exemple, n'était pas toujours sans abuser de la condescendance et de la libéralité obligées de la France. Ainsi elle voulut contraindre " les vivandiers qui s'établissaient dans la citadelle à prendre leur vin d'elle-même à des prix exorbitants, " ce qui amena les vivandiers à se plaindre auprès de M. de Lagrange. Les autorités strasbourgeoises avaient en effet affermé les cantines moyennant douze mille livres encaissées au profit de la ville. Lagrange autorisa les intéressés à se procurer le vin destiné aux troupes et toute espèce de marchandises où bon leur semblerait, pourvu qu'ils acquittassent les droits municipaux ordinaires [1]. Le Sénat engagea aussi une polémique contre l'évêché, en revendiquant le droit de régler la façon dont il convenait que l'évêque fît son entrée désormais, et de vérifier à cet égard les usages et coutumes de la localité. En dépit de ces quelques affaires contentieuses qui façonnaient, pour ainsi dire, à la vie commune les vassaux et le suzerain, l'année 1682 s'ouvrit pour Strasbourg infiniment plus riche en promesses de paix et de prospérité que l'année 1681, qui avait paru à l'avance si grosse d'orages et de péripéties décisives.

VIII

Revenons maintenant vers ces négociateurs et ces négociations, dont l'audace de Louvois avait si brusquement déconcerté la languissante astuce. Quelque vigilance qu'eût mise Montclar à intercepter les demandes de secours que les Strasbourgeois s'étaient empressés d'expédier en Allemagne, un certain nombre de leurs messagers avaient réussi à franchir les lignes françaises. Dès le 1er octobre,

---

[1] Lettre à Louvois, 19 novembre 1681. *Dépôt de la Guerre*, volume 670, p. 110.

le mercredi par conséquent, arrivaient à Ratisbonne deux estafettes apportant la première nouvelle de ce qui venait de se passer sur les bords de l'Ill. L'un des cavaliers resta dans la ville, tandis que le second poursuivait sa course tout droit à la recherche du chef de l'Empire (1). Il ne le rencontra qu'à Soprony, à une centaine de kilomètres au sud de Vienne, dans la matinée du 6 octobre. Ce devait être une des journées les plus néfastes du règne de Léopold, car le courrier qui venait apprendre la reddition de Strasbourg arriva, non-seulement au même moment que celui qui était chargé d'annoncer l'entrée de Boufflers et de Catinat dans Casal, mais encore simultanément avec trois autres émissaires qui accouraient du théâtre de la guerre, et n'avaient que de nouveaux malheurs à faire connaître, la perte de Kalo, la mort du comte de Rosenberg et l'apparition des Turcs en Styrie. Cette coïncidence presque inouïe n'empêcha pas Léopold d'aller se divertir toute la journée à la chasse, selon le dessein qu'il en avait formé avant l'arrivée de ses courriers (2). " On mande que l'Empereur s'occupa d'une chasse d'alouettes qu'il allait faire avec les dames de sa Cour, et qu'il fut bien consolé par la quantité qu'il en prit, au son des timbales et des trompettes, de la perte de Strasbourg et de celles qu'il était menacé de faire en Hongrie (3). " Quant à M. de Sebeville, il ne fut que beaucoup plus tardivement mis au courant de ce grand événement, qui cependant l'intéressait si fort. Il résulte d'une lettre que le roi lui adressa de Strasbourg, le 26 octobre, qu'à cette date du 9 il n'avait pas encore reçu la dépêche royale du 29 septembre (4). Sa correspondance, très probablement, était interceptée. Du

---

(1) Correspondance de M. Verjus, lettre du 2 octobre 1681. *Archives des affaires étrangères.*

(2) Lettre de M. de Sebeville du 9 octobre 1681. *Archives des affaires étrangères.*

(3) Lettre de M. Verjus, du 31 octobre. *Archives des affaires étrangères.*

(4) Correspondance de M. de Sebeville. *Archives des affaires étrangères.*

moins ne cessa-t-il, pendant tout ce mois, de se plaindre de retards ou de disparitions du même genre.

M. Verjus, lui, n'avait encore su de la prise du pont et de la place que ce que les membres de la Diète avaient bien voulu en laisser savoir, lorsque le 3, de bon matin, il vit arriver son ancien auxiliaire, le jeune Frischmann, que Louvois lui avait dépêché en hâte pour le mettre de vive voix au courant de tout ce qui s'était fait. Sans attendre ces communications, il avait commencé à insinuer aux hommes d'État qu'il voyait le plus souvent que cette entreprise « était un effet du long séjour du baron de Mercy dans Strasbourg et de toutes les intrigues qu'il savait qu'on y avait faites, qu'il était certain que des troupes de l'Empereur avaient ordre de marcher de ce côté-là, et que le résident impérial avait assuré plusieurs fois les bourgeois qu'il en devait incessamment arriver (1). » La Diète se réunit le lendemain samedi, et consacra une notable partie de la séance à entendre un grand discours dont l'auteur soutenait que, « pour mettre une bonne discipline dans l'armée » qu'on était en train de lever « et pour en retrancher le luxe, il fallait y défendre les chapeaux brodés, les rubans, les housses, etc. » M. d'Iéna, qui était aussi sarcastique que vénal, ne se gêna pas, une fois la nouvelle avérée, « pour se railler publiquement de la tristesse qu'on avait de ce succès, et la manière dont il en a parlé », ajoutait le diplomate français en guise de conclusion, « ne laisse pas de servir (2). »

La surprise ne fut pas moins grande pour nos négociateurs de Francfort que pour celui de Ratisbonne. Bien que le 29 septembre ils eussent écrit : « Il s'est dit ces jours passés à Francfort que V. M. allait prendre à la fois

---

(1) Lettre au Roy du 9 octobre 1681. *Archives des affaires étrangères.*
(2) Même lettre du 9 octobre 1681. Correspondance de M. Verjus, *Archives des affaires étrangères.*

Casal, Luxembourg et Strasbourg (1) „, ils n'en étaient pas moins allés se promener le lendemain à Francfort pour surveiller en toute tranquillité d'esprit leurs préparatifs d'installation dans la maison qu'avait occupée autrefois le maréchal de Gramont. Ce fut là qu'ils apprirent « que l'on avait reçu divers avis par la voie des marchands de la foire que les troupes de S. M. s'étaient emparées des forts du pont de Strasbourg. » Ils retournèrent à Höchst attendre de plus amples informations. Elles ne tardèrent pas à arriver dans un billet que Louvois leur avait adressé dès le mardi matin, mais qui avait dû d'abord passer par les mains de M. Foucher, alors à Rodenbuch, auprès de l'Électeur de Mayence. M. de Saint-Romain fut si heureux de la nouvelle qu'il fit cadeau sur le champ de sept pistoles au courrier (2). Le billet annonçait aux négociateurs la signature de la capitulation et l'entrée des troupes pour l'après-midi. Le 3, Louvois leur fit part d'une manière moins laconique des faits accomplis et du jour sous lequel il convenait de les présenter.

« La lettre que vous m'avez fait l'honneur de m'écrire avant-hier au soir m'a été rendue avec les copies qui y étaient jointes de celle que vous avez reçue de M. de Stratmann et de la réponse que vous y avez faite, lesquelles je ferai passer immédiatement à S. M. Je ne doute point que vous n'ayez reçu présentement la dépêche que S. M. a ordonné qui vous fût envoyée immédiatement auparavant son départ de Fontainebleau, par laquelle elle vous fait part de l'entreprise qu'elle avait résolue à l'égard de cette ville, des raisons qui l'y ont obligée, et de ce que S. M. désirait que vous offrissiez de sa part pour persuader tout l'Empire que, dans ce que S. M. a ordonné qui fût fait, elle n'a eu autre intention que de prévenir le mal que l'on lui voulait faire par le moyen d'une ville qui a été réunie

---

(1) Correspondance de MM. de Saint-Romain et de Harlay. *Archives des affaires étrangères.*
(2) Lettre de Heiss, 4 octobre 1681, Francfort. *Dépôt de la Guerre,* volume 671, p. 83.

par un arrêt du Conseil d'Alsace dès le mois d'octobre dernier, ainsi je ne vous le répéterai point. Et, comme cette ville s'est rendue sans qu'il ait été fait de la part des troupes de S. M. d'autre acte d'hostilité que d'entrer dans une redoute qui était défendue par dix ou douze hommes qui, après avoir tiré cinq ou six coups, s'en sont enfuis, il ne pourrait être, ce me semble, que favorable que vous parlassiez de la manière que vous jugerez la plus propre pour faire soupçonner aux députés qui sont à Francfort que l'attaque de cette redoute avait été concertée auparavant avec le Magistrat de la ville qui avait désiré un prétexte de porter le menu peuple à se soumettre à S. M. (1). »

M. Foucher a raconté avec plus de détails, non-seulement comment il fut mis au courant de ce glorieux succès de la politique française, mais surtout quels sentiments ce succès provoqua dans l'entourage de l'Électeur auprès duquel il était accrédité. Reproduisons ici les principaux passages de son rapport, daté de Rodenbuch, le 6 octobre.

« A sept heures du soir le 30 septembre, l'écuyer de M. le grand-maréchal de Schornborn (2), passant à Aschaffenbourg et ayant su que j'y étais, vint demander à me parler. Il débuta par me dire que des troupes françaises s'étaient emparées des forts du pont de Strasbourg, qu'il passait en diligence pour en porter la nouvelle à M. l'Électeur. Je le questionnai pour en apprendre quelques détails... Mais il n'en savait autre chose. Les soupçons que j'avais vus en M. le Chancelier que V. M. pensait à s'assurer de cette ville considérable me revinrent dans l'esprit... Deux heures après le passage de l'écuyer de M. de Schornborn, cette nouvelle me fut confirmée par le retour de celui de mes gens que j'avais envoyé porter mes paquets à la poste de Francfort. Il avait trouvé en cette ville-là M. M. les ambassadeurs de V. M. qui y étaient venus voir les augmentations qu'ils font faire à leurs logements, et qui lui avaient ordonné de me venir apprendre ce qu'il entendait dire

---

(1) *Dépôt de la Guerre*, volume 659, p. 13.
(2) Il faut lire sans doute Schoenborn.

de la prise des forts du pont de Strasbourg... Cet homme m'apprit seulement que le fort de Kehl avait été attaqué et pris par des dragons de V. M., et qu'on croyait aussi que la ville serait bientôt attaquée... A mon arrivée en ce lieu-ci où je me rendis, le premier de ce mois, de bonne heure, je trouvai que les cavaliers de la Cour étaient informés de cette grande nouvelle, dont quelques-uns me demandèrent des circonstances que je ne savais pas plus qu'eux. Je ne pus voir M. l'Électeur que le soir, S. A. É. étant encore extrêmement incommodée... Ce prince me témoigna être bien fâché d'être arrêté dans une si vilaine demeure sans pouvoir prendre le plaisir de la chasse. Il me plaignit même du peu de satisfaction que j'y trouverais, et, quoiqu'il ne me dît rien de la nouvelle de Strasbourg, j'observai qu'il était pour moi d'humeur encore plus humaine que jamais, ce que je compris être en lui le premier effet de l'augmentation de sa complaisance pour V. M. en vue de la possession où elle allait être de cet important poste de Strasbourg. Je vis au sortir de la chambre de M. l'Électeur son Chancelier avec lequel je fus presque une demi-heure en conversation, mais, à la vérité, avec beaucoup d'autres gens, sans qu'il m'ouvrît la bouche de Strasbourg... Le jour d'après, environ minuit, je reçus de la part de M. M. les ambassadeurs de V. M. une lettre que M. le marquis de Louvois m'écrivait du 30 septembre, par laquelle, m'apprenant que les troupes de V. M. devaient l'après-dinée entrer dans Strasbourg, il m'ordonnait d'en donner diligemment avis à mesdits sieurs ambassadeurs, et d'en faire passer promptement la nouvelle à tous les ministres de V. M. que je savais être en Allemagne... Le lendemain, le prince m'apprit qu'il venait de savoir que M. de Stratmann avait convoqué une assemblée particulière au lieu où il était, proche de Francfort, des ministres qui se trouvaient dans la ville, où tous étaient allés fort inconsidérément, à l'exception de M. le grand-maréchal de Schorborn et de M. Schoffer (?). S. A. É. m'assura qu'elle défendait à ses ministres de se trouver à aucune assemblée qu'à celle qui devait être faite à Francfort dans toutes les formes requises. M. l'Électeur me prit ensuite à témoin des intentions qu'il avait toujours eues pour la paix. Il remarqua fort bien que, les troupes de V. M. entrant ainsi dans Strasbourg, il fallait croire qu'il n'y avait pas eu autant de violence que M. de Stratmann le voulait persuader, pour échauffer et animer l'Empire contre V. M... S. A. É. me parla aussi de son incommodité, dont je la trouvai fort abattue... M. le Chancelier, outre les discours réitérés de M. l'Électeur, m'a témoigné qu'ils croient que V. M. a eu des intelligences avec quelques gens puissants de Strasbourg et que l'amas subit de troupes s'est fait pour nécessiter le peuple de la ville de se soumettre... J'ai su de M. le baron de Benerourg (sic), des plus confidents de M. l'Électeur, que ce prince avait eu des avis que l'entreprise de Strasbourg se tramait dix jours avant la nouvelle du succès (1). »

L'effet produit en Allemagne par cette grande nouvelle fut donc, on le voit, très sensiblement différent des exagérations légendaires imaginées après coup dans les Universités germaniques. La race allemande n'était pas encore le jouet ou la victime de ce sauvage entêtement d'orgueil collectif, de ce patriotisme aveugle et inhumain que depuis elle a décoré du nom beaucoup trop modeste, de *deutsches Selbstbewusstsein*, et auquel elle a sacrifié, comme à une idole monstrueuse née de ses rêves égoïstes, sa liberté, sa bonne foi, sa civilisation et le reste. Il y eut en somme outre-Rhin, non pas dans les masses profondes du peuple, que M. Foucher faisait danser et boire quelques mois plus tard sur les bords du Mein pour célébrer la naissance du duc de Bourgogne, mais dans certaines villes directement menacées ou dans certaines Cours notoirement hostiles à la France, un incontestable abattement, mêlé peut-être d'un peu de stupeur, mais, à tout prendre, beaucoup plus d'inquiétude que de colère. Par avance, on se sentait impuissant à opposer une force vive, une barrière sérieuse à l'envahisseur, et pourtant nul ne savait au juste jusqu'où il conviendrait à Louis XIV d'étendre sa domination, où il lui plairait de s'arrêter. A Cologne, après « ce coup de

---

(1) Correspondance de M. Foucher, Mayence, 1681. *Archives des affaires étrangères.*

foudre », comme disait M. Tambonneau dans sa lettre du 7 octobre, les habitants croyaient trouver tous les matins en ouvrant leurs portes les campagnes voisines couvertes des troupes de S. M. (1). Le 14, en apprenant que l'Électeur s'absentait, le peuple se mit à dire « que c'était un signe évident que les Français allaient entrer au premier jour (2). ». A Francfort, on racontait que Worms avait envoyé offrir ses clefs au roi (3). Déjà au reste, avant la mise en mouvement des régiments français, le bruit s'était répandu qu'à Spire on emballait en hâte les papiers de la Chambre impériale, afin de les mettre en sûreté de l'autre côté du fleuve (4). Un des amis de Montclar lui écrivait de Würzbourg que, d'après une rumeur accréditée dans cette ville, Philipsbourg était bloqué par les Français (5). A la Cour de Vienne, on en était à redouter que toute la Souabe, Ulm en tête, ne se plaçât à l'exemple de Strasbourg sous la protection française, pour peu qu'on la pressât avec quelque insistance de le faire (6). Le cardinal Bonvisi parlait même tout haut de Genève comme devant entrer dans cette voie de docilité spontanée ; il est vrai que l'intention secrète du cardinal était probablement d'éveiller contre la France la haine défiante des Suisses (7). Enfin, s'il faut tout dire, on craignait que Louis XIV, après ce facile coup d'éclat, ne fût tenté de se faire élire roi des Romains, c'est-à-dire candidat officiel et successeur désigné au trône impérial. « Voilà », avouait le comte Molart au marquis de Sebeville, « tout

---

(1) V. sa correspondance. *Archives des affaires étrangères.*
(2) Lettre du 15 octobre 1681. *Archives des affaires étrangères.*
(3) Saint Romain et de Harlay, lettre du 11 octobre 1681. *Archives des affaires étrangères.*
(4) Même correspondance, lettre du 29 septembre 1681.
(5) V. Coste, p. 133.
(6) Lettres de M. de Sebeville, des 16, 23 et 30 octobre 1681. *Archives des affaires étrangères.*
(7) Sebeville, lettre du 6 novembre 1681. *Archives des affaires étrangères.*

ce qui tourmente l'esprit de l'Empereur (1). » Le prince de Bade, à cette même Cour, multipliait, quant à lui, tous les acquiescements possibles à l'heureuse entreprise de Louvois, pourvu que son maître promît de ne point aller au-delà et qu'il n'y allât point en effet (2). Il n'y eut guère en réalité que Dresde où la reddition de Strasbourg causa une impression d'effroi qui ne fut pas sans un certain mélange d'animosité belliqueuse. L'Électeur, il ne faut pas l'oublier, se trouvait être précisément le beau-frère de l'Électeur palatin, et l'agent alsacien que l'Autriche avait installé à sa Cour, en pleine effervescence de gallophobie, l'avait animé contre la France de sentiments d'autant plus libres dans leur expansion que la distance qui le séparait de Versailles lui en garantissait à peu près l'impunité. Les lettres de M. Rousseau font foi au reste que la crainte de voir les troupes françaises s'avancer au-delà du Rhin jouait aussi un rôle considérable dans le déchaînement de méfiances patriotiques qu'il avait à signaler autour de lui. Ne parlait-on pas à Leipzig, comme d'un événement imminent, de la rentrée dans Erfurt d'une garnison française? On n'avait pas eu le temps d'oublier l'occupation qui, dix-sept ans auparavant, avait livré à Louis XIV cette barrière de la Thuringe (3).

Prévenu de ces appréhensions, d'autant plus fortes qu'elles étaient plus vagues, le roi fit de son mieux pour les dissiper en faisant répéter en tout lieu par ses ministres qu'il ne désirait rien de plus que ce qu'il avait, qu'il ne songeait pas et n'avait jamais songé à s'étendre au-delà du Rhin, et qu'enfin Fribourg était mis par lui à la disposition de l'Empire et de l'Empereur en compensation de leurs droits

---

(1) Sebeville, lettres du 13 novembre 1681 et du 15 janvier 1682. *Archives des affaires étrangères.*

(2) Sebeville, lettres du 1er janvier et 7 septembre 1682. *Archives des affaires étrangères.*

(3) Lettre de M. Rousseau du 15 octobre 1681. Saxe. *Archives des affaires étrangères.*

incertains, sinon tout-à-fait abolis, sur Strasbourg. La correspondance diplomatique de Colbert-Croissy est remplie de ces protestations et de cette offre, destinées à couper court à des malentendus qui n'étaient pas toujours sans doute très sincères, et à une terreur qui, dans plus d'un cas, pouvait paraître un peu excessive. Nous ne reproduirons pas ici en détail ces nombreuses preuves de la loyauté et de la persistance des intentions exprimées dans la lettre royale du 29 septembre. Regrettons seulement que les historiens allemands se soient si bien gardés d'en dire un mot. M. A. Schmidt, notamment, est tout-à-fait muet sur la tentative d'échange qui s'y trouvait contenue. M. Ranke lui-même, si nous ne nous trompons, ne la révèle pas davantage à ses lecteurs (1). Il y avait pourtant bien lieu, ce nous semble, de rappeler une proposition aussi sérieuse et aussi conciliante, qui eût transformé une conquête provisoire en une simple rectification de frontière, obligatoire, si l'on veut, mais, après tout, aussi équitable que sage, puisqu'elle était indiquée par la logique même de la géographie et se trouvait dans l'intérêt des deux parties. Ajoutons que Fribourg en Brisgau, siége d'un archevêché et d'une Université, place-forte très disputée pendant la guerre de Trente ans, et ancienne ville libre impériale, tout comme Strasbourg, avait beaucoup plus d'importance que la petite ville badoise d'aujourd'hui, et formait un équivalent fort acceptable.

Il était toutefois une accusation dont le roi de France avait tenu à se disculper au plus vite vis-à-vis de l'Europe et de l'avenir, celle d'être entré dans Strasbourg malgré la parole donnée de ne plus procéder à de nouvelles réunions pendant les délibérations des commissaires de Francfort. Ce reproche qui intéressait directement son honneur avait été lancé un peu à la légère par M. de

---

(1) M. Ranke parle bien de conditions de paix offertes par Louis XIV, mais sans dire ce qu'elles étaient. *Histoire de France*, t. III, p. 463-467.

Stratmann dans une lettre du 30 septembre, rédigée *ab irato* sur le premier bruit de l'arrivée des troupes françaises devant Strasbourg. Il était en réalité immérité. Aucun engagement n'avait été pris envers qui que ce fût. La seule intention annoncée d'abstention volontaire n'avait pour but que de rassurer d'autres intérêts. Les deux lettres adressées à M. Verjus, de Versailles et de Fontainebleau, le 25 juillet et le 7 août 1681, prouvent clairement que c'était à la Chambre de Metz seulement, et non pas à celle de Brisach, qu'il s'agissait d'envoyer l'ordre de suspendre les procédures. Encore le roi, dès le 27 juin, dans une dépêche au même M. Verjus, disait-il « qu'il croyait inutile et même préjudiciable à son service de donner des assurances positives qu'il n'y aurait point de nouvelles réunions, bien que ce fût son intention de l'ordonner (1). » A une époque antérieure, le 31 janvier 1681, on avait même expédié à M. de Sebeville des instructions qui réservaient à la France sa complète liberté d'action vis-à-vis de Strasbourg, et la dispensaient de tromper personne en Allemagne. « J'ai bien voulu, » mandait le roi, « faire déclarer au comte de Mansfeld que pendant les conférences il ne sera procédé par les Chambres de Metz et de Brisach à aucune nouvelle réunion... en sorte que leurs fonctions cesseront, à la réserve de ce qui regarde l'exécution des jugements qu'elles ont déjà rendus ou les affaires de Lorraine. » Or deux arrêts de la Chambre de Brisach avaient déclaré toute la basse Alsace réunie à la France. Aussi la réplique royale à l'accusation de M. de Stratmann fut-elle empreinte d'une mâle et noble fermeté.

« J'ai trop bonne opinion de la probité du comte de Mansfeld pour croire qu'il ait voulu avancer que je lui aie donné des paroles ou que je lui en aie fait porter par mes ministres, qui m'aient dû empêcher de réunir la ville et les habitants de Strasbourg sous

---

(1) Correspondance de M. Verjus. *Archives des affaires étrangères.*

mon obéissance. Le sieur comte de Mansfeld doit au contraire avouer que, quelque pressantes instances qu'il m'ait faites d'ordonner une surséance à toutes réunions, j'ai toujours remis cette affaire à l'ouverture des conférences de Francfort. Il est bien vrai que, sur l'appréhension qu'on voulut donner au mois de juillet à l'Électeur palatin d'une nouvelle procédure de ma Chambre de Metz pour la réunion de quelques villages que ce prince prétend lui appartenir, je voulus bien faire *(mot illisible)* à mes officiers de la Chambre de Metz de surseoir leurs prétentions jusqu'à nouvel ordre. Ce n'est aussi qu'en cette manière que mes ministres s'en sont expliqués, et il n'y a aucune apparence de raison d'en tirer une conséquence pour la ville de Strasbourg, puisque, non-seulement il n'y a aucune surséance de nouvelle réunion ou stipulée ou formellement promise de ma part, mais au contraire la dite ville de Strasbourg, étant située au milieu de l'Alsace, et aussi dans l'étendue de la souveraineté qui m'appartient en vertu des traités de Münster et de Nimègue mêmes, déclarée telle par un arrêt rendu au mois de février dernier par ma Chambre souveraine établie à Brisach, ne peut point être considérée comme une nouvelle réunion, mais plutôt comme l'exécution dudit arrêt, dont elle a si bien reconnu la justice qu'elle a mieux aimé se soumettre à l'obéissance qu'elle me doit et recevoir nos troupes que d'ouvrir ses portes à celles que le prince de Lorraine et le baron de Mercy étaient prêts *(sic)* d'y introduire au nom de l'Empereur pour recommencer la guerre dans l'Alsace (1). »

En ce qui concerne le dernier point touché dans cette lettre, et qui fut aussi l'objet d'une vive controverse parmi les contemporains, je veux dire la préférence donnée à la France par Strasbourg et la spontanéité de sa conduite pendant les journées des 29 et 30 septembre, nous avons malheureusement moins à admirer la franchise de la politique royale dans ses rapports ultérieurs avec la Cour de Vienne comme avec la Diète de Ratisbonne. Confessons-le

---

(1) Correspondance de M. M. de Saint-Romain et de Harlay, pièce sans date. *Archives des affaires étrangères.*

en toute sincérité : on fit une faute grave en voulant trop accréditer en Allemagne le bruit que « Strasbourg s'était donné » à la France. On était si heureux de s'être rendu maître d'une place de cette importance « sans qu'il en eût coûté une amorce de poudre, » comme disait Louvois, qu'on oubliait beaucoup plus qu'il n'eût convenu la pression exercée sur le libre arbitre de la République par la présence inopinée d'un corps d'armée considérable et la menace d'un siége rigoureux. A supposer même que l'entente préalable entre la Cour de Versailles et le parti français à Strasbourg ait été plus étroite qu'il ne nous est permis de l'admettre d'après les documents historiques qui ont passé sous nos yeux, à supposer, si l'on veut, que cette entente ait existé à l'état de complot, c'était évidemment aller bien loin que de représenter ce qui s'était passé comme le simple résultat des sympathies strasbourgeoises pour la France. Il sembla cependant tellement à propos, pour calmer certains esprits outre-Rhin, d'y faire adopter au plus vite cette version, qu'on ne négligea aucun moyen de la mettre en circulation et en faveur. Nous avons déjà vu ce que, dès le 3 octobre, on avait recommandé sur ce sujet à MM. de Saint-Romain et de Harlay. Le 14 du même mois, le roi écrivit de Schlestadt à M. Verjus : « Il est bon que, pour adoucir toute l'aigreur que peut donner la réduction de la ville de Strasbourg à mon obéissance, vous fassiez répandre le bruit qu'il ne s'y est rien fait que de concert avec les habitants. » Deux autres dépêches adressées le même jour à MM. de Saint-Romain et de Harlay, d'une part, et, de l'autre, à M. Foucher, commençaient par une phrase absolument identique [1]. Puis, aux premiers il était dit, après ce commun exorde, « que l'attaque de la redoute n'était qu'un prétexte désiré par les habitants pour se mettre à couvert des reproches mal fondés de leurs voisins. » A M. Foucher on se contentait d'apprendre

---

[1] V. ces trois correspondances. *Archives des affaires étrangères.*

que « l'approche des troupes était plutôt pour leur servir d'excuse que pour leur donner de la terreur. » Les deux dépêches se terminaient à peu près de la même manière : « Vous pouvez aussi, pour favoriser ce bruit, faire entendre à ceux qui vous en parleront que, comme cette ville était assurée de trouver sous mon obéissance tous les avantages qu'elle pouvait raisonnablement désirer, elle a aussi reconnu sans peine la justice de mes droits. » Déjà au reste quelques agents de notre diplomatie, sans attendre ces instructions, y avaient, comme d'instinct, conformé par avance leur langage. M. Verjus lui-même, si réservé d'ordinaire, avait annoncé avant le 16 que, « les conditions étant faites pour se rendre dès avant le départ de S. M. de Fontainebleau, on n'avait fait venir des troupes autour de la ville que pour la forme (1). »

Ces assertions rencontrèrent en général fort peu d'incrédules. Elles ne faisaient en effet qu'abonder dans le sens de soupçons publics qu'il était superflu de vouloir éveiller ou guider, puisqu'ils venaient si bien d'eux-mêmes au-devant des allégations de notre diplomatie, sans aucun avantage pour la vérité ou pour notre gloire. Les Allemands étaient on ne peut plus disposés à croire qu'il y avait eu le plus possible de trahison et de vénalité dans le consentement donné de bon ou de mauvais gré par Strasbourg. Beaucoup voulaient avoir tout prévu, tout connu même à l'avance. L'Électeur de Mayence, non-content d'avoir fait part le premier à M. Foucher de ses anciens pressentiments, les lui rappela encore, au moment où ce diplomate jugea à propos de lui faire connaître le contenu de la dépêche du 14 octobre. Il arriva même à cette occasion une complication, un incident tout au moins, qui pourrait bien être en somme le meilleur trait de lumière que nous ayons sur l'insignifiance ou le néant des négociations préalables qui auraient été entamées entre Louvois et certains Strasbour-

---

(1) V. correspondance de M. Verjus. *Archives des affaires étrangères.*

geois. Lorsqu'en effet M. Foucher eut rendu compte le 20 de sa conversation avec l'Électeur, il fut assez vertement blâmé pour avoir parlé lui-même au prince et à ses ministres d'une matière sur laquelle on « aurait souhaité qu'il se contentât de faire semer des bruits (1) ». C'est que l'horreur du mensonge avait bientôt repris son empire dans l'âme du monarque, et il reculait devant la responsabilité d'une affirmation directe. Si grand intérêt qu'il crût avoir à tout rejeter sur les bonnes dispositions des Strasbourgeois, il ne voulait oser rien de plus que de surprendre de son mieux l'imagination populaire par d'insaisissables rumeurs, sans origine connue. Il avait malheureusement dépassé le but, car, pour ne pas sortir de la petite Cour électorale de Mayence, M. Foucher, le 10 novembre, répondait à l'admonestation qu'il avait reçue le 26 octobre par ce passage : « Je puis assurer V. M. que je ne gâtai rien en entrant en discours avec M. l'Électeur sur le soupçon qu'il avait eu, dès le commencement de l'affaire de Strasbourg, que quelques-uns des principaux habitants pouvaient bien avoir été d'intelligence avec V. M. Ce prince et tous les gens de ce pays-ci sont là-dessus si prévenus que, si, au lieu de répandre le bruit comme j'ai dû le faire, V. M. m'avait commandé d'en désabuser le public, je crois que c'eût été la chose du monde où j'eusse trouvé le plus de difficulté (2) ». Il en avait été de même ailleurs, le tour d'esprit des Allemands les portant à supposer l'emploi de la corruption plutôt qu'un acte brusque et irrésistible d'intimidation. La France avait donc eu doublement tort de les pousser de son mieux dans cette voie, afin de ramener le calme chez tous ceux qu'elle supposait offensés par sa violence. C'est de la regrettable concordance de cet aveu inexact et inutile avec les malveillantes suppositions de l'Allemagne qu'est née sans doute la fameuse légende

---

(1) V. correspondance de M. Foucher. *Archives des affaires étrangères.*
(2) *Archives des affaires étrangères.*

relative à Güntzer, légende que la famille de Zorn devait fortifier un peu plus tard à l'occasion d'un procès contre le nouveau propriétaire de tout ou partie de son fief (1).

L'année 1681 s'acheva tout entière sans que les conférences se fussent ouvertes. Les députés allemands étaient bien arrivés à Francfort, tous ou à peu près tous, mais ils gaspillaient les semaines en vaines formalités ou en susceptibilités d'étiquette dont l'évidente inopportunité frisait assez souvent le ridicule. Tantôt, par exemple, il s'agissait de savoir si tel négociateur donnerait la main à tel autre, malgré la différence du rang occupé dans la hiérarchie impériale par leurs maîtres respectifs. Tantôt il paraissait urgent et convenable d'ajourner l'admission d'un plénipotentiaire, parce que ses pouvoirs n'étaient qu'en copie au lieu d'être en original. De là protestation en règle, suivie bientôt d'une réfutation en bonne et due forme, bref, beaucoup de temps perdu et une impuissance chaque jour mieux avérée. Les Impériaux se firent aussi un point d'honneur, malgré des précédents contraires, d'exiger que les Français se servissent exclusivement de la langue latine, et non pas de la leur. Au fond, et c'est peut-être ce qui expliquait le mieux ces procédés dilatoires, l'Empereur et l'Allemagne étaient bien aises d'attendre encore pour voir ce que deviendraient les démêlés que Louis XIV s'était attirés de la part de l'Espagne à cause de ses réunions sur la lisière des Pays-Bas (2), et aussi de la part de la Suède, à l'occasion du duché de Deux-Ponts dont elle se trouvait l'héritière. L'Autriche avait même déjà noué avec la Suède et cherchait à nouer avec la Hollande, en même temps qu'avec l'Angleterre, une alliance offensive (3). L'Impératrice douairière poussait de son mieux à la guerre, d'abord parce qu'elle avait toujours aimé à

---

(1) V. Coste, p. 150-151, note.
(2) Lettre du 1er janvier 1682 de MM. de Saint Romain et de Harlay. *Archives des affaires étrangères.*
(3) Lettre des mêmes du 22 novembre 1681. V. Dareste, *Histoire de France*, t. V, p. 522.

supposer que Casal un jour on l'autre reviendrait à la reine de Pologne (1), ensuite, parce qu'elle comprenait bien qu'une fois l'Alsace devenue tout-à-fait française, les princes de Lorraine se trouveraient singulièrement menacés dans leur indépendance. « Si on laisse Strasbourg au roi, » dit-elle un jour avec amertume. « mes pauvres enfants n'auront pas de pain (2). » La première réunion des commissaires allemands n'eut lieu en somme que le 16 février 1682, et ce ne fut que le 25 mars qu'on commença à délibérer officiellement sur les propositions envoyées le 4 décembre 1681 de Saint-Germain dans leur forme authentique et définitive. A la proposition de rendre Fribourg en Brisgau et à la promesse simultanée de n'élever dorénavant aucune prétention de l'autre côté du Rhin était jointe cette fois une renonciation formelle à tous les droits éventuels qu'on y pourrait découvrir à la Couronne de France (3). Cette renonciation était même accompagnée d'une demande de bornage là où le Rhin n'avait pas tracé lui-même, de son cours impétueux, une majestueuse frontière naturelle entre le saint-empire et le royaume de Saint-Louis (4).

Ce n'était pas assez pour le cabinet de Versailles d'avoir

---

(1) Lettre de M. de Sebeville du 16 Octobre 1681. *Archives des affaires étrangères.*

(2) Lettre de M. de Sebeville du 30 juillet 1682. *Archives des affaires étrangères.*

(3) " Quelques titres qui pourraient être recouverts *(sic)* à l'avenir de part et d'autre pour ou contre les droits de S. M., ils ne pourraient apporter aucun changement à l'apposition de bornes et limites qui aurait été faite. „ Lettre du Roi à MM. de Saint-Romain et de Harlay, 14 décembre 1681. *Archives des affaires étrangères.*

(4) Dès le 1er novembre 1681, de Pont-à-Mousson, Louis XIV avait fait écrire à M. Foucher : " Pour ne laisser à l'avenir aucune matière de différend sur l'étendue que peuvent avoir les droits acquis à ma Couronne par les traités de Münster et de Nimègue, je consens qu'il se fasse entre mes plénipotentiaires et ceux de l'Empire une reconnaissance et déclaration authentique des lieux dont je suis en possession et qui m'ont été adjugés par les arrêts de mes Chambres de Metz et de Brisach, en sorte qu'il ne reste aucun doute sur ce qui me doit appartenir, et je veux bien aussi que,

préparé les bases de cette transaction et de maintenir avec fermeté ce plan de pacification internationale. Louis XIV, afin d'en hâter l'application, avait admirablement mis à profit le répit que lui laissaient les tiraillements intérieurs de ce double Parlement incohérent et anarchique qui siégeait à la fois à Ratisbonne et à Francfort. Avant que l'année 1681 fût révolue, il s'était assuré la majorité dans le Collège des Électeurs : c'en était déjà assez pour paralyser le ressentiment de l'Empereur, en entravant le jeu si compliqué des institutions fédérales de l'Allemagne. A Cologne, les Fürstenberg, maîtres depuis longtemps de l'Électorat, en avaient inféodé de longue date la politique à celle de la France. L'affaire de Strasbourg n'ébranla en rien la docilité habituelle de l'Électeur. Le 6 décembre, le prince Guillaume écrivait à Paris : « Cette lettre-ci est seulement pour vous informer de la chaleur et des bonnes dispositions où M. l'Électeur de Cologne me paraît être de concourir de son côté dans l'assemblée de Francfort à faire terminer les différends qui sont entre la France et l'Empire de la manière que S. M. a témoigné de le désirer (1). » Ne trouvant rien à faire à cette Cour où d'avance il avait cause gagnée, M. Tambonneau prit, d'après l'ordre du roi, le chemin de Coblence dès le 15 octobre. Il y vit le 17 l'Électeur de Trèves, auprès duquel il devait s'entremettre pour obtenir son acquiescement au fait accompli. L'humble souverain de la vallée de la Moselle affirma à M. Tambonneau que S. M. Très Chrétienne « pouvait s'assurer qu'il n'entrerait dans aucun parti qui pût lui donner de l'ombrage (2). » Et le 23, de retour à Cologne,

---

quelque titre qu'on puisse trouver à l'avenir, il ne puisse apporter aucun changement aux limites qui auront été établies de cette manière ni donner aucun nouveau droit pour ou contre moi. „ Correspondance de M. Foucher, *Archives des affaires étrangères.*

(1) Correspondance de M. Tambonneau, Cologne, *Archives des affaires étrangères.*

(2) Même correspondance. *Archives des affaires étrangères.*

le même diplomate ajoutait, en résumant ses sentiments et ses souvenirs : « C'est un prince qui ne demande que le repos. » L'Électeur de Mayence, on le devine sans peine d'après ce que l'on sait déjà, fut beaucoup plus explicite. « Il m'a dit, » rapportait M. Foucher le 20 octobre, « qu'il se souciait peu ou point que la ville de Strasbourg, le duché de Deux-Ponts et autres possessions où s'est mise V. M. demeurassent des membres de l'Empire, qu'au contraire il aimait bien mieux voir un Roi Très Chrétien, ennemi des hérésies, dominer tous ces lieux que les protestants qui en avaient été les maîtres. » En signe de sa satisfaction, l'Électeur fit même partir pour Saint-Germain un de ses neveux, le baron d'Ingelheim, avec mission d'y « saluer » le roi, comme M. de Birken précédemment l'avait été saluer à Strasbourg (1). Quant à l'Électeur de

---

(1) Cette double mission donna lieu à un petit épisode où l'on pourra voir comment les Allemands du XVIIᵉ siècle s'entendaient déjà à exploiter la générosité de la France et s'empressaient au-devant de cette libéralité royale qu'en leurs heures de remords ou de mélancolie ils taxaient ensuite de corruption provocatrice. C'est à la correspondance de M. Foucher que nous emprunterons cette édifiante historiette : — 19 janvier 1682, lettre de Foucher : " Je me trouve engagé par l'avis de M. M. les ambassadeurs de prendre la liberté de vous parler des plaintes que m'a faites à diverses fois M. l'Électeur du peu de valeur dont il croit qu'était le présent qui fut donné à M. le baron d'Ingelheim, après l'honneur qu'il eut il y a quelque temps de saluer le Roy à Saint-Germain de la part de S. A. É. J'ai allégué au prince que S. M., ni vous, Messeigneurs, ses principaux ministres, n'entraient point dans ces sortes de choses... Il voulut enfin que je visse la boëte de portrait dont il est question, qu'il dit ne pas valoir cent pistoles, qu'il m'a soutenu être de beaucoup inférieure à celle qui fut donnée à M. Birken quand il l'envoya au Roy à Strasbourg, me disant même jusque-là que les gens auxquels il avait été contraint de le faire voir avaient jugé que c'était un signe de mépris pour M. l'Électeur. C'est à vous, Monseigneur, à décider s'il y a quelque remède à apporter aux doléances de M. l'Électeur. " — 29 janvier 1682, de Saint-Germain : " Je ne puis croire que le présent qui a été donné à M. le baron d'Ingelheim soit d'un prix si médiocre qu'on vous l'a dit et je serai bien aise que vous puissiez obliger ce gentilhomme à vous le confier pour quelque temps, et que vous me l'envoyassiez par une occasion sûre, en sorte que, sans faire éclat, je puisse remédier à la plainte qui vous a été faite, étant bien persuadé que l'intention du Roy est de donner en toute occasion à

Brandebourg, sa complicité salariée était, encore bien plus que la complaisance intermittente et parfois équivoque des Électeurs ecclésiastiques, le pivot solide de tous les desseins que le gouvernement français pouvait former sur les rives du Rhin. Point n'est besoin d'ouvrir en particulier les portefeuilles de M. de Rebenac pour se convaincre que cette fois encore ce prince turbulent et avide ne manqua pas à la tradition qu'il s'était créée à lui-même. Le 30 octobre, Louvois écrivait d'Essé, près de Nancy, au Chancelier : « M. de Rebenac mande du 16 de ce mois qu'il a vu M. de Brandebourg depuis la nouvelle de la

---

M. l'Électeur des preuves effectives de la considération que S. M. a pour lui. „ — 9 février 1682, de Foucher : " J'ai appris à M. l'Électeur ce qu'il vous a plu de m'écrire touchant le présent reçu en France par son parent et héritier, lorsqu'il eut l'honneur de faire sa cour au Roy il y a deux mois. S. A. É. me l'a remis volontiers entre les mains, me témoignant désirer que personne n'en eût connaissance ici. Par la première occasion sûre qu'auront M. M. les ambassadeurs ou que j'aurai, je ne manquerai pas de vous renvoyer cette boête de portrait. „ — 2 avril 1682, du Roy : " La boête de portrait que j'avais fait donner au neveu de S. A. É. n'est revenue entre les mains de Colbert de Croissy que depuis deux ou trois jours et dans peu je donnerai ordre qu'il vous en soit envoyé une autre. „ — 16 avril 1682, du Roy : " Vous donnerez aussi de ma part au baron d'Ingelheim la boête de portrait de diamants que je vous envoie et dont je ne doute pas qu'il ne soit très satisfait. „ — 28 avril 1682, de Foucher : " M. l'Électeur me chargea de remercier très humblement V. M. de ce qu'elle avait bien voulu donner ordre qu'il fût envoyé une autre boête de portrait à M. d'Ingelheim, et je l'assurai devoir être telle que S. A. É. et son parent en seraient très satisfaits, et que j'espérais chaque jour la recevoir de M. de Givry à qui on l'avait fait tenir à Metz pour me la faire passer par la première voie sûre. „ — 4 mai 1682, de Foucher : " J'ai montré à S. A. É. un billet que j'ai reçu de M. de Givry par lequel il m'apprend qu'il a une parfaitement belle boête de portrait à me faire tenir, me demandant si je ne sais point quelque occasion sûre à lui indiquer pour qu'il me l'envoye. Ç'a été encore une nouvelle agréable pour S. A. É. et beaucoup plus pour le baron d'Ingelheim. Ce prince veut envoyer exprès à Metz pour la lui faire apporter, tant est grande son impatience de voir entre les mains de son parent cette faveur de V. M. „ — 11 mai 1682, de Foucher : " M. l'Électeur n'a pas manqué d'envoyer exprès à Metz pour faire prendre à M. de Givry la boête de portrait. „ — 18 mai 1682, de Foucher : " Un trompette que M. l'Électeur avait envoyé à Metz m'a apporté la boête de portrait de V. M. Je l'ai remise à M. le baron d'Ingelheim, et S. A. É. aussi bien que ce cavalier en sont demeurés les plus satisfaits du monde. „ — *Archives des affaires étrangères.*

réduction de Strasbourg, et qu'après quelques légers reproches sur le peu de confiance que le Roy a eu en ne lui faisant point part de son dessein, ce prince lui a paru dans la résolution de continuer dans son attachement aux intérêts de S. M. (1) „ La Cour de Versailles se trouvait donc assurée de quatre voix dans le Collége des Électeurs. A Mayence, on commençait même à se flatter, en février 1682, du concours de la Bavière, dont le ministre à Francfort avait du reste, dès le mois d'octobre 1681, refusé, à l'instar de celui de Mayence, toute participation aux réunions et aux délibérations provoquées intempestivement par M. de Stratmann (2). Mais Louis XIV avait visé plus près et plus juste, afin de se faire une sûre et ample majorité dans le corps électoral. L'Électeur palatin était certes l'un des princes qui, depuis Nimègue, avait montré le plus d'animosité contre la France et le plus contribué à entretenir ou à pousser l'Autriche dans ses projets belliqueux. Le cabinet français eut l'heureuse pensée de le désintéresser, disons mieux, de le dédommager, car il avait beaucoup perdu en réalité et redoutait de perdre encore davantage. Par la convention d'Areillen, conclue le 14 février 1682 à cinq ou six lieues de Francfort, on lui promit une pension annuelle de deux cent mille livres, plus un premier cadeau de six cent mille, moyennant son désistement de toutes ses plaintes passées et l'assurance de sa fidélité pour l'avenir. A ce prix l'Électeur s'engageait expressément « à contribuer à la conservation de la paix dans l'Empire (3). „

Une fois maître de cinq voix dans le Collége des Électeurs, Louis XIV voulut compléter son œuvre en augmen-

---

(1) *Dépôt de la Guerre,* volume 663.

(2) " M. l'Électeur m'a dit aussi que son ambassadeur qui est à la Diète lui avait mandé que le ministre de Bavière avait de nouveaux ordres de suivre l'exemple de ceux qui dans le Collége électoral paraîtraient les mieux intentionnés pour la paix. „ Lettre de M. Foucher, du 9 février 1682. *Archives des affaires étrangères.*

(3) V. le texte et les détails de cette négociation dans la correspondance de M. M. de Saint-Romain et de Harlay. *Archives des affaires étrangères.*

tant aussi le plus possible le nombre des amis de la France parmi les innombrables petits princes qui se partageaient alors le territoire féodal du saint-empire. Ce fut l'objet d'une importante mission confiée en février 1682 à un nouveau diplomate, M. de Bourgeauville. Tout d'abord M. de Bourgeauville ne fut muni de lettres de créance que pour le duc de Würtemberg et le marquis de Dourlach. Mais, durant le printemps et l'été, son activité s'étendit aux Cercles entiers de Souabe et de Franconie, et rayonna depuis Constance jusqu'à Fulda, en passant par Bamberg et Bayreuth. Dans ses instructions, délivrées à Saint-Germain le 24 février 1682 (1), il lui était recommandé de « dire en confidence que déjà les quatre Électeurs du Rhin, sans en excepter le palatin, avaient trouvé les propositions de S. M. fort raisonnables, que non-seulement l'Électeur de Brandebourg était dans le même sentiment, mais même que son ministre à Ratisbonne appuyait si fortement les offres de S. M., et faisait voir avec tant de raison l'intérêt qu'avait l'Empire de les accepter promptement, qu'il y avait bien de l'apparence que tous les autres Électeurs y concourraient. » D'après cela, S. M. ne doutait pas que, quand le duc de Würtemberg et quelques autres princes voisins de la France se seraient joints aux « bienintentionnés, » la paix ne fût bientôt confirmée aux conditions offertes par elle. La majorité de la Diète de Souabe passant pour être autrichienne, M. de Bourgeauville devait simplement travailler à en retarder la réunion, à moins que le duc Frédéric ne fût en état de lui garantir un déplacement de voix suffisant. Le duc et son *fac-totum* politique, M. de Forstner, firent le meilleur accueil au représentant de Louis XIV. Il fut retenu et installé au palais ducal jusqu'à ce qu'il eût pu trouver un logement convenable, la duchesse douairière lui prodigua « les assu-

---

(1) V. la première pièce de la correspondance de M. de Bourgeauville, 1682-1683. *Archives des affaires étrangères.*

rances d'élever le prince son fils dans les sentiments de soumission et d'attachement pour S. M. que ses prédécesseurs et elle avaient toujours eus (1), « et la Diète de Souabe finit elle-même par voter une adresse à l'Empereur, afin de détourner de la contrée les troupes qu'on aurait pu être tenté d'y diriger de Vienne, dans un soi-disant intérêt de protection. Après avoir jeté ainsi l'ancre à la cour de « Stoucquard », comme le duc l'écrivait à Louis XIV le 12 juin 1683 (2), Bourgeauville, sans perdre de temps, alla au milieu de mars voir le « marquis » de Dourlach, qui jugea aussi de son devoir d'envoyer immédiatement au roi de France une lettre très humble en réponse à celle qui avait accrédité auprès de lui le nouveau diplomate. Elle était signée *Fridéric Magnus, M. de Baden*, et datée de Lörrach, le 17 mars 1682.

« Sire, j'ai reçu avec un très profond respect la lettre qu'il a plu à V. M. de m'écrire et que le sieur de Bourgeauville, son envoyé, m'a présentée de sa part. Les assurances qu'elle a bien voulu y joindre de la continuation de sa bienveillance m'obligent à une reconnaissance infinie. Et, comme V. M. me fait la grâce de ne douter point du zèle que j'ai pour la conservation de la tranquillité publique, je la supplie très humblement de vouloir écouter pour cet effet avec une entière créance ce que ledit sieur de Bourgeauville lui rapportera de ma part sur l'ouverture qu'il m'a faite de l'intention de V. M. Sur quoi elle pourra être persuadée que je contribuerai de tout mon possible au maintien de la paix et du repos commun. Et qu'au reste je ne manquerai jamais à la passion extrême que je dois avoir pour les services de V. M., ni au profond respect avec lequel je serai toute ma vie, Sire, de V. M. le très humble et très obéissant serviteur (3). »

---

(1) Lettres du 12 et du 14 mars 1682 de M. de Bourgeauville.
(2) V. le second volume de la correspondance de M. de Bourgeauville, *Archives des affaires étrangères*.
(3) Correspondance de M. de Bourgeauville.

L'évêque de Constance auquel Bourgeauville s'empressa également de rendre visite dès les premiers jours d'avril était l'un des personnages les plus considérables et les plus influents du Cercle. Son « spirituel » s'étendait jusqu'à Brisach, et son temporel jusque dans Fribourg, où il possédait une maison et des terres. Non-content d'apprendre à l'envoyé français qu'il priait Dieu tous les jours de conserver la personne sacrée de S. M. et de bénir ses desseins (1), l'évêque jugea indispensable pour la bonne renommée de son zèle de composer une épitre latine au puissant monarque dont il éprouvait le besoin de solliciter la protection (2). Bourgeauville profita du voisinage pour aller frapper aussi à la porte de l'abbé de Kempten, qu'il trouva fort peu au courant des affaires de ce bas monde en général et de celles du Cercle en particulier. Quand la saison propice fut arrivée, il passa des Alpes souabes jusque dans la vallée du Mein. L'évêque de Fulda ne tint pas moins que celui de Constance à prendre la plume pour exprimer ses bons sentiments envers la monarchie française, et les princes séculiers ne se laissèrent distancer par personne. L'instinct de mendicité et de basse flatterie de ces humbles souverains s'éveillait partout au passage de M. de Bourgeauville. Citons seulement deux courts échantillons de ce genre littéraire si avantageusement cultivé de tout temps en Allemagne. Voici d'abord un billet du margrave de Brandebourg, écrit à Bayreuth le 16 juillet 1682.

« Sire, V. M. m'ayant de nouveau voulu honorer des expressions et des témoignages de son affection par le sieur de Bourgeauville, son envoyé extraordinaire en Allemagne, j'ai beaucoup de gloire de jouir d'une seconde occasion à lui réitérer les sentiments d'obéissance que je lui conserve, et à lui donner des preuves et des mar-

---

(1) Lettre de M. de Bourgeauville du 8 avril 1682.
(2) On la trouvera dans la correspondance de M. de Bourgeauville.

ques de la vénération que j'ai pour sa personne sacrée. Ledit sieur de Bourgeauville, à qui je me suis expliqué sur ce sujet, en assurera V. M. Très Chrétienne plus particulièrement, me recommandant à la continuation de ses grâces et bienveillances royales avec tout le respect que doit, Sire, de V. M. Très Chrétienne le très humble et obéissant serviteur. »

Le *Mémoire* du comte Max d'Œttingen-Balderen, que M. de Bourgeauville envoya à Paris en même temps que sa dépêche du 18 septembre 1682, est un chef-d'œuvre d'effronterie qui se peut comparer sans trop de désavantage avec certains documents de la même catégorie qu'a vus éclore le XIXe siècle (1).

« J'ajoute à ce que je vous ai déjà dit que, lorsque je serai assuré de la protection de S. M. et d'une pension de quatre mille pistoles, non-seulement je lui rendrai tous services possibles et mieux que qui que ce soit, mais que je lui céderai et remettrai après ma mort tous mes biens et prétentions effectives qui se montent à plusieurs millions dont j'ai tous les papiers, actes et documents originaux, et, outre cela, je ferai une ouverture que je me suis jusqu'à présent réservée et qui importe à S. M. plus que toute l'Alsace. Au reste je n'avance rien dont il ne soit fort aisé de s'éclaircir. Mes prétentions, mes terres, la situation de mon château sont bien connues, et l'on s'en peut informer sous d'autres prétextes, et, si S. M. souhaite que je lui remette mes biens jusqu'à présent, il m'est égal, pourvu que l'on convienne d'une récompense, et que je puisse vivre en France, ou ailleurs, avec sa protection. Et aussitôt que j'aurai reçu ma pension de l'argent du Roy ou les frais de mon voyage, j'irais aussitôt et je m'offre de me rendre en Cour au premier ordre pour y faire de plus grandes ouvertures et y donner de plus grands éclaircissements, si on le souhaite (2). »

---

(1) V. le recueil si curieux publié par M. Bordier, *L'Allemagne aux Tuileries.*

(2) Correspondance de M. de Bourgeauville. *Archives des affaires étrangères.*

Tout en ayant recours à ces démarches polies et à cette *captatio benevolentiœ* qui ne pouvait pas être un système continu et machiavélique de corruption, car M. de Bourgeauville n'avait reçu que trois mille livres pour sa grande tournée diplomatique, le cabinet de Versailles prenait depuis le commencement de 1682 des mesures beaucoup plus efficaces pour imposer la paix à l'Empereur. En avril, la France avait contracté une alliance avec le Danemarck, afin de tenir en échec la Suède, dont le plénipotentiaire était accouru à Francfort, en s'y donnant à tout le monde comme un médiateur attitré, comme le garant et le gardien des traités de Westphalie. Le Brandebourg et Cologne entrèrent dans cette alliance pour couvrir l'Allemagne du nord contre une agression éventuelle des Suédois. La maison de Hohenzollern fit plus encore. Lorsque, le 10 juin, par la convention de Laxembourg, Léopold se fut assuré l'appui des Cercles de Franconie et du haut Rhin, du prince de Lünebourg, du landgrave de Hesse-Cassel, enfin des Électeurs de Saxe et de Bavière, ce fut le ministre brandebourgeois qui se chargea de soutenir à Ratisbonne, et non sans raison, qu'une délibération et un vote de la Diète étaient nécessaires, pour que l'autorité impériale pût engager l'Empire tout entier dans une guerre, et que le consentement particulier de quelques États n'avait point force de loi en pareil cas. Malgré cette attitude et ces réserves, malgré même tout ce que les Hongrois et les Turcs lui mettaient de soucis en tête et de travail sur les bras, l'Autriche se refusa durant tout l'été à faire un pas vers la France et vers la paix. A bout de ressources, elle imagina même, plutôt que de poser les armes, de solliciter une médiation de la Pologne entre elle et la France. Cette tentative ne pouvait avoir aucun succès [1].

---

(1) " La Cour de Pologne a bien accepté la médiation que l'Empereur lui demandait, mais en suite d'une délibération on a déclaré au résident qu'il fallait que le Roi fût assuré que cette médiation serait agréable à la France. „ Extrait d'une lettre adressée à M. de Rebenac de Varsovie, le 19 décembre 1682. *Archives des affaires étrangères.* Pologne, 1682.

Las lui-même de cette inertie obstinée et de ces rancunes implacables, le roi finit par ordonner à MM. de Saint-Romain et de Harlay de quitter Francfort le dernier jour de novembre, si, à pareille date, ils n'avaient encore obtenu aucun gage, aucune marque de bonne volonté de la part des Impériaux (1). Les envoyés du Danemarck et du Brandebourg eurent beau presser ces derniers de se résoudre à quelque concession qui permît de rédiger au moins un projet d'arrangement. Vainement « ils s'avancèrent jusqu'à dire que, si leurs maîtres ne voyaient pas du côté de l'Empereur plus de dispositions à rien conclure, ils se trouveraient forcés de prendre pour le repos de l'Empire des mesures particulières avec tous ceux qui voulaient la paix, et dont peut-être l'Empereur ne serait pas content (2). » Vainement l'Électeur de Brandebourg, pour ajouter encore sa propre action à celle de M. Kanitz, son député à Francfort, écrivit-il « une lettre à tous les Électeurs du Rhin par laquelle il leur représentait que, si l'Empereur ne voulait point accepter la paix, il serait nécessaire de se lier ensemble plus étroitement pour l'y obliger (3). » Les négociateurs français durent partir le 1er décembre sans avoir rien fait depuis quinze mois qu'attendre, et attendre inutilement. Louis XIV autorisa seulement M. Verjus à négocier à Ratisbonne sur les mêmes bases jusqu'au 1er février 1683 (4).

Les 13 et 22 janvier, les États qui composaient la Diète manifestèrent enfin le désir de traiter. M. Verjus transmit sans retard leurs propositions à son gouvernement. Mal-

---

(1) Lettre du Roy à MM. de Saint-Romain et de Harlay du 23 septembre 1682. *Archives des affaires étrangères.*

(2) Lettre de MM. de Saint-Romain et de Harlay, du 14 novembre 1682. *Archives des affaires étrangères.*

(3) Lettre de MM. de Saint-Romain et de Harlay du 31 octobre 1682. *Archives des affaires étrangères.*

(4) Lettres de MM. de Saint-Romain et de Harlay, du 26 novembre et du 1er décembre 1682. *Archives des affaires étrangères.*

heureusement, à Vienne, on était toujours d'humeur beaucoup moins accommodante qu'à Ratisbonne. On venait de rassembler en Hongrie des forces considérables et de s'allier à la Pologne. Après une grande bataille gagnée sur les ennemis de l'est, on comptait plus que jamais se retourner contre celui de l'ouest, et l'écraser avec une armée qui aurait fait l'apprentissage de la victoire aux dépens des Ottomans et des Hongrois. Ce ne fut qu'en juillet que Léopold commença à se montrer un peu plus conciliant, sinon à incliner tout-à-fait vers la paix. C'était aussi le moment où Kara-Mustapha marchait sur sa capitale, que ne couvrait plus son armée en déroute, et que sauva seul Jean Sobieski. Louis XIV à son tour avait beau jeu pour écraser le chef du saint-empire et lui infliger un échec militaire qu'il aurait pu pousser jusqu'où il eût voulu. Loin toutefois d'abuser de l'excès de son bonheur, et fidèle à la politique qui, en 1664, lui avait fait prendre part à la victoire de Saint-Gothard, il se montra disposé à se porter au secours de l'Empereur. Le siége de Luxembourg fut levé, afin que la chrétienté ne se trouvât pas divisée en un pareil moment, et Duquesne eut mission de faire une guerre à mort à la marine barbaresque. Des navires français bombardèrent Tripoli et Chio. Aucune connivence entre la France et la Turquie ne vint donc compliquer la situation de manière à faire avancer la question strasbourgeoise [1]. Une fois Vienne sauvée, Léopold ne s'en montra pas moins tout aussi hostile

---

[1] M. L. Ranke a très loyalement reconnu sur ce point la noblesse du rôle joué par Louis XIV. Les actes de la diplomatie vénitienne corroborent, selon lui, cette vérité historique. V. *Histoire de France*, t. III, p. 463-467. D'après M. Dareste (t. V. p. 549), depuis la paix de Nimègue, Louis XIV se serait même scrupuleusement abstenu d'encourager la révolte des Hongrois. V. aussi, en ce qui concerne les Hongrois, M. Édouard Sayous, t, II, p. 169 de son *Histoire des Hongrois*, et, en ce qui regarde les Turcs, dans la *Revue de Géographie* de juin-juillet 1877, les articles de M. Ludovic Drapeyron sur le *Grand Dessein secret de Louis XIV contre l'Empire ottoman en 1688.*

qu'auparavant à la paix que lui offrait avec tant de patience son chevaleresque adversaire (1). L'Empire et surtout le Collége électoral surent pourtant enfin l'y contraindre. Vainqueur des forces espagnoles dans les Pays-Bas, le roi de France venait encore de conclure une alliance avec les États Généraux. Sa situation politique et militaire le rendait plus fort que jamais. Le moment de céder était bien visiblement arrivé.

A la vérité, il ne s'agit d'abord que d'une trêve, mais d'une trêve de vingt années, assez longue par conséquent pour qu'on pût en espérer des résultats définitifs. De plus, cette trêve était signée par l'Empereur tant en son nom qu'au nom de l'Empire, après un envoi de commissaires et une délibération en règle de la Diète de Ratisbonne. Par son article IV, le traité, en date du 15 août 1684, disait « que S. M. Très Chrétienne demeurerait dans la libre et paisible possession de la ville de Strasbourg, du fort de Kehl et des autres forts situés sur le Rhin, entre ladite ville et ledit fort, comme aussi de tous les lieux et seigneuries généralement quelconques qui avaient été occupés dans l'Empire en vertu des arrêts des Chambres royales de Metz et de Brisach et du Parlement de Besançon jusqu'au 1ᵉʳ jour d'août 1681. » C'était, on le voit, ce que Louis XIV proposait depuis près de trois ans, à part Fribourg, qu'il avait offert de céder sans ses fortifications, et qu'il conservait avec ses fortifications. Cette transaction glorieuse marque vraiment l'apogée de ce grand règne. Jamais le monarque de Versailles n'avait imposé aussi complètement sa volonté à l'Europe.

La paix de Ryswick, dont les origines politiques et les prolégomènes militaires ne rentrent point dans notre cadre, acheva l'œuvre commencée à Ratisbonne, et rendit indissolubles pour plus de deux siècles les liens de droit international qui venaient de se former entre Strasbourg et

---

(1) V. Laguille, II, p. 273.

la France. Par malheur, en 1697, le sort des armes nous avait été moins favorable. Les Hollandais pendant longtemps s'opiniâtrèrent à exiger Strasbourg pour le saint-empire. La Suède elle-même patronnait chaudement les intérêts germaniques. Il y eut un moment où Louis XIV, accablé par le nombre de ses ennemis, fut sur le point de consentir à ce que Strasbourg redevînt ville libre, à la condition toutefois de raser ses fortifications et de ne pas les relever. Les victoires de Catinat et de Vendôme, surtout la signature de la paix avec les Hollandais et les Espagnols, forcèrent l'Empire à nous abandonner enfin la capitale de l'Alsace, dont Barcelonne, aussitôt restituée que conquise, paya la rançon. Les Impériaux et la Diète qui, accueillant les yeux fermés toutes les réclamations des petits voisins de la France, cherchaient à ne nous laisser en Alsace qu'une sorte de squelette, ou, comme le dit un de ses historiens, de « corps décharné [1] », prirent leur revanche en rédigeant l'instrument de paix de façon à se réserver intact le droit d'interpréter les traités de Münster et de Nimègue comme ils le faisaient depuis un demi-siècle [2]. Louis XIV ne tint pas à priver leur incorrigible mauvaise foi de cette consolation toute platonique. Il lui suffit qu'à l'égard de Strasbourg, sinon de toutes ses possessions jusqu'au Rhin, le nouveau traité fût clair et formel. Or, à ce point de vue particulier, ce traité ne laissait plus rien à désirer, et les actes de Rastadt et de Baden

---

[1] V. Laguille, II, p. 290.
[2] *So ging Elsass mit Strassburg für Deutschland definitiv verloren. In den abschliessenden Dokumenten hütete man sich von deutscher Seite irgend etwas einfliessen su lassen was eine Anerkennung des französischen Rechts auf den Elsass in sich geschlossen hätte. Man bediente sich der Formel, dass die Franzosen alles herausgeben sollten, was sie ausserhalb des Elsass eingenommen. Die deutsche Auslegung des Münster'schen Friedens war dabei gewissermassen vorbehalten.... König Ludwig XIV verlangte keine Anerkennung des Rechts das er für unzweifelhaft hielt; die Stadt Strassburg ward ihm sehr ausdrücklich abgetreten.* „ L. Ranke, *Histoire de France*, t. IV, p. 87.

(6 mars et 7 septembre 1714) ne purent renchérir en précision ou en force sur le texte de l'article XVI de la paix de Ryswick :

« Comme, afin de mieux affermir la paix, il a plu d'échanger çà et là certains lieux, S. M. Impériale et l'Empire cèdent à S. M. Royale Très Chrétienne et à ses successeurs dans le royaume la ville de Strasbourg et tout ce qui appartient à cette ville sur la rive gauche du Rhin, avec tous droits, propriété et souverain domaine qui appartenaient jusqu'ici ou pouvaient appartenir sur elle tant à S. M. Impériale qu'à l'Empire, et transfèrent le tout en général et en particulier au Roy Très Chrétien et à ses successeurs, de sorte que ladite ville avec ses appartenances et dépendances situées sur la rive gauche du Rhin, sans aucune réserve, avec toute espèce de juridiction, supériorité et souverain domaine d'aujourd'hui à perpétuité appartienne au Roy Très Chrétien et à ses successeurs et soit considérée comme incorporée à la Couronne de France, sans opposition de l'Empereur, de l'Empire et de tout autre. Pour la plus grande validité de cette cession ou aliénation, l'Empereur et l'Empire par l'effet de la présente transaction dérogent expressément en général et en particulier à tous les décrets, constitutions, statuts et coutumes des Empereurs précédents et du saint-empire romain, même à ceux qui ont été ou seront plus tard confirmés par serment, spécialement à la Capitulation Impériale, en tant que toute espèce d'aliénation des biens et des droits de l'Empire est interdite, toutes choses auxquelles renoncent expressément l'Empereur et l'Empire, et ils délivrent ladite ville avec tous ses magistrats, officiers, citoyens et sujets des liens et serments qui jusqu'ici l'attachaient aux Empereurs et à l'Empire, et la remettent à la soumission, obéissance et fidélité qu'elle devra montrer envers le Roy Très Chrétien et ses successeurs; et de même ils investissent le Roy Très Chrétien de la pleine et juste propriété, possession et supériorité, et, renonçant dorénavant à tous droits et prétentions là-dessus, consentent à ce que la ville de Strasbourg soit à cette fin rayée de la matricule de l'Empire (1)».

---

(1) " *Cùm verò pacis melius stabiliendæ ergò placuerit loca quædam hinc indè permutari, Sua Cæsarea Majestas et Imperium cedunt Suæ*

Grâce à la netteté de cet article, désormais Strasbourg, en droit comme en fait, était bien à la France. Aucun autre lien que celui du souvenir ne le rattachait plus au saint-empire. Néanmoins, son union resta incomplète, et fut beaucoup plutôt militaire qu'administrative. La royauté française se fit un honneur de respecter la promesse qu'elle avait faite aux citoyens de ce petit État : Strasbourg continua à vivre libre sous la protection et comme à l'ombre de son puissant voisin. Il avait reçu une garnison française, le calendrier grégorien, et l'épithète de *royal* ajoutée au titre de son préteur : ce fut tout. Son autonomie et ses immunités demeurèrent intactes au milieu même des pires abus de notre centralisation monarchique. Des dons gratuits y remplacèrent les tailles, aides et subventions. Nul collecteur d'impôts n'y fit son entrée en scène. Chaque citoyen y porta lui-même, comme par le passé, sa quote-part périodique au

---

Regiæ Majestati Christianissimæ ejusque in regno successoribus. Urbem Argentinensem et quidquid ad illam civitatem, in sinistrâ Rheni parte pertinet, cum omni jure, proprietate et supremo dominio quod sibi et Romano Imperio hactenus in ea competit aut competere poterat, eaque omnia et singula in Regem Christianissimum ejusque successores transferunt; ità ut dicta Urbs cum omnibus suis appertinentiis et dependentiis in sinistrâ parte Rheni sitis, absque ullâ reservatione, cum omnimodâ jurisdictione et superioritate supremoque dominio à modò in perpetuum ad Regem Christianissimum ejusque successores pertineat, et Coronæ Galliæ incorporata intelligatur, absque Cæsaris, Imperii vel cujuscunque alterius contradictione. Ad cujus cessionis alienationisve majorem validitatem Imperator et Imperium vigore præsentis transactionis expressè derogant omnibus et singulis prædecessorum Imperatorum sacrique Romani Imperii decretis, constitutionibus, statutis et consuetudinibus etiam juramento firmatis aut in posterum firmandis, nominatimque Capitulationi Cæsareæ, quatenus alienatio omnimoda bonorum ac jurium Imperii prohibetur, quibus omnibus expressè renuntiant, dictamque Urbem cum Magistratibus, Officialibus, civibus et subditis omnibus à vinculis et sacramentis, quibus hucusquè Imperatoribus et Imperio obstricta fuerat, exsolvunt, eamque ad subjectionem, obedientiam et fidelitatem Regi Christianissimo ejusque successoribus præstandam remittunt : atque ità Regem Christianissimum in plena justaque proprietate, possessione et superioritate constituunt, omnibusque in ea juribus ac prætensionibus ex nunc in perpetuum renuntiant, inque hunc finem Urbem Argentinensem ex Imperii matriculâ expungi placet. „

Pfennig-Thurm, la *Tour aux liards*. En cas de mauvaise volonté et de versement insuffisant, la ville percevait après décès tout l'arriéré sur la succession du contribuable négligent ou récalcitrant. Jusqu'en 1694, époque à laquelle la France fit procéder à une « réformation générale des monnaies d'Alsace, » l'ex-République conserva son Hôtel des Monnaies, avec toute liberté d'y faire ce qui lui plaisait. Rattachée à l'intérieur du pays par une voie de communication économique, le canal creusé sur la Bruche jusqu'à Soultz, elle ne cessa pas d'ailleurs d'être un entrepôt international, une sorte de port-franc, dont les franchises ne contribuèrent pas médiocrement à sa prospérité matérielle. L'intendant de Lucé, par les soins duquel le pays se couvrit plus tard d'arbres fruitiers, fit planter ses grandes routes de noyers qui donnèrent peu à peu au paysage alsacien sa note caractéristique et pittoresque. La révocation de l'édit de Nantes elle-même n'y produisit pas les déplorables effets qu'elle eut ailleurs. Si sévère que se montre M. Coste pour les excès de la propagande catholique de Louis XIV, il est obligé de reconnaître l'adoucissement local que subirent si à propos ces rigoureuses mesures. « Jamais », dit-il en propres termes, « les luthériens de Strasbourg ne furent troublés dans le libre exercice de leur religion [1]. » Malgré quelques imprudences de zèle qui n'en furent pas moins commises, les partisans des deux cultes, à force de vivre côte à côte, parvinrent à se mieux connaître, et au fanatisme exclusif qui avait trop longtemps régné dans la ville succéda la pratique obligatoire de la tolérance religieuse. Le patois, la langue, si l'on veut, de la population ne reçut pas davantage

---

[1] V. préface, p. 36. V. aussi le *Tour de France*, 8e livraison, p. 119. L'auteur, M. Seinguerlet, qui n'est pas plus favorable au catholicisme qu'à la royauté, est obligé d'écrire ces lignes : " Tandis que la révocation de l'édit de Nantes était le signal d'une persécution religieuse dans toute la France, seuls les protestants de Strasbourg, à qui on avait garanti le libre exercice de leur culte, ne furent pas inquiétés. „

d'atteintes de la part des autorités nouvelles. En résumé, à la fin du siècle, la situation de Strasbourg par rapport à la France était encore si loin de ce qu'elle est devenue depuis qu'en 1701 l'auteur d'un *Mémoire sur l'état de la province d'Alsace* pouvait la définir ainsi :

« Le Magistrat de cette ville a une grande pente à croire qu'il n'a fait que changer de protecteur, et qu'il doit à peu près être traité par le Roy comme il l'était par l'Empereur. Sa délicatesse est grande sur cela, et, si on le laissait faire, toutes les affaires se tourneraient en négociations, les termes de déférence, de zèle et d'affection au service de S. M. étant assez communs, mais celui d'obéissance plus rare. Ces affectations sont à un point qu'il sera bon d'y remédier, lorsque les temps deviendront entièrement tranquilles, mais cela devra être fort ménagé, et, pour ne point aliéner les esprits des habitants d'une place de cette importance, il est également à propos de les maintenir dans leurs priviléges où l'autorité souveraine du Roy n'est point intéressée et de leur faire reconnaître entièrement cette même autorité lorsqu'il faut qu'elle agisse (1). »

Le conseil de rigoureuse fermeté donné dans ce *Mémoire* ne fut heureusement pas suivi à la lettre. Insensible à certaines provocations sourdes et haineuses qui ne voulaient pas s'éteindre outre-Rhin, bien qu'à Ryswick le saint-empire, en échange de Strasbourg, eût reçu Kehl, Brisach et Fribourg, Louis XV à son avénement confirma la capitulation de 1681. Cet acte de haute loyauté n'empêcha pas le 1er février 1724 un huissier, du nom de Humbourg, de venir signifier, à la requête du prince d'Œttingen, un acte impérial, délivré à Pirna l'an 1351, en vertu duquel

---

(1) V. le n° 11473 du fonds français aux Manuscrits de la Bibliothèque de la rue de Richelieu. Notons en passant qu'on trouvera également dans le fonds allemand du même département de la Bibliothèque sous les numéros 40, 41, 77, 82, 83, 88, 90, 91, 99, 141, 148, 270 divers manuscrits qui intéressent directement Strasbourg et l'Alsace. V. aussi dans la collection Dupuys les numéros 10 et 99.

le landgraviat d'Alsace tout entier était hypothéqué à la famille d'Œttingen, jusqu'à concurrence d'un paiement de seize mille livres, somme bien faible en vérité eu égard à l'objet hypothéqué (1). Ces essais de chantage d'un patriotisme par trop rétrospectif ne réussirent pas plus sous le nouveau monarque qu'ils ne l'avaient fait à l'époque où M. de Bourgeauville parcourait le centre de l'Allemagne et recevait l'étrange supplique citée plus haut. Louis XV en 1744 fit dans Strasbourg une entrée aussi solennelle que le permettait son état de convalescence, et exprima fort vivement combien il était touché de l'accueil qu'il y avait trouvé. Les franchises strasbourgeoises subsistèrent en somme dans toute leur plénitude jusqu'en 1789, époque à laquelle l'entraînement révolutionnaire, l'enthousiasme des idées nouvelles, produisit la fusion complète. Précisément par cette largeur constante de sa tolérance, par ce discret usage de sa force et de son droit, la France était arrivée à conquérir pour toujours dans cette grande cité, comme partout en Alsace, les sympathies profondes et l'inaltérable attachement de populations que tant de siècles de germanisme semblaient pourtant avoir séparées d'elle. Ce territoire alsacien, si longtemps ensanglanté par de grandes luttes à main armée, était devenu comme le lieu et le trait d'union de deux races. Tandis que Strasbourg donnait naissance, soit à d'héroïques généraux, tels que le vainqueur d'Héliopolis, Kléber, ou l'intrépide adversaire des Prussiens à Valmy et des Autrichiens à Marengo, Kellermann, soit à des lettrés célèbres, tels que l'helléniste Brunck ou l'ingénieux écrivain qui s'est rendu presque illustre pour avoir parlé spirituellement du moulin de Sans-Souci, je veux dire Andrieux, le plus français à coup sûr des Strasbourgeois par l'esprit et par la langue, l'Université de la ville, toujours renommée en Allemagne, surtout depuis que le prince de Soubise l'avait ramenée de

---

(1) V. Laguille, *Preuves*, 63 et 64.

Molsheim à Strasbourg même (1), y attirait des jeunes gens promis aussi outre-Rhin à la gloire ou à la puissance, comme Herder, Goethe (2), ou M. de Metternich (3).

Telle est, résumée dans ses principales péripéties, l'histoire des progrès et du triomphe définitif de l'influence française à Strasbourg. Même après les dures leçons de l'expérience et en pleine école du malheur, il ne nous déplaît pas que nos historiens aient maintenu bien haut le grand principe de la moralité internationale à propos du coup de vigueur, qui mit fin, qui seul pouvait mettre fin à tant de chicanes tirées par la mauvaise foi germanique des traités de Münster et de Nimègue. Ce nous est aujourd'hui une consolation réelle que la France puisse garder la fierté de s'être mise plus tôt peut-être, et surtout plus complètement qu'aucun autre peuple moderne au-dessus des préjugés de race et des partis-pris d'injustice dictés des deux côtés d'une frontière par un aveugle patriotisme. C'était autrefois notre gloire, que ce soit encore notre honneur. Ne craignons donc pas de le redire après ces écrivains bien inspirés et vraiment français : non, l'action de Louis XIV n'était pas, au point de vue du droit des gens et de la justice absolue, une action correcte et que l'honnête homme puisse déclarer à l'abri de tout reproche.

Mais, si le moraliste en souffre et se trouve, quant à lui, impitoyablement obligé de la condamner, il est du moins permis à l'homme d'État, mieux au courant des faiblesses de l'humanité, de se montrer un peu plus indulgent, et de

---

(1) Heiss, *Histoire de l'Empire*, t. II., p. 189.
(2) V. *Wahrheit und Dichtung*. L. IX-XI.
(3) Nous ne pouvons songer à indiquer ici tous les ouvrages intéressants qu'on pourrait consulter pour étudier l'état intérieur de Strasbourg au XVIIIe siècle. Mentionnons seulement les quelques pages agréables que, vers 1820, M. Jouy lui a consacrées dans le tome XI de l'*Ermite en province*.

retrancher quelque chose des torts de Louis XIV pour en faire la juste part de ses adversaires. L'Allemagne assurément n'était pas et ne reste pas irréprochable dans son interprétation des traités de Westphalie, dont une clause essentielle avait été audacieusement et astucieusement dénaturée par elle à la faveur de nos discordes intestines. Pendant assez longtemps elle avait abusé de la patience de la France pour que la France ne commît pas un crime en se fâchant à la fin. Pour quiconque est capable de réflexion et de sincérité, Louis XIV en définitive, s'il n'avait pas incontestablement le droit pour lui en cette affaire, avait du moins des droits (1), et le seul point où l'on puisse justement incriminer sa conduite ne touche qu'à la manière préférée par son ministre pour faire valoir des titres, qui, en ne les supposant pas les meilleurs, étaient et demeurent cependant fort dignes d'un examen sérieux. Comme l'a très bien dit d'ailleurs M. Henri Martin, à propos des dix villes qui précédèrent la République strasbourgeoise sous la suprématie française, ce fut moins la raison du plus fort que la force des choses qui en rendit la France maîtresse (2). L'indépendance républicaine de Strasbourg était fatalement destinée à tomber un jour ou l'autre, comme un fruit mûr se détache de l'arbre. Aussi, non-seulement la monarchie française, en 1681, ne faisait-elle que reprendre ce qui lui avait été abandonné diplomatiquement dès 1646, mais surtout elle reprenait ce qui

---

(1) M. L. Ranke ne les conteste pas : " *So hat Ludwig XIV damals die Reunionen durchgesetzt. Die Schuld der Deutschen war dabei dass sie früher Unbestimmheiten in den Verträgen geduldet, und selbst zuletzt, als dieselben zur Sprache kamen, Frieden geschlossen hatten, ohne sie zu heben. Das rührte daher, weil sie in jenen Augenblicken nicht stark noch einmüthig genug waren um das Schwert noch länger in der Hand zu behalten. Die wachsende Überlegenheit der Franzosen bewirkte denn, dass sie es endlich unternehmen konnten, die unbestimmt gelassenen Fragen ganz in ihrem Sinne für entschieden zu erachten und zur Ausführung ihrer Ansprüche zu schreiten.* „ *Histoire de France*, t. III, p. 475.

(2) *Histoire de France*, t. XIII, p. 424.

n'appartenait plus en réalité à personne outre-Rhin. Elle supprimait simplement une République plus unie de fait à la Suisse qu'au saint-empire, un petit État placé entre deux grandes nations rivales, comme l'est, par exemple, de nos jours, Brody entre la Russie et l'Autriche, ou la République d'Andorre, entre l'Espagne et la France. Sans doute, vis-à-vis des Strasbourgeois, Louis XIV n'était pas sans manquer gravement aux règles du droit public. Mais il y manquait d'autant moins envers l'Allemagne, d'ailleurs tout aussi disposée que lui-même à mettre la main en 1681 ou 1682 sur la liberté d'autrui pour la confisquer à son profit. Quant au reproche de perfidie, lancé plus souvent encore qu'aucun autre par les Allemands à la mémoire du grand roi, il ne soutient guère vraiment la discussion après le simple exposé des négociations que nous avons tracé. S'il est permis d'être justement frappé de l'extrême et très habile rapidité apportée dans l'exécution du projet, on ne peut en revanche signaler relativement au projet lui-même aucune espèce de dissimulation, aucun mensonge surtout. Tout s'est fait au grand jour, sauf les derniers préparatifs militaires, en face de la diplomatie européenne assemblée, soit à Ratisbonne, soit à Francfort, en face de l'Allemagne frémissante et en armes. Il n'y a eu de mystérieux et de réservé que l'heure de l'action décisive. Une déclaration solennelle de guerre et l'extermination de quelque vingt mille hommes, au moment où les Turcs assiégeaient Vienne, eût-elle mieux valu pour la gloire de la politique française? Nous ne le pensons pas.

Cette politique, en tout cas, qu'on lui accorde ou qu'on lui refuse les circonstances très atténuantes que nous réclamons pour elle, peut soutenir le front haut toutes les comparaisons que les publicistes allemands voudront bien imaginer avec les faits historiques, de la même époque ou d'une époque postérieure, analogues à celui-ci. Nous faisons volontiers grâce à la sensibilité, à la *Gemütlichkeit* germanique de ce sac épouvantable de Magdebourg dont

Schiller et jusqu'à Frédéric le Grand nous ont tracé un si véridique et si sanglant tableau. Il nous répugne de tirer parti d'un tel excès de sauvagerie transrhénane. Mais, que nous nous placions au XVIIe ou au XVIIIe siècle, nous ne voyons pas que Stettin, ou plus tard Dantzig, aient été acquis à la monarchie prussienne par des moyens sensiblement plus honorables. Nous ne comprenons pas non plus très bien en quoi l'occupation de Breslau, par exemple, aurait été plus édifiante que celle de Strasbourg. Nous saisissons encore bien moins, pour rentrer dans l'histoire contemporaine, ce que pourrait avoir de plus réjouissant pour un puritain du droit public l'annexion de Wiesbaden ou de Hanovre, celle de Cassel ou de Francfort, ville libre assurément autant que Strasbourg, et dépositaire, en vertu de traités européens, du pouvoir fédéral. Il faut absolument que les patriotes de l'école de M. Mommsen et de M. de Sybel en prennent leur parti. L'Europe moderne ne s'est pas faite sans qu'il en ait coûté quelque chose à la conscience des souverains ou à celle des peuples, et l'Allemagne elle-même, pas même celle des Hohenzollern, n'a échappé à cette dure loi de l'histoire. Nous estimons donc que la France n'a nullement à rougir de la manière dont elle avait acquis Strasbourg, et qu'on peut sans lâche complaisance l'excuser d'avoir compté un peu sur son adresse pour épargner de son mieux le sang humain en cette grave occurrence. A ses accusateurs quand même, c'est assez après tout, pour la venger, de rappeler la façon dont sa conquête de 1681 lui a été reprise en 1870. Armée de ce souvenir, elle n'a qu'à attendre en toute sérénité les temps plus fortunés de délicatesse mutuelle et de justice inaltérable, où le progrès finira sans doute tôt ou tard par acheminer l'humanité, mais où la diplomatie contemporaine, il faut bien l'avouer, même à Berlin, ne nous a certainement point transportés depuis quinze ans.

SOMMAIRE.

                                                Pages.

I. Préliminaires historiques. Strasbourg jusqu'à la guerre de Trente ans 4

II. Richelieu et Strasbourg. Traités de Westphalie 23

III. Difficultés créées par l'Allemagne à la monarchie française en Alsace de 1648 à 1672. Les dix villes impériales . . . 61

IV. Rapports de Strasbourg avec la France pendant la guerre de Hollande. Paix de Nimègue 93

V. Nouveaux démêlés entre la République strasbourgeoise et la France, de 1679 à 1681. Attitude menaçante de la Cour de Vienne 125

VI. Négociations ouvertes à Ratisbonne, à Francfort et à Vienne. Lettre royale de Fontainebleau. 150

VII. Moyens employés par Louvois pour faire exécuter les arrêts de la Chambre de Brisach. Capitulation de Strasbourg du 30 septembre 1681 169

VIII. Conséquences diplomatiques de la prise de Strasbourg. Trêve de 1684 et traité de Ryswick en 1697. 214

Du même auteur :

Holberg considéré comme imitateur de Molière, thèse de doctorat-ès-lettres. L. Hachette, 1864.

A travers la Saxe, souvenirs et études. L. Hachette, 1866.

Trajan, scènes historiques. Ch. Meyrueis, 1868.

Iphigénie en Tauride, de Gœthe, traduite en vers français avec préface. Ch. Meyrueis, 1870.

Qu'est Paris en France? Rouen, Lebrument, 1871.

Voyage en Thuringe, dans le *Tour du Monde*. 1872.

La Prusse et la France devant l'histoire. 4e édition, 2 volumes, 1874 et 1875, Amyot.

Le Volga, notes sur la Russie. L. Hachette, 1877.

www.ingramcontent.com/pod-product-compliance
Lightning Source LLC
Chambersburg PA
CBHW070644170426
43200CB00010B/2117